MARTA PORTAL

RULFO:
DINAMICA
DE LA VIOLENCIA

EDICIONES CULTURA HISPANICA
INSTITUTO DE COOPERACION IBEROAMERICANA

Diseño: Pedro Shimose

Fotografías de la cubierta: Juan Rulfo y Sara Facio — Alicia D'Amico

EDICIONES CULTURA HISPANICA
INSTITUTO DE COOPERACION IBEROAMERICANA
Av. Reyes Católicos, 4 - Madrid

ISBN: 84-7232-325-0
Depósito Legal: M-5581-1984

Printed in Spain
M. Huerta - Ibiza, 52 - Madrid

INTRODUCCION

RULFO EN LA NOVELISTICA MEXICANA

Las letras mexicanas pueden enorgullecerse de haber alumbrado la primera novela hispanoamericana. La obra inaugural del género, *El Periquillo Sarniento*, de José Joaquín Fernández de Lizardi, apareció en México en 1816. En esa misma década, en 1812, se había establecido la libertad de imprenta, y en 1813, se suprimieron los tribunales de la Inquisición. Al final de la década, 1821, México consumará su independencia[1].

La obra de Lizardi, *El Periquillo Sarniento* es novela picaresca en disolución; se mantiene la forma autobiográfica, la iluminación del personaje central, pero se sustituyen los contenidos de pesimismo y desengaño por una fe "iluminista" en la educación y en el progreso, que es sintomática de la nueva época y de la mirada reformadora con que el autor contempla la última etapa de la sociedad colonial.

De Lizardi destacan los historiadores, sobre todo, su vocación periodística; fundó *El pensador mexicano*, "el más importante de los numerosos periódicos que a partir de aquel momento, y al

---

(1) La vigencia de la libertad de imprenta es breve: 66 días. Un artículo del propio Lizardi, en el número 9 de *El pensador mexicano*, pidiendo al virrey Venegas la revocación del edicto que sometía a los sacerdotes independentistas a la jurisdicción militar, es respondido con una orden de prisión al periodista (que duró siete meses) y la supresión de la libertad de imprenta. Puesto en libertad por el virrey Calleja, Lizardi continúa su labor periodística reformista con mayores precauciones. Cuando la situación se agravó por el absolutismo de Fernando VII, Lizardi se decidió a utilizar la novela como más disimulado instrumento crítico, y a esta decisión y a esta circunstancia debemos *El Periquillo*.

amparo de la Constitución, proliferaron en México"[2], y a pesar de ser autor de varias novelas, *La Quijotita y su prima* (1818) y *Don Catrín de la Fachenda* (1832), sus artículos periodísticos son considerados superiores a éstas[3]. Los móviles, en unos y otras —artículos y novelas—: expresar sus ideas reformistas, encauzar la opinión pública y ayudar a los semejantes "en la proporción de nuestras luces", son los de la tradición inmediata española de un Feijoó, afrancesada a lo Fenelon, en lo feminista, y a lo Rousseau en lo educativo[4].

Pero si se entiende que *El Periquillo...* sea *la primera novela publicada en América,* en opinión de Miguel Angel Asturias, "la primera gran novela americana" es la crónica que narra la conquista de México, de un español, avecindado ya en América, Bernal Díaz del Castillo, que quiso contar lo que oyó, de lo que fue testigo de vista, y en lo que "se halló peleando", de los sucesos de 1517 a 1521, a las órdenes de Cortés. Bernal Díaz del Castillo, a falta de otras riquezas, deja a sus hijos y descendientes —este móvil real es el móvil novelesco del *Periquillo*— la relación verdadera de "la verdadera historia de la conquista de la Nueva España", que tiene mucho de novelesco y que nace con el afán de *reivindicación* y la propuesta de *democratización* de los personajes de la epopeya; "como soldado que es toma la pluma para decir lo que se debe a la masa"[5], características aurorales de esta narrativa americanista, que seguirán asumiendo los escritores de siglos posteriores hasta hoy mismo[6].

---

(2) Luis Sáinz de Medrano, Introducción a *El Periquillo Sarniento,* de Fz. de Lizardi, Madrid, Editora Nacional, 1976, págs. 12-13.

(3) Cfr. María Rosa Palazón Mayoral, "Estudio preliminar" a *Obras* de J. J. Fz. de Lizardi, tomo *VII-Novelas,* México, UNAM, págs. VIII y IX, 1980.

(4) Véase el estudio de Sáinz de Medrano, ya cit.; el de Palazón Mayoral, "Preliminar" a *La Quijotita...;* y el de Agustín Yáñez, *José J. Fz. de Lizardi, El Pensador Mexicano,* "Estudio preliminar", México, UNAM, 1954.

(5) Carlos Pereyra, en el Prólogo a *La Historia verdadera de la Conquista de la Nueva España,* Madrid, Espasa Calpe, "Austral", 1968.

(6) *La verdadera historia...* se publicó en 1632, en Madrid. Otra obra mexicana de la época colonial, *Los infortunios de Alonso Ramírez* (1690), de don Carlos de Sigüenza y Góngora, es considerada tanto relación histórica novelesca, como obra de ingredientes picarescos. Puede verse para una y otra tesis, la "Introducción" a "*La novela del México colonial,* de don Antonio Castro Leal, Tomo I, México, Aguilar, 1968, y el estudio de

Y si *La Historia verdadera...* es un antecedente lejano, hay, por fin, en estos inicios de la literatura mexicana, una novela anónima, publicada en Filadelfia, en 1826, en español, *Xicotencatl,* que relata igualmente los sucesos de la conquista de México, la llegada de Cortés a Tlaxcala, visto el acontecer desde la perspectiva favorable hacia el indígena conquistado y desmerecedora del conquistador; indicios subjetivos que parecen denotar la autoría de un mexicano, que entrevera, en esa versión de los acontecimientos históricos del siglo XVI, una dura crítica, agudizada por el sentido independentista americano de principios del XIX. *Xicotencatl* es no solo la primera novela histórica en español del XIX, es, asimismo, la iniciadora del género indigenista.

El fistol del diablo (1845), de Manuel Payno, podría considerarse como la avanzada de la novela romántica, si no fuera, a la vez, obra de redención social y nacional, que critica las ambiciones personalistas y teoriza sobre los problemas económicos y políticos que plantea el funcionamiento independiente de la nueva nación mexicana.

Justo Sierra O'Reilly escribirá la primera novela histórica mexicana, *La hija del judío* (publicada por entregas de 1848-49), novela que inicia el género o subgénero *colonialista,* situada la anécdota en el amplio período colonial —tres siglos—, que adquiere prestigio con el romanticismo, y que por el proceso de aceleración histórica del americano, encuentra en ese pasado una apasionante fuente de inspiración propia y las raíces de la identidad de su presente. *La hija del judío,* es una de las mejores novelas históricas hispanoamericanas, "compleja y bien construida"[7].

Eligio Ancona seguirá las pautas del género y de la vida histórica de aztecas y españoles en *Los mártires del Anáhuac* (1870), y Vicente Riva Palacio, director de la historia monumental, *México a través de los siglos,* será un digno continuador del relato

María Casas de Faunce, *La novela picaresca latinoamericana,* Madrid, Cupsa Editorial, 1977, págs. 19-26.

(7) John S. Brushwood, *México en su novela,* México, F. C. E., 1976, págs. 160-162; y véase también A. Castro Leal, *La novela del México colonial,* Introducción y Estudio preliminar, ya cit. Para Don Antonio Castro Leal, *la hija del judío* no ha sido superada ni en México ni en ningún otro país hispanoamericano, pág. 26.

colonialista, habiéndose inspirado en documentos de la Inquisición y expedientes históricos que tuvo a mano; sus obras más leídas fueron *Monja y casada, virgen y mártir* y *Martín Garatuza* (ambas en 1868).

El gran auge de la novela histórica en Europa contribuyó a desarrollar la novela colonialista en América, que, a partir de mediados del XIX encontró además un vehículo idóneo para su difusión: el folletín, sustentado precisamente en peculiaridades comunes al género: mantener el interés del lector —y del suscriptor— por la suspensión de la intriga, por la emoción de la aventura y por lo imprevisible del desenlace.

Esa sociedad caótica que refleja e intenta perfeccionar la primera obra de Payno, se desgarra en las luchas políticas de la Reforma, protagonizadas por liberales y conservadores, o mejor, por la intransigencia y los prejuicios frente al idealismo reformista. "La guerra de Reforma paralizó virtualmente la vida literaria en México"[8] en el período de 1855 a 1860. En 1861, entre un número grande de novelas, se destaca *El monedero,* del gran defensor de la Reforma, Nicolás Pizarro, que, como es lógico, expresa en la trama la esperanza del triunfo definitivo de sus ideales, y representa, en su propuesta social e indigenista, el momento de exaltación de estos ideales por la victoria política reciente. "Puede advertirse un parentesco muy cercano entre *El monedero,* de Pizarro, y *La Navidad en las montañas,* de I. Manuel Altamirano, publicada diez años más tarde (1871). Por su origen, pretensiones y logros, las dos novelas pueden considerarse como utópicas", dice M.ª del Carmen Millán[9]. Sólo que la doctora Millán ve en ellas la diferencia que va de la pasión inflamada del primero, a un entusiasmo moderado en el segundo, cediendo ya al entendimiento entre disidentes y a la tolerancia para lograr la unidad del país.

Altamirano intentó establecer las bases de una literatura nacional, paralela al nuevo estado, capaz de crear una conciencia na-

---

(8) Brushwood, ob. cit., pág. 172.

(9) M.ª del Carmen Millán, en "Dos utopías", *Historia Mexicana,* VII, 2 (octubre-diciembre, 1957) págs. 187-206, dice que en *El monedero* se resaltan las aptitudes indígenas —por medio del personaje— para la creación y no sólo para la imitación, repitiendo ideas que ya Clavigero adelantó en el s. XVIII y ya están en *El conquistador mexicano.*

cional, y desempeñó puestos activos en la alta política y en la educación. Sus proyectos políticos eran "utópicos" y su técnica literaria, a pesar del propósito de "color americanista propio", la de la tradición romántica francesa acriollada[10], así, su obra más perdurable es *Clemencia* (1869), novela sentimental que, junto con las de Mármol, *Amalia,* e Isaacs, *María,* constituirá la tríada representativa del romanticismo hispanoamericano.

Suele considerarse *Astucia* (1865), de Luis Gonzaga Inclán, como novela que adapta el realismo costumbrista al ambiente rural; introduce el lenguaje mexicano campesino y un tema característico de la época, las bandas de contrabandistas de tabaco. Sin embargo de esta obra dice Brushwood que representa un "realismo natural"[11], y María Guadalupe García Barragán la considera, con *El Periquillo Sarniento,* novela de rasgos prenaturalistas[12].

Los géneros no están bien definidos y las técnicas parecen fluctuar y promiscuar. Así, los hombres de *Astucia* lloran sentimentalmente y, en cambio, se describen y denuncian en la novela realidades sociales negativas (como la insalubridad en las cárceles); o, con el pretexto —o el sueño— de la configuración de un gobierno ejemplar (en la ficción), se enumeran los defectos y vicios de los gobiernos vigentes[13].

Otra novela que suele considerarse puente entre el romanticismo y el realismo es *Los bandidos de Río Frío* (1889-1891, por entregas), de Payno, quien presenta su obra como "un intento na-

---

(10) Vid. el capítulo XI, "La novela sentimental", de la *Literatura Hispanoamericana,* de Angel Valbuena Briones, Barcelona, Gustavo Gili, 1967, págs. 144-153.

(11) Según Brushwood, "el realismo natural de tradición hispánica oscureció todavía más la línea divisoria entre el romanticismo y el realismo científico, que en el mejor de los casos nunca estuvo claramente trazada", ob. cit., pág. 219.

(12) M.ª Guadalupe García Barragán, *El naturalismo en México,* México, UNAM, 1979, págs. 11-13.

(13) En esta incidencia inextricable: literatura y vida, que en el caso de la literatura mexicana es *literatura y vida política,* debemos sentar que *Astucia* se publicó en el año 1865 y es el acontecimiento literario máximo de la época del breve Imperio de Maximiliano (1864-1867), si bien episodios de la intervención francesa se recogen en otras novelas, como en *Clemencia,* en la que el protagonista, Fernando Valle pertenece al ejército patriota que se retira al ser proclamado Maximiliano; o, en la novelística más reciente, un ascendiente de Artemio Cruz, el personaje de Carlos Fuentes es imperialista y santanista.

turalista"; en verdad, no logrado, sino que, con la incorporación de escenas desagradables, a cargo de una banda de asaltadores famosos, se siguen presentando cuadros y costumbres de la sociedad mexicana coetánea[14].

Si el romanticismo fue en América "una moral, una estética, una erótica y una política", como ha dicho Octavio Paz[15], no es extraño que en México la actitud romántica —antes que la literatura romántica— inflamase los espíritus independentistas, y que, luego, durante todo el XIX, la inflación romántica sirviera el tono a la inflación reformista y liberal de los escritores. Aún en las novelas pretendidamente realistas, hay un acento de exaltación romántica, desahogo del idealismo apasionado de los autores, que se expresa en el párrafo discursivo y, a veces, declamatorio.

La caída del Imperio de Maximiliano tiene un novelador inmediato, en 1868, Juan A. Mateos, *El cerro de las campanas* se refiere a los acontecimientos del año anterior, y el título alude al nombre del lugar donde fue ajusticiado el Emperador. Mateos, novelista y dramaturgo, fue soldado, combatió al lado de Porfirio Díaz, siempre en las filas del ejército liberal. A partir de esta novela, descuidada en cuanto a construcción y estilo, pero significativa por la vehemencia liberal del autor y por la despiadada sátira con que maltrata a los conservadores monárquicos, Mateos seguirá escribiendo obras narrativas sobre el pasado político inmediatamente anterior, la Independencia y la Reforma. Con su larga vida y su prolífica vocación cubre un amplio período histórico nacional, hasta venir a concluir ese ciclo histórico contemporáneo con *La majestad caída* (1911), novela de la caída del porfirismo, considerada mala novela[16], pero iniciadora cronológica, junto con

---

(14) Por cierto, Valle Inclán, en una conferencia en la Escuela Preparatoria de la Universidad de México, en 1921, hablando sobre el origen de las *Sonatas*, mencionó como fuente de la *Sonata de Estío* esta novela mexicana *Los bandidos...*, según Fz. Almagro, *Vida y Literatura de Valle Inclán*, Madrid, Editora Nacional, 1943, pág. 217.

(15) Escuchado a Octavio Paz, en un ciclo de conferencias sobre el romanticismo, en México, D. F., Colegio Nacional, octubre de 1971.

(16) "Novels of the Revolution starded to be written in the earliest months of the armed conflct. The first two to be written were both published in 1911: one a mere curiosity, the other a novel of real importance. The curiosity was *La majestad caída* (México-Buenos Aires, 1911; the title refers to Porfirio Díaz), by the octogenarian Juan

la coetánea de Azuela, *Andrés Pérez maderista,* del gran capítulo de la literatura mexicana del siglo XX, "La novela de la Revolución Mexicana".

En la cantonada del siglo XIX, además de las últimas obras de novelistas ya reseñados, Altamirano, Payno, Riva Palacio, E. Ancona..., el realismo, que ha sido creciendo en calidad, se interna por las vías de una descripción y análisis de la realidad mexicana, reflejo de la actualidad social y política, mucho más convincente que el que ofreciera la generación anterior, aunque desprovisto del explosivo reformador. Los novelistas de este período (1885 a principios de siglo) detectaron las injusticias generales y las aisladas, advirtieron la necesidad de un profundo mejoramiento en la estructura social, pero no propugnan cambios drásticos —que parecían asustarles— ni formulan duras protestas. Tratan de reemplazar la visión dogmática y sentimental de sus mayores por una contemplación dialéctica de la realidad concreta, en la que ni la ley ni el sistema político parecen servir para paliar las necesidades urgentes del pueblo ni son tampoco capaces de luchar contra la obstinación reaccionaria de ciertos grupos sociales. Emilio Rabasa, José López Portillo y Rojas, Rafael Delgado, Federico Gamboa y Heriberto Frías escriben lo mejor de estos años. A Emilio Rabasa se le considera el iniciador del realismo en México; publicó cuatro novelas que constituyen una sola obra: *La bola, La gran ciencia* (1887), *El cuarto poder* y *Moneda falsa* (1888). La primera se refiere a una escaramuza política local, "un quítate tu para que me ponga yo"[17]. El autor expresa la identificación que "la bola" tiene con la revolución en la opinión popular, y dice que es castigo inevitable de pueblos atrasados, en tanto que la revolución —la extracontextual, la paradigmática— apela a principios e ideales y necesita auténticos ciudadanos. *La gran ciencia* es la política entendida como provecho y medro propios. *El cuarto poder,* una anécdota en que satiriza el periodismo venal. Y *moneda falsa,* con-

A. Mateos (1831-1913)", John Rutherfford, *Méxican Society during the Revolution,* Londres, Oxford, Clarendon Press, 1971, pág. 47.

(17) Magaña Esquivel, A., *La novela de la Revolución,* tomo I, págs. 22-23.

tinuación de la anterior, son los valores falsos. Rabasa adquirió gran popularidad con la primera de sus novelas y se le consideró el Balzac Mexicano, aunque Justo Sierra dijera de él: "Escribe bien; es una cosa notable: se parece a Galdós".

López Portillo, más que problemas reales que encuentran un ente de ficción que los interprete, presenta personajes *muy posibles* a quienes las circunstancias colocan ante dilemas "circunstanciales". El tema primordial de López Portillo es el de los hacendados y el México rural. En sus novelas *Nieves* (1888), *La parcela* (1898) y *Fuertes y débiles* (1919), aparece el tipo del hacendado, con frecuencia en versión dicotómica: el bueno, el civilizado, moderno y liberal, y el déspota, semifeudal, de cortas luces. Igualmente, en la sociedad capitalina los personajes de López Portillo se agrupan en reaccionarios tradicionalistas y positivistas nuevos ricos; si es en los grupos revolucionarios: rebeldes responsables que luchan por sus derechos, o grupos de bandidos que se dedican al pillaje. Pero en todas sus obras está patente la primacía de la conciencia artística que ha adquirido el escritor mexicano, si bien se entiende que cuando esta pintura artística de la realidad tropieza con un vicio o una fealdad social y las capta, puede suscitar la revulsión del lector. Así se expresa López Portillo en el prólogo de *La parcela,* "una de las novelas más significativas del período de Díaz, porque comparte con la vida de la época todas las características importantes de estos años: estabilidad, tradición, impulso artístico"[18], o, en opinión del crítico alemán Dessau, es "por su composición, planteamiento del conflicto y la anécdota, la más importante novela mexicana anterior a la Revolución"[19].

Rafael Delgado muestra la vida de las ciudades provincianas, los desniveles entre las distintas clases, la sátira social contra la nueva aristocracia del dinero, y se aprecia en su obra un inicio de cala psicológica en la observación de las conductas de los personajes. Sus novelas más leídas, *La Calandria* (1890) y *Los parientes ricos* (1891-1892).

---

(18) Brushwood, ob. cit., págs. 263-264.
(19) Adalbert Dessau, *La novela de la Revolución Mexicana*, México, F.C.E., pág. 15.

Del natural (1889), de Federico Gamboa, suele señalarse como obra naturalista por antonomasia, aunque los protagonistas de este conjunto de relatos adolezca para serlo de sentimentalismo romántico, pero los ambientes, los temas y el método documental son los del grupo de Médan. Como prueba suele citarse los cuadernos que utilizó para escribir su novela *La llaga* (1910): Gamboa visitó el penal de San Juan de Ulúa y tomó fotografías y notas, según cuenta en *Mi diario*. Por otro lado, no le importaban las calificaciones ni la pertenencia a escuela determinada, él se llamaba a sí mismo *verista* o *sincerista*. Escribió entre otras novelas *Santa* (1903), de argumento sentimental y medio ambiente de prostitución y burdel, con la que ganó mucho dinero por sus muchas ediciones. Como autor teatral, su drama *La venganza de la gleba*, tiene un valor significativo, al igual que toda su obra, por expresar una crítica social más allá de la exposición de los hechos; en el caso del drama, estrenado en 1905, se denuncia la explotación del campesino.

"*La venganza de la gleba*, (...) puede ser considerada como obra radicalmente revolucionaria no obstante haber sido producida en una época en que solamente unos cuantos se atrevían a decir ciertas cosas que ahora se gritan, sin peligro, a los cuatro vientos"[20]. En efecto, Federico Gamboa fue uno de los escritores más conocidos de su tiempo en el ámbito hispánico. Fue ministro de Relaciones Exteriores en el régimen de Victoriano Huerta y esta colaboración en el gobierno del "usurpador" parece haberle restado méritos ante la crítica literaria posterior.

Es curioso que estos últimos narradores realistas que, a pesar de las justificaciones particulares, intentan en sus obras un examen objetivo de la realidad, y son conscientes de que deben presentar un amplio panorama del estado real de la nación, con la crítica implícita que ello supone, no sólo no contemplaron o no adelantaron en sus creaciones la posibilidad de un cambio rotundo, sino que, llegada la Revolución, se unieron o apoyaron las fuerzas an-

---

(20) Julio Jiménez Rueda, cit. a través de M.ª Guadalupe García Barragán, ob. cit., pág. 38.

tirrevolucionarias y algunos de ellos, López Portillo, Rabasa..., a su triunfo, tuvieron que exiliarse temporalmente.

El modernismo en México cuenta, sobre todo, destacados poetas: Gutiérrez Nájera y Amado Nervo. El primero funda *La Revista Azul*, 1894-96; el segundo la *Revista Moderna,* de 1898 a 1911. En una y otra colaboraron los novelistas coetáneos y a través de las propuestas del movimiento —principalmente la estética—, se creó la actitud de conciencia literaria, y una base reorientadora y reflexiva sobre los supuestos fundamentales de lo hispanoamericano[21]. Amado Nervo fue uno de los pocos modernistas que escribió obras narrativas. Sus novelas breves, *El bachiller* (1895), y *Pascual Aguilera* (1896) son el instrumento de que se vale el poeta para llevar a cabo su aventura intelectual, dar rienda suelta a la fantasía filosófica y configurar esa profunda y arriesgada meditación sobre la condición humana. "Siempre hay algo del Nervo poeta en su prosa", dice Brushwood, lo que es indudable, y parece contradecir opiniones que consideran su breve obra narrativa como naturalista[22].

Un auténtico antecedente de las novelas de la Revolución y de la actitud rebelde y oposicionista al porfirismo, que acabó por derrocarlo en 1910, es la obra del escritor Heriberto Frías, *Tomóchic,* en 1895 (iniciada por entregas en 1893). *Tomóchic* describe la destrucción de un poblado indígena en la zona norte del país por las tropas federales, al ser sofocada la rebelión de los tomochitecos, involucrados en problemas de resistencia política, por prácticas de fanatismo y por las dos victorias sucesivas sobre las tropas gubernamentales. Aunque el autor —que tomó parte en la tercera campaña como militar— no cuestiona la legitimidad o la justicia de la intervención militar, incluso desea el éxito de la expedición, por su actuación personal en ella, la actitud de los

---

(21) Vid. Mario Hernández Sánchez-Barba, *Las tensiones históricas en Hispanoamérica en el siglo XX,* Madrid, Guadarrama, 1961; y Valbuena Briones, ob. ya cit., los capítulos XIV, "Rubén Darío, Apóstol del Modernismo" y XV, "El lugar de Amado Nervo en el Modernismo".

(22) De las dos novelas de Nervo, dice García Barragán, ob. cit., que "se aceptan como naturalistas, por lo atrevido del tema, por su cientifismo y por la importancia atribuida en ellas a la herencia y al ambiente", pág. 52.

indígenas valerosos, que son arrasados por la fuerza numérica, quedará como una bandera irredenta que recogerán los revolucionarios de la década siguiente.

De esta interacción de la novela y la historia, que se ha venido produciendo en la literatura mexicana desde su nacimiento en el siglo XIX, puede entenderse que la novelística mexicana más importante del XX esté inspirada y estructurada partiendo del movimiento sociopolítico de la Revolución, que conmocionó la conciencia colectiva del pueblo y del cual emana la sociedad mexicana comtemporánea y el *status* político vigente.

El período de la lucha armada, 1910-17, y los cambios en la sociedad civil, derivados de la etapa militar y de las fases administrativas y estabilizadoras de los gobiernos posrevolucionarios[23], proporcionaron a los escritores de oficio y a los narradores improvisados el argumento, la expresión y la justificación ética que los obligaron a escribir sobre los acontecimientos nacionales, en un período literario en que el realismo y el naturalismo todavía intentaban explicar la vida.

La impronta del acontecer, la intervención del pueblo en la lucha, la actuación revolucionaria de muchos de los escritores, dio unas características peculiares a esta etapa de la novela mexicana que se conoce en la historia de la literatura hispanoamericana con nombre propio: "La novela de la Revolución Mexicana".

La bola, Tomóchic, La venganza de la gleba, Los parientes ricos, suelen considerarse como obras precursoras de las novelas de la Revolución. En todas ellas se hace patente una crítica a la situación social a que había llevado la larga dictadura del régimen de Porfirio Díaz. Casi todos los escritores acogen con entusiasmo las propuestas maderistas, sobre todo, el grupo intelectual de "El Ateneo de la Juventud", que querían sacar a México culturalmente del siglo XIX y darle un lugar propio en la cultura del siglo XX ("Por mi raza hablará el espíritu", es el lema que uno de los ateneístas más notables, Vasconcelos, dará más tarde a la Universidad).

---

(23) Vid. Marta Portal, *Proceso narrativo de la Revolución Mexicana*, especialmente capítulos I, III y IV, Madrid, Espasa Calpe, "Selecciones Austral", 1980.

Obras tempranas de tema revolucionario son las ya mencionadas, *Andrés Pérez, maderista*, de Azuela y *La majestad caída*, de Federico Gamboa. Mariano Azuela ya había publicado otras novelas antes de 1911: *María Luisa* (1907), *Los fracasados* (1908), *Mala yerba* (1909), escritas con el tono de protesta implícita de los narradores realistas de tradición liberal y antiporfirista. Azuela que, con el triunfo de la revolución maderista, había sido nombrado jefe político de Lagos, su ciudad natal, se incorpora, en la segunda etapa de la Revolución, a una facción villista como médico de la tropa. Desde el primer momento, Azuela pensó escribir sobre la Revolución[24]. Tomó apuntes, emborronó cuartillas, retrató a algunos de los personajes con quienes convivió a diario en campaña. Al triunfo de Carranza, se encontró exiliado en El Paso, con un montón de cuartillas que pensó redactar como "cuadros y escenas de la Revolución". En 1915, el periódico "El Paso del Norte", publica en folletines semanales *Los de abajo* ("cuadros y escenas de la Revolución actual"), que al año siguiente, la imprenta del mismo periódico publicará en libro, en edición en rústica.

Pero *Los de abajo* no fue leída ni comentada en México hasta 1924 en que "la descubrió" Monterde. Fueron pocas las novelas que se publicaron en los años de la lucha armada y fueron poco notables las publicadas en los años inmediatamente posteriores[25]; suelen citarse las siguientes obras revolucionarias de Azuela, *Los caciques* (1917), *Las moscas* (1918), *Las tribulaciones de una familia decente* (1918), y las de González Peña, *La fuga de la quimera*, y la ya citada de López Portillo, *Fuertes y débiles*, ambas de 1919. En las dos últimas obras, la Revolución está presente como fondo de la anécdota; no afecta radicalmente la vida de los personajes en la primera; y sí, en cambio, cobra mayor importancia en la segunda parte y desenlace de *Fuertes y débiles*.

---

(24) En la "Introducción" a mi edición de *Los de abajo*, Madrid, Cátedra, 1980, explico los pormenores de la redacción y publicación de esta novela de Azuela.

(25) No obstante, Rutherfford, ob. cit., selecciona cerca de treinta novelas publicadas antes del año 25, donde hay, desde las de los partidarios de la reacción huertista, hasta las de tema sentimental con fondo revolucionario. Vid. también un artículo mío dedicado a uno de estos novelistas "olvidados", Salvador de Quevedo y Zubieta, "Una desconocida novela de la Revolución Mexicana y un prólogo mexicanista de Castelar", *Anales de Literatura Hispanoamericana*, Vol. IX, núm. 10 (1981) págs. 201-211.

De 1918 a 1924, surge en México, en los círculos literarios de la capital, un segundo brote de novela "colonialista", o neocolonialista, para diferenciarla de la del XIX. Estos autores se vuelven hacia los temas de la historia colonial y recrean anécdotas del pasado, no en función del liberalismo ni de sus ideas reformadoras, como hicieron sus antecesores, sino con una propuesta fundamentalmente artística, tratando el material temático con el esmero de un restaurador de arte que es fiel a la época y al detalle.

Probablemente los colonialistas querían evitar los temas candentes coetáneos en una situación todavía políticamente confusa, o bien sirvieron al espíritu nacionalista revolucionario, al profundizar en la esencia histórica nacional y recrear un idioma castizo (durante el porfirismo se había galicizado) como dote de una inequívoca identidad. "La crítica ha negado a esta obra una significación nacional, porque no encuentra en ella alusiones a la historia contemporánea de México. Pero entonces cada intelectual, al buscar en torno suyo, encontraba que la realidad ambiente era la muerte, y, al defender su fe en su porción de cultura, defendía un fermento de vida. No estaba entonces fuera de su mundo, porque salvarse a sí mismo era contribuir en algo a la salvación del país", dice el profesor y gran ensayista Samuel Ramos[26].

Los neocolonialistas suponen la primera tendencia literaria de la posrevolución. Los autores que la cultivaron: Francisco Montarde, Julio Jiménez Rueda, Artemio de Valle Arizpe, Ermilo Abréu Gómez. Y las novelas más conocidas: *El secreto de la "Escala", Doña Leonor de Cáceres, La vida del venerable siervo de Dios, Gregorio López, Moisén...*

Cumplida la etapa militar y restablecido el orden, ya desde el primer período presidencial de Obregón, a la derrota y muerte de Carranza, la Revolución entra en su etapa de gobierno y el espíritu revolucionario se orienta en un sentido nacionalista que reivindica la tradición mestiza. Vasconcelos es nombrado secretario de Educación Pública y organizará una extensa campaña cultural: alfabetización, construcción de escuelas, ediciones de clásicos,

---

(26) Cit. a través de Leopoldo Zea, *Conciencia y posibilidad del Mexicano*, México, Porrúa y Obregón, 1952, pág. 66.

recuperación de la música popular, incitación y apoyo a los artistas para que realicen una obra que refleje la historia nacional y, preferentemente, las gestas de los acontecimientos recientes. Así, en los lienzos de las paredes de los edificios públicos, Rivera, Orozco y Alfaro Siqueiros, con gran inflación indigenista, explican y aclaran para el pueblo los episodios sobresalientes de la historia patria y la intervención de las masas en la lucha reciente, a la vez que crean una obra de arte perdurable y una escuela propia: el muralismo pictórico.

De la versión simplista y de gran impacto popular que supone el reflejo en el mural de la Revolución, se pasa a la versión literaria, más pesimista, más realista, tanto por la técnica heredada, como por esa vocación de verdad y de testimonio de lo "verdadero" que están en la base de las literaturas hispánicas. La entera situación de convivencia nacional había sido trastornada por la Revolución; el arte sufrió también esta convulsión innovadora. Los escritores se vuelven hacia ese pasado inmediato y encuentran allí ese material vivo que ha puesto al descubierto el alma nacional en el drama que han interpretado todos los mexicanos. "De la noche a la mañana —dice Brushwood—, la novela se volvió la novela de la Revolución Mexicana". El fuerte sentimiento nacionalista, auspiciado desde el poder, mueve no sólo a los escritores sino a todo el que tiene una experiencia propia que contar. Los escritores ahondan en sus recuerdos, recogen anécdotas, recrean episodios, engarzan sucesos dispersos en el tiempo y el espacio... El novelista más que obra de arte quiere hacer obra de testimonio; su punto de vista es local y su interpretación parcial. "Caracteriza a estas obras su condición de memorias más que de novelas. Son casi siempre alegatos personales en los que cada autor, a semejanza de lo que aconteció con nuestros cronistas de la Conquista, propala su intervención fundamental en la Revolución de la que casi todos se dirían ejes"[27].

El narrador está muy próximo a los sucesos, copia gestos y palabras en primeros planos, destacando tanto el heroísmo como

---

(27) José Luis Martínez, y otros autores, *México: cincuenta años de Revolución*, capítulo LXI, *La Literatura*, México, F.C.E., 1962, pág. 336.

la brutalidad, y traslada al papel los movimientos de los hombres cuya psicología explosiona en la lucha fratricida: machismo, brutalidad, falsa sumisión, inclinación a la mentira y al engaño..., son rasgos negativos que esta novela no tiene inconveniente en sacar a la luz de un enfoque superficial. Pero "a pesar de estas limitaciones y estos excesos, comprensibles en un arte que de pronto ha dejado de ser juego privado para convertirse en medio público de expresión, puede afirmarse que la nueva prosa narrativa y el teatro constituyen la creación literaria más activa, renovadora y original de las letras mexicanas de hoy"[28].

En esta primera etapa de la novela de la Revolución, hay un intento de conocimiento, de ahondamiento en el ser nacional. Y ese interés y ese conocimiento que surge de la versión espontánea primera, cuajará más tarde en la propuesta de "autognosis" de los pensadores mexicanos, Alfonso Reyes, Vasconcelos, Ramos, Leopoldo Zea, Usigli, Octavio Paz, Villoro..., cuyos estudios filosóficos tratan de configurar la respuesta intelectual a la ontología del ser del mexicano.

Azuela es, pues, el iniciador de esta etapa activa, renovadora y original de la novelística mexicana. A mediados de la década siguiente, 1924, cuando ya Azuela había dejado de escribir sobre aspectos diversos de la Revolución, es cuando una polémica periodística llama la atención sobre *Los de abajo,* que había pasado inadvertida, y con su "descubrimiento" alcanza el éxito nacional y gran difusión internacional. En 1926, Martín Luis Guzmán envía desde España al *Universal* de México sus "recuerdos revolucionarios", que publicará en forma de libro en Madrid, en 1928, *El águila y la serpiente.* En 1929 este mismo autor, también en España, publicará una gran novela revolucionaria, *La sombra del caudillo,* en la que condensa literaria y anecdóticamente dos momentos políticos de la posrevolución, desvelando el reverso de sus fases más significativas: la candidatura presidencial, las intrigas, los magnicidios. A través de los episodios de la novela, se ilumina una lacra

---

(28) Ibid., pág. 364.

política histórica: la fascinación por la acumulación de poder[29].

A partir de este momento, en la década de los 30, el tema monolítico de la narrativa mexicana es la Revolución. Los escritores que habían tomado parte en la contienda —Martín Luis Guzmán, Vasconcelos, el general Urquizo— o los jóvenes que escucharon fascinados en retaguardia hechos de guerra, empiezan a contar "su" visión de la Revolución. De esta etapa son los relatos de Nellie Campobello, *Cartucho*, conjunto de cuadros impresionistas de su niñez en la zona norte del país donde guerrearon las tropas villistas. Gregorio López y Fuentes, periodista, escribirá *Campamento, Tierra*, la lucha por la reforma agraria y la aventura zapatista, *Mi general*. Rafael F. Muñoz, *Vámonos con Pancho Villa* y *Se llevaron el cañón para Bachimba*, relato episódico de la revuelta orozquista. La provincia, en los distintos momentos de la Revolución, será el tema de las obras picarescas de José Rubén Romero, *Apuntes de un lugareño, Desbandada, Mi caballo, mi perro, y mi rifle*, esta última, expresando en el discurso narrativo, el desengaño de las ilusiones revolucionarias del autor. Vasconcelos, de su autobiografía novelada, serán las dos primeras obras las que abarquen la etapa revolucionaria, *Ulises criollo* y *La tormenta*. Urquizo proporcionará a esta novelística la visión desde el campo contrario a la Revolución: la de la soldadesca reclutada por los federales, en *Tropa vieja*.

El carácter testimonial y la técnica realista aconsejan al escritor la forma de diario, autobiografía novelada, memorias, o gavilla de cuadros y episodios, engarzados sin estructura aparente, sin lógica y sin conexión causal y psicológica. Esta carencia de instrumentación literaria cuadra perfectamente a la realidad que se trata de reflejar: una realidad en movimiento, en *hechura*, que se corrige y se sucede a sí misma como improvisada sobre la marcha. Esta visión del acontecer que se va haciendo y transformando con la Revolución misma, da a la novela una visión sutil, dialéctica de

---

(29) Este tema, el caudillismo, será uno de los desarrollos filosóficos más interesantes de Octavio Paz, en *Posdata*, capítulo "Crítica de la pirámide", México, Siglo XXI, 1970, págs. 103-155.

la realidad, que posteriormente ha tratado de incorporarse como técnica.

A finales de la década de los 30, aparece una novela, *El resplador* (1937), de Mauricio Magdaleno, que se ha considerado como obra indigenista. En el sexenio de Lázaro Cárdenas una de las propuestas políticas fue la incorporación del indígena como elemento integrante y constitutivo de la realidad nacional (y sintomático de esta campaña es el Premio Nacional de Literatura, en el 35, a una novela irregular, *El indio*, de López y Fuentes). *El resplandor* refleja, en efecto, en su anédota, la vida de una comunidad indígena, los otomíes, pero introduce en el relato la novedad de una contemplación abarcadora de la existencia de esa comunidad: la clave histórica —el dominio colonial español— que explique los ciclos encadenados y sucesivos de engaño y expoliación al indígena, para venir a abocar a la explotación más cruel y desesperanzada, la ejercida por el revolucionario de la propia raza, de la propia clase, que ha logrado un puesto político en la capital.

La narrativa hispanoamericana "sufre un primer cambio cualitativo, significativamente, en la literatura de la revolución Mexicana"[30]. Este cambio cualitativo, Fuentes lo ve como el que va desde "la certeza heroica a la ambigüedad crítica". Ese afán de transcripción veraz de los primeros novelistas revolucionarios mexicanos ha aplacado inflaciones nacionalistas y ha ido señalando en la ficción una nueva dialéctica: ni todo lo anterior a la Revolución es condenable, ni la Revolución ha colmado las esperanzas del pueblo, ni los caudillos fueron siempre héroes o siempre bandidos ("bandolhéroes", es la voz síntesis que me sugurió el poeta del grupo "Contemporáneos" Salvador Novo), ni todo lo indígena es admirable y todo lo colonial condenable. La etapa de reflexión de pensadores e historiadores ha tenido en la novelística un complemento vehemente: denuncia de situaciones concretas, acusación de traición a unos ideales, y, en el mejor de los casos, la "profecía" inexcusable de un cambio.

Para mí la obra de Magdaleno es la bisagra de una nueva eta-

_____

(30) Carlos Fuentes, *La nueva novela hispanoamericana*, México, Joaquín Mortiz, 1969, pág. 14.

pa: todavía se acusan los males de la Colonia con tópicos tradicionales, pero se desenmascara la actuación inescrupulosa del "buen revolucionario". Este antecedente que nos ofrece "la mejor novela de los treinta", va a encontrar su pleno desarrollo en las dos mejores novelas de la década siguiente, El luto humano (1943), de José Revueltas, y Al filo del agua (1947), de Agustín Yáñez. En una y otra se abandonan casi totalmente los procedimientos del realismo objetivo, para incorporar los de las más modernas técnicas literarias y reflejar la versión interiorizada de los problemas sociales que plantean, proyectando esta más profunda contemplación del hombre a un contexto universal. El luto humano es una novela faulkneriana, existencial, en la que un grupo de hombres y mujeres, acosados por la muerte, saben que que han sido engañados, que mueren solos, que ni la religión, ni la Revolución, ni los Sindicatos, les han dado una justificación del dolor y de las dificultades del vivir. Sólo minutos antes de perecer ahogados, mientras los zopilotes sobrevuelan sus cabezas, tienen una vaga conciencia lúcida de que mueren redimiendo un futuro mejor. Revueltas es marxista anarquizante, pero consigue casi siempre que su compromiso político no traicione su arte.

Al filo del agua, aunque acontece, anecdóticamente, en la inminencia de los primeros sucesos revolucionarios (1909-10), es la primera versión moderna del pasado revolucionario. El protagonista es un pueblo de la región de Jalisco, católico, reaccionario, hipócrita; la intolerancia colectiva, la sequedad de una fe fanatizada y la asfixia represiva en que viven los jóvenes, hacen que el lector sienta que se está "al filo del agua", suspenso al borde de una gran tormenta. En efecto, la Revolución llega a ese pueblo conventual; llega y pasa, parece que sólo haya soliviantado la superficie de las aguas mansas.

La obra de Yáñez ha sido recibida por la crítica como "la otra novela de la Revolución", tanto por la incorporación de los elementos técnicos más nuevos de la literatura occidental, como por la perspectiva en que el escritor se sitúa para considerar la totalidad de los hechos y proyectarlos a un estado de superior desarrollo[31]. Yáñez ha sido maestro de toda una generación de más jóvenes narradores.

En la década siguiente aparece la obra extraordinaria de Juan Rulfo, *El llano en llamas* (1953) y *Pedro Páramo* (1955), "cerrando para siempre —y con llave de oro— la temática de la Revolución", dice Carlos Fuentes[32]. No obstante, la opinión autorizada de Carlos Fuentes parece difícil de sostener en cuanto a agotamiento de una temática, aunque el modo "documental" sí parezca superado, y lo estaba ya antes de Rulfo, pero no la temática, que reaparece en las propias obras de Fuentes, *La región más transparente* (1957) y *La muerte de Artemio Cruz* (1962), y así lo han considerado el mexicano Antonio Magaña Esquivel, que incluye la obra de Fuentes como correspondiente a la etapa de "la mirada retrospectiva"[33] de la Revolución, o el norteamericano Seymour Menton, quien afirma que Fuentes es "el más profesional de los autores que han novelado los distintos aspectos de la Revolución Mexicana"[34]. Todavía la novela *José Trigo* (1966) ha sido recibida como la obra "que cierre ventajosamente toda una serie, cuya temática ha agotado a la Revolución, a los cristeros, a los indígenas y a los caciques como únicos representantes de asuntos nacionales"[35].

En la perspectiva inmediata —anterior y posterior— de *El llano en llamas,* tenemos a otros dos grandes narradores noveles que, al igual que Rulfo, se inician en el relato: Juan José Arreola, publicará *Confabulario,* en el 52, y Carlos Fuentes *Los días enmascarados,* en el 54. Arreola y Fuentes, en estas primeras tentativas, se muestran más vanguardistas, más "escapistas", o más semejantes

---

(31) Adalbert Dessau, crítico marxista, en *La novela de la Revolución Mexicana,* ya cit., considera a estos autores, casi todos jóvenes en esos años de los 40, como configuradores de una etapa de neutralización de la novela de la Revolución, porque, dice, "el aspecto social queda en el fondo y no es sino pretexto para tratar problemas psicológicos", capítulo: "La orientación de la novela mexicana hacia la temática espiritual", págs. 370-394.

(32) Fuentes, ob. cit., pág. 16.

(33) Magaña Esquivel, ob. cit., págs. 14-15.

(34) Symour Menton, "La estructura épica de 'Los de abajo' y un prólogo especulativo", en *Hispania,* vol. L, núm. 4 (diciembre, 1967), pág. 1003.

(35) Luis A. Domínguez, en RUM, vol. XXI, núm. 9 (mayo, 1969), págs. 30-31.

a los otros hispanoamericanos coetáneos que Rulfo. *El llano en llamas* es un conjunto de diecisiete relatos de temática rural. Los personajes son humildes campesinos, las anécdotas, hechos del vivir cotidiano, el lenguaje parece de una simpleza total. Habríamos de inferir, tras enunciar estas características, que se trata de una narrativa costumbrista, incluso algunos temas y algunos personajes ya los recordamos como típicos de la narrativa anterior, pero la apreciación estaría equivocada. Los campesinos, los revolucionarios, los caciques, las mujeres violadas, los cristeros, que había reflejado ya la narrativa mexicana, sufren en la obra de Rulfo una *des-formación* (*des*, DE y EX, 'desde dentro'); la desformación que implica que, en la relación de la realidad con el espíritu que la acomoda para comunicarla, el espíritu no sólo parte de un estímulo objetivo próximo que la haya suscitado, sino de la experiencia profunda en que se ha sintetizado esa realidad: el símbolo[36].

Si Yáñez ya había conseguido que el tiempo histórico de la prerrevolución se vuelva un tiempo literario, Rulfo procederá a la simbolización de este tiempo histórico mexicano y a la mitificación de personajes y conductas. Exactamente igual hace con el lenguaje —en los monólogos discursivos, en los coloquios, o en los brevísimos enunciados referenciales—: recrea un habla campesina paradigmática. "Lo más que puedo hacer para describir este estilo es decir que captura y utiliza la esencia del habla rural de manera que aceptamos como auténtico su lenguaje, pero permitimos que nos desplace de un plano folclórico hasta un plano mítico en que no observamos costumbres sino símbolos de costumbres"[37].

En ese universo rulfiano, de paisaje árido —desganadamente descrito, como un mal decorado muy usado—, de lenguaje lacónico, alienta un ritmo medido de tragedia: estatismo-violencia-estatismo, atemperado por ráfagas de ironía, a veces cruel[38]. Max Aub, en su *Guía de narradores de la Revolución Mexicana* se-

---

(36) Esta tesis la desarrollo ampliamente en mi *Proceso...*, págs. 295-299.
(37) Brushwood, ob. cit., pág. 58.
(38) La socarronería y escepticismo de Rulfo se acentúan en los relatos últimos, "El día del derrumbe" y "Anacleto Morones", véase Helmy F. Giacoman, "Juan Rulfo: la verdad casi sospechosa", en *Homenaje a Rulfo*, Madrid, Anaya-Las Américas, 1974, págs. 111-120.

ñala que "ya no se dan en Rulfo las características primeras de la narrativa de la Revolución (testimonio, autobiografía), pero decanta directamente de ella. Ya no es lo visto y vivido, sí su recreación: ya existe la distancia necesaria al arte". Y, más adelante, puntualiza: "En Rulfo, Jalisco sigue siendo el Jalisco de Azuela o de Guadalupe de Anda; los sucesos pasaron, pero Rulfo o los reconstruye, como en *El llano en llamas*, o los ve inmóviles para siempre, en la muerte, como en *Pedro Páramo*"[39].

Rulfo realiza un esfuerzo sobrehumano por llegar a penetrar en la conciencia de su pueblo. Sabe que el mexicano es poco comunicativo; los conflictos íntimos, lo doloroso, se encierra, queda clausurado, cerrado a las vivencias posteriores. Lo doloroso se oculta hasta para uno mismo. Esta idea se refuerza con el hecho de que a estos personajes no les vemos las caras, no les sabemos las facciones, como si fueran conciencias oscuras, "sentidas" por el autor, nunca retratadas de la realidad, sino creadas estéticamente en esa búsqueda de la "conciencia increada de la raza".

La prestigiosa crítica M.ª del Carmen Millán, en su artículo "Las novelas clásicas mexicanas de los últimos veinticinco años", considera la aparición de las dos obras de Rulfo como un acontecimiento literario que "provocó que una secuela de imitadores trataran de acercarse al medio rural con los procedimientos con que Rulfo creara el trasfondo de destrucción y rencor que la Revolución sembró en los campos". No obstante, la doctora Millán cree que Rulfo da en ocasiones la impresión de que ha llevado demasiado lejos sus experiencias. Utilizando métodos del sobrerrealismo, trueca en seres animados a las cosas, y a los elementos de la naturaleza en personajes con voluntad y decisiones. Los hombres, en cambio, reducidos a sombras untadas sobre el paisaje fantasmal, sólo disponen de movimientos descoyuntados y mecánicos y de la inercia de la espera[40]. Su visión del mundo le parece válida, "para un grupo de seres humanos", y los elementos técnicos utilizados para configurarla hacen del autor uno de los

_____

(39) México, F.C.E., 1969, págs. 58-59.
(40) En *Revista Interamericana*, vol. 35, núm. 69 (septiembre-diciembre, 1969), págs. 526-527.

que con mayor éxito ha llevado a cabo la revolución en el terreno narrativo.

Algo que ha destacado Sommers[41] , como novedad en Rulfo, es la tremenda exigencia de colaboración al lector en *Pedro Páramo;* "verdaderamente, Rulfo llega al extremo de colocar trampas que nos atrapan, primero confusamente, luego en una compensación estética si es que podemos encontrar nuestro camino". A la vez, la estructura laberíntica de la novela se sustenta en la elementalidad del lenguaje, "esta interacción entre simplicidad y complejidad es una nueva cualidad distintiva de la novela mexicana", opina el mismo Sommers. A otros comentaristas la técnica les parece "tan complicada como la de los cuentos más laberínticos de Jorge Luis Borges. Por grande que sea el virtuosismo, la mezcla de distintos planos cronológicos y de personajes vivos y muertos, produce en parte el efecto de un rompecabezas cuya solución representa un triunfo intelectual para el lector pero tiende a deshumanizar a los personajes"[42] .

Además de la valoración innovadora de las técnicas expresivas a mi entender en *Pedro Páramo* asistimos a la representación mítica de los fantasmas del inconsciente del mundo occidental. Rulfo transforma las condiciones históricas de un pueblo mexicano en condiciones metafísicas; el tiempo crónico, en tiempo sobrenatural. La culpa trascendental, que subyace a la anécdota, está en la base de la filosofía, de la religión y de la moral occidentales. "Rulfo, con la metáfora Comala-infierno, ilustra la mitificación occidental de la culpa y el castigo"[43] . Por ello, su obra, siendo un breve trasunto de una anécdota rural mexicana, se alza a un contexto universal.

Los dos narradores que se iniciaron a la vez que Rulfo, Arreola y Fuentes, prosiguieron su vocación con mesura y perfección el primero, y con profesionalidad y fecundidad el segundo. De Arreo-

---

(41) Joseph Sommers, *Yáñez, Rulfo, Fuentes: la novela mexicana moderna,* Caracas, Monte Avila, 1968, págs. 101-109.
(42) Seymour Menton, ob. cit., pág. 1001.
(43) Cfr. mi *Proceso...,* capítulo, "Concepción del tiempo", pág. 326.

la, la obra más lograda es *La feria* (1963), visión caleidoscópica de un pueblo imaginado al Sur de Jalisco. Fragmentos —a veces brevísimos, de dos líneas— procedentes de la tradición oral y escrita, o de los recuerdos primiciales del narrador, componen un mosaico poético de pecados ingenuos, obsesiones, pesadillas, sueños..., que son los de una biografía y, a la vez, el acervo de una pequeña comunidad.

Carlos Fuentes con *La región más transparente* alcanzará no sólo renombre internacional sino el mayor número de lectores que era posible esperar en México. A modo de un gran mural —se ha mencionado a Dos Pasos—, los perfiles y los colores variopintos de todas las capas sociales que componen el censo de la capital mexicana, se mueven en un intento de simultaneidad, a veces coinciden tangencialmente, pero todos se saben solos; lo único que los vincula es el espacio y el origen violado, la historia. Novela ambiciosa por sus pretensiones panorámicas y, también, por sus efectos contrastantes y por la severa revisión a que somete los ideales y los intereses de la sociedad creada en la posrevolución. Este análisis de Fuentes llega en el 62, con *La muerte de Artemio Cruz*, a su interrogante más apasionado y controvertido: ¿Está muerta la Revolución? La novela es un duro juicio a los revolucionarios —cuyo paradigma es Artemio Cruz— que en un momento determinado prefirieron la acumulación de dinero y de poder a la realización de los ideales reformistas por los que habían luchado. Esta desviación sitúa al protagonista en la cúspide social, pero siente que no ha realizado sus potencialidades personales. La biografía y muerte de Artemio Cruz parece ser el contrapunto simbólico de la evolución nacional. Es significativo que Fuentes date el original de esta obra en *La Habana, 1960* (y *México, 1961*), relacionando el tiempo y el espacio de la enunciación con otro hecho político contemporáneo, que, sin duda, se quiere resaltar: la revolución cubana. Y hay referencia en la anécdota a esta revolución así como al frente republicano de la guerra civil española. Estos datos revelan la simpatía política del autor y la de toda una generación de intelectuales jóvenes que vieron en la revolución cubana —en esos primeros años de los sesenta— una posibilidad de respuesta a las preguntas todavía incontestadas por la Revolución Mexicana[44]. Asimismo, y presumiblemente por los mismos motivos que acabo de exponer, *La muerte de Artemio Cruz* "relacionó la ficción en prosa mexicana con el "boom" de la novela en América Latina"[45].

La nueva generación de narradores, nacidos alrededor del treinta, cuando la Revolución se estabilizó como gobierno, y cuando la novela se ocupó casi exclusivamente de reflejar las peripecias de la lucha armada, contemplan con mayor escepticismo que sus mayores los resultados de la Revolución; señalan el estancamiento político, denuncian la injusticia y la demagogia, los abusos del poder; todos los defectos de una clase política que ha renunciado a su propio destino revolucionario y que, sin embargo, sigue actuando con consignas revolucionarias vacías y retóricas.

Se advierten dos tendencias en las más recientes creaciones literarias: la universalista, común a toda la narrativa latinoamericana, que suele situar la acción en las grandes ciudades, enfrentado el hombre a las condiciones conocidas de un desarrollo excesivo en las sociedades urbano industriales; y la novela que sigue explorando la circunstancia mexicana y que no renuncia a esa voluntad "reformadora" que estuvo ya en el origen de esta narrativa, desde *El Periquillo...,* voluntad reformadora que ahora se ejerce de una manera mucho más sutil, con todos los procedimientos técnicos más vanguardistas, y con una penetración crítica mayor.

Síntoma, por un lado, des desprestigio en que ha caído para gran parte de la nueva generación el tema de la Revolución traicionada, y por otro, de la fascinación o liderazgo ideológico que ejerció Cuba en esos años primeros de su triunfo revolucionario, es el Premio "Casa de las Américas", que otorga anualmente Cuba, a una novela mexicana que podríamos definir como la antinovela de la Revolución, *Los relámpagos de agosto,* de Jorge Ibergüengoitia, en 1964. Esta novela es una sátira cruel y despiadada, un "pastiche" de la novela revolucionaria.

---

(44) Véase la interpretación que hace el filósofo Leopoldo Zea de la repercusión y de la significación ideológica de la revolución cubana, en la "Presentación" que hace a mi *Proceso...,* págs. 16-17.

(45) Brushwood, ob. cit., pág. 83.

Y en ese mismo año, 64, otro premio, el español de la editorial Seix Barral, se otorgará a otro mexicano, Vicente Leñero, por una novela de tema urbano, *Los albañiles,* en la que además de la degradación de las vidas humanas en la ciudad y de la distorsión de las relaciones sexuales, se plantean los problemas filosóficos de la relatividad de la culpa, de la ética de la justicia, de la imposible localización de la verdad.

El tema de la burocracia policial en la capital ha sido tratado por Sergio Galindo, en su obra *La justicia de enero,* en 1959. Este autor, a quien interesa la profundización de las relaciones humanas, en el año 70, atará los ramales de unas relaciones promiscuas —más estetizantes que eróticas— en su novela *Nudo;* los personajes de la "élite" social mexicana que retrata, curiosamente, utilizan el inglés como lengua de germanía. José Emilio Pacheco, en el 67, escribe una novela de gran ambición innovadora, *Morirás lejos,* que exige una respuesta intelectual en el lector, y no logra comunicar emoción, aunque sí, quizá, admiración. En el 73, este mismo escritor publicará una serie de relatos, *El principio del placer,* de gran sugerencia lírica, que lo emparentan con los mejores ejemplos del relato breve hispanoamericano. Emilio Carballido, con su novela *El sol,* nos da el eterno tema de la iniciación del adolescente ingenuo al amor y a la vida. Es una anécdota simple, un lenguaje poético y esencial, de resonancias rulfianas en la historia y en la expresión, que luego se complica con alegorías y símbolos indescifrados.

Todavía en el 55 y 56 se publicaron dos novelas, póstumas, de don Mariano Azuela, *La maldición* y *Esa sangre,* y todavía en años sucesivos siguió publicando su extensa obra Agustín Yáñez, *La creación,* en el 59, novela que refleja la vida artística en la ciudad de México y los postulados culturales de los gobiernos primeros de la Revolución. El tema del campo y del cacicazgo lo afrontará Yáñez en *Las tierras flacas,* en el 62, y, por fin, en el 73 publicará *Las vueltas del tiempo,* novela escrita muchos años antes (continuadora de la peripecia humana de algunos de los personajes de *Al filo del agua*), que el autor tardó en publicar por temor a las posibles repercusiones. Su tema es fundamentalmente político. El símbolo dialéctico, eje de la historia, es el entierro del expresidente Calles, figura controvertida, que centra, de cuerpo presente, el vendaval de pasiones políticas que durante su liderazgo se desató.

El tema indigenista ha seguido desarrollándose, cultivado por narradores con conocimientos antropológicos, como Ricardo Pozas y su *Juan Pérez Jolote,* biografía de un indio tzotzil. O las novelas de Rosario Castellanos, *Balún Canán* (1957) y *Oficio de tinieblas* (1962), en las que se plantean situaciones límite de fricción entre las dos culturas, la blanca, de los ladinos, y la de los indígenas —tzotziles, también—; se enfrentan, se afrontan y vuelven a replegarse a sus respectivas posiciones. La visión de la autora es pesimista y deja al lector en el malestar de un balance inquietante.

De Elena Garro, también en el 62, es una novela mágica, *Los recuerdos del porvenir,* en la que una comunidad reaccionaria del sur de México, afronta las medidas "desfanatizantes" del presidente Calles, en los años de la lucha cristera. La autora, con la facilidad y soltura de los procedimientos surrealistas, entreteje una historia de amor imposible y un relato épico burlesco de la historia sociopolítica coetánea. Hay en esta novela aportaciones técnicas novedosas: el narrador es un ente geosocial —el pueblo de Ixtepec— y la enunciación se produce "desde el porvenir".

Dos novelas que conectan pasado revolucionario y presente, espacio rural y temática urbana, son *José Trigo* (1966), de Fernando del Paso, y *Hasta no verte Jesús mío* (1969), de Elena Poniatowska. *José Trigo* es una novela de estructura piramidal (los capítulos van del 1 al 9 y del 9 al 1) y de intención totalizadora: se pretende dar la diacronía y la sincronía de la historia y de la lengua, localizadas en un espacio concreto de la capital mexicana: la plaza de Nonoalco-Tlatelolco, partiendo del presente conflictivo de una huelga ferrocarrilera (en 1960). *Hasta no verte ...* es el monólogo desengañado de una mujer de clase humilde que, al recordar su vida, somete —directa e indirectamente— a implacable juicio los supuestos avances socioeconómicos de la política.

El indigenismo, el ruralismo, el tema ferrocarrilero, la temática urbana, la interiorización psicológica, o los planteamientos filosóficos y existenciales son manejados por los narradores mexicanos contemporáneos, que, como los iniciadores de esta literatura, consideran la novela soporte específico de protestas y posturas, y, desde el trauma colectivo que supuso la Revolución, la utilizan como instrumento crítico de diagnóstico y de pronóstico de una realidad que se intenta cambiar[46].

(46) Una visión completa de la obra de Rulfo desde distintas aproximaciones la aportan los excelentes estudios de:
- Adam Gai, *Ironía y lirismo en la obra de Juan Rulfo*, tesis para la obtención del título de "Doctor en Filosofía", presentada al Senado de la Universidad Hebrea de Jerusalem, junio, 1980.
- José Carlos González Boixo, *Claves narrativas de Juan Rulfo*, León, Colegio Universitario de León, 1980.
- Fernando Veas Mercado, *Los modos narrativos en los cuentos en primera persona de Juan Rulfo. Los relatos considerados como una metáfora de una visión del mundo*, Thése presentée à L'Ecole des Gradués de L'Université LAVAL pour obtenir "La Maitrise ès Arts" (Litterature Espagnole), juin, 1978.

METODOLOGIA: MODELOS DE ANALISIS

La perspectiva crítica que voy a utilizar en el análisis de la narrativa de Juan Rulfo es la de la crítica semiológica. La variedad de los relatos, la diversidad de las anécdotas, los innumerables puntos de vista desde los cuales se puede enjuiciar un texto literario, ha obligado al crítico semiológico a obrar con cautela al tratar de encontrar un principio de clasificación y un modelo de descripción. Para llegar a formular un modelo abstracto que dé cuenta del esquema sintáctico que explica la obra, es preciso definir las unidades narrativas mínimas que, integradas en unidades mayores o clases, determinan las relaciones que las partes mantienen entre sí y con el conjunto, siendo *el sentido* el criterio unificador de la estructuración esquemática.

Desde los análisis de Propp y de los formalistas rusos, la unidad básica, el átomo narrativo, es *la función,* considerada como "la acción de un personaje desde el punto de vista del desarrollo de la intriga"[1]. La función es el término de una correlación: o bien es la realización de las posibilidades abiertas por una función anterior, o bien es el embrión de una posibilidad que se actualizará más adelante. La función es una unidad lingüística de contenido, es "lo que quiere decir", es el *designatum.*

---

(1) Vladimir Propp, *Morfología del cuento,* Madrid, Editorial Fundamentos, 1964, pág. 33.

La función no coincide o es independiente de la unidad básica lingüística del discurso, la frase; puede ser una frase, o una sola palabra, o un enunciado de varias frases o varios enunciados que coinciden temáticamente en *su* mismo y reiterativo carácter funcional. La determinación de las funciones es arbitraria, consecuencia de lecturas previas del texto y de acomodación subjetiva del crítico. Para la determinación de estas primeras unidades narrativas es preciso no perder de vista su funcionalidad dentro de la intriga. Todo relato es la sucesión de una serie de acontecimientos de interés humano. Esta sucesión de las acciones, estructuradas temporalmente, obedece a una cierta lógica como la que se sigue en la realización de todo proyecto humano. Al intento de realización de un proyecto, sigue la facilidad o los obstáculos para llevarlo a cabo. Si son los segundos, cabe afrontarlos o desistir. Toda intriga es la representación de unos esquemas básicos de conducta y de sus derivaciones. En el relato *Luvina* un enunciado: " ¡Oye, Camilo, mándanos otras dos cervezas más! ", puede ser formalizado como la función: *petición de bebida,* o como la función fática de interrupción de la confidencia para mantener el *suspense,* pero, a la vez, en el enunciado, la palabra *otras,* sin llegar a ser una unidad discursiva, es una unidad de contenido, que se "verticaliza" para alcanzar un nivel paradigmático y habrá de recogerla el receptor en su estricto sentido de reiteración, investido del sentido semántico isótopo[2] de la función *degradación* (alcoholismo) que se manifiesta en el nivel del discurso.

Claude Bremond amplió el esquema básico proppiano de la función a *la secuencia:* grupo de tres funciones que siguen las fases de todo proceso:

—una función que abre la posibilidad del proceso
—una función que realiza esta virtualidad
—una función que cierra el proceso con el resultado obtenido.

---

(2) "Por *isotopía* entendemos el conjunto redundante de categorías semánticas que hace posible la lectura uniforme del relato, tal y como resulta de las lecturas parciales de los enunciados y de la resolución de sus ambigüedades que es guiada por la investigación de la lectura única", Greimas, *En torno al sentido,* Madrid, Fragua, 1973, pág. 222.

De esta *secuencia elemental,* liberada por Bremond de la imposición del orden cronológico[3] y de la contigüidad a que la sometía Propp, pasamos a las *secuencias complejas,* combinaciones de secuencias por *enclave, encadenamiento* y *continuidad.* La secuencia se abre cuando la función que la inicia no tiene antecedente en el relato y se cierra cuando no sigue a la función del cierre otra que la continúe. Propp, Bremond, Greimas, han determinado sucesivamente la denominación y el inventario de las funciones *(contrato, lucha, traición, carencia, fracaso, partida, prohibición...)* Estas denominaciones específicas de las funciones son denominaciones metalingüísticas, que tratan de definir, reduciéndolo, el código significativo, pero, a la vez, forman parte del subcódigo del receptor, que escucha, percibe, codifica, "nombra". Es el resultado de una reducción y de una abstracción: con un vocabulario básico se cubren gran cantidad de sentidos y matizaciones, y es preciso dejar constancia de las limitaciones y subjetivismo que, desde las primeras aproximaciones, lastran fatalmente el intento de objetividad de la crítica semiológica.

Las secuencias son series lógicas de nudos del acontecer, remesas que se suman en la partida total de la anécdota. Estos "nudos" del relato que son las secuencias tienen, o pueden tener, expansiones en otras unidades: indicios, informaciones, catálisis (según Barthes) que, a su vez, pueden desempeñar varias clases de funciones diferentes. El relato, descrito en sus funciones y secuencias formalizadas, proporciona el esquema sintáctico que da cuenta de la anécdota, del desarrollo del acontecer. Cuando se han cubierto las etapas de la descripción funcional, alcanzamos un nivel superior, es el de la sintaxis que relaciona las secuencias entre sí; es el nivel de las *acciones* en el que las unidades funcionales alcanzan su sentido. Por último las acciones evidencian su sentido más profundo en el modo —y en el hecho— de ser narradas, en el discurso literario que las asume.

---

(3) Al mantener el autor la libertad de actualizar la posibilidad en acto o dejarla latente. Y entiende por función la acción o acontecimiento; otros semiólogos amplían el concepto a situación. Función, pues, la acción, el acontecimiento o la situación. "La logique des possibles narratifs", *Communications, 8,* Paris, Seuil, 1966, págs. 60-76.

Las acciones son encarnadas por *los personajes*. La crítica semiológica se niega a considerar al personaje como una esencia psicológica y lo des-personaliza para otorgarle su estatuto lingüístico de sujeto de la acción, o de agente; el personaje en el relato es *lo que hace*. Su actuación y sus relaciones con los demás personajes ha de seguir la lógica de los comportamientos en la que las leyes de contraste y de repetición son las más interesantes. Bremond ha tratado de establecer un sistema funcional de las leyes previsibles que agoten la combinación de todos los comportamientos posibles[4]. La ley de contraste supone la contemplación de los personajes desde dos perspectivas: la del agente de la acción, y la del paciente de la consecuencia de la acción. La lógica de las acciones se ha tratado de describir por el modelo "triádico" de Bremond, o por el modelo homológico de Lévi-Strauss sobre el mito. El modelo homológico puede explicar la ley de *contraste*, la polarización de los episodios en las dos categorías, protagonista y antagonista. A:B :a:b (A y B los personajes, y a y b, las acciones), e igualmente es útil para dar cuenta de la ley de *repetición*, ley fundamental de la narración, que encuentra en este modelo la posibilidad de representación de elementos similares en las acciones, y de la aparición de nuevos personajes adscritos a uno de los grupos. De esta forma, a:b::a':b'; a' y b' pueden ser acciones homólogas a a y b, pero realizadas por otros personajes que A y B. (El modelo homológico lo he utilizado para la descripción de las relaciones entre los personajes de *Acuérdate*). W.O. Hendricks propone para agrupar los conjuntos de los personajes en *Una rosa para Emily*, las etiquetas temporales *pasado* y *presente*, según pertenezcan los personajes a la generación del viejo orden social o se encuadren en la joven generación ascendiente[5]. En esta línea creo pueden ampliarse las posibilidades de etiquetación de los conjuntos de personajes, por ejemplo, una nueva posibilidad sería la relación espacial: *indígena/foráneo*.

---

(4) Cfr. "La logique des possibles narratifs".
(5) W.O. Hendricks, *Semiología del discurso literario*, Madrid, Cátedra, 1976, pág. 138.

En el estudio de Propp se establece un inventario de tipos de personajes recurrentes en un *corpus* dado, y se basa en la noción de "esfera de acción" para caracterizar los haces de funciones que les son atribuidas. Propp identifica 31 funciones que se siguen en un orden pertinente para el *corpus* por él analizado y que realizan la progresión de la historia desde el comienzo hasta el fin. Esta progresión da cuenta de la sintaxis narrativa, de la lectura horizontal del texto —como han visto Lévi-Strauss y Barthes—, no da cuenta del sentido. El sentido no está al final de la narración: la atraviesa toda. Barthes piensa que las funciones describen las relaciones sintagmáticas, lo que conduce a una lectura horizontal del relato, a la que es preciso sumar una lectura vertical que dé cuenta de las similitudes y afinidades en elementos narrativos que pueden estar separados entre sí, y que nos van a dar las unidades paradigmáticas. Los personajes son elementos narrativos fundamentales paradigmáticos, que a lo largo de la cadena sintagmática reiteran su identidad.

Greimas ha propuesto la descripción y clasificación de los personajes, no por lo que son sino por lo que hacen —actantes—, para tratar de ver, a) cuáles son las relaciones recíprocas en el microuniverso semántico, y b) en qué consiste la "actividad" de los actantes y, si es transformadora, cuál es el cuadro estructural de las transformaciones.

Partiendo del discurso "natural" y las condiciones de su recepción —y recordando las observaciones de Tesnière respecto a la frase—, mantiene un número de actantes (sujeto, objeto, complemento indirecto, complemento circunstancial) y limita la captación sintáctica de la significación al interior del microuniverso que se presenta como una estructura actancial. Reduce los actantes sintácticos a su estatuto semántico y —por otra parte— todas las funciones manifestadas de la misma clase son atribuidas a un solo actante semántico, a fin de que los actantes reconocidos sean representativos de la manifestación entera.

El modelo actancial propuesto por Greimas es simple y resulta altamente operatorio. Se centra en el objeto del deseo, perseguido por el sujeto, y situado, como objeto de comunicación, entre destinador y destinatario[6] :

Las modalidades semánticas que hacen girar los tres ejes funcionales son: la comunicación, el deseo y el poder. A continuación, Greimas intenta una simplificación del inventario proppiano de las funciones, y la interpretación de las consecuencias en transformaciones de las estructuras. El contrato (A), la prueba (F), los traslados espaciales (p y d), son homologados por parejas de funciones. Las secuencias inicial y final del relato son caracterizadas por una triple redundancia de parejas funcionales cuyo estatuto es una estructura común de la comunicación que comporta la transmisión de un objeto: objeto-mensaje, objeto-vigor, objeto-bien.

La secuencia inicial aparece como una serie redundante de privaciones padecidas por el héroe, y la final, una serie paralela de adquisiciones que liquidan la privación. Greimas resume todo este análisis introduciendo la notación simbólica. Designa mediante una C las series de parejas que acabamos de enumerar: C_1, C_2, C_3 indican la repetición de C, el carácter invariante del estatuto de la comunicación, y las cifras 1, 2 y 3, los objetos variables de la comunicación.

El inicio del relato consistirá en la transformación negativa de la serie final, $\overline{C}_1$, $\overline{C}_2$, $\overline{C}_3$. Y como la C es siempre susceptible de articulación en C vs no C, Greimas llega a la obtención de las dos series paralelas que representarían simbólicamente lo que podemos llamar la *alienación* y la *reintegración*:

---

(6) Aunque sigo muy de cerca el desarrollo de Greimas, cfr. los textos del autor, *Semántica estructural*, Madrid, Gredos, 1971, págs. 263-325.

$$\overline{c}_1 = \frac{\overline{c}_1}{\text{no } c_1} \qquad c_1 = \frac{c_1}{\text{no } c_1}$$

$$\overline{c}_2 = \frac{\overline{c}_2}{\text{no } c_2} \qquad c_2 = \frac{c_2}{\text{no } c_2}$$

$$\overline{c}_3 = \frac{\overline{c}_3}{\text{no } c_3} \qquad c_3 = \frac{c_3}{\text{no } c_3}$$

El modelo funcional de Greimas, más complejo que los de Bremond y Todorov, es el que me ha proporcionado la posibilidad de resumir y reestructurar los resultados parciales de los análisis de los relatos del *corpus* y la novela en una visión global que me ha permitido —a través de esa contemplación semántica de cada microuniverso como una estructura actancial— una descripción de la significación como la organización de los contenidos axiológicos contradictorios, manifestados en resultados de fracaso de la comunicación. A la vez, la posibilidad de transformación de los contenidos investidos en la significación es la que justifica la existencia de la narración misma como acto comunicativo.

En la primera parte de mi análisis, en los análisis particulares de los diecisiete relatos de *El llano en llamas,* he utilizado distintas hipótesis de trabajo y, en muchas ocasiones, dos o más modelos de análisis para dar cuenta de la sintaxis narrativa de los relatos, modelos que no se excluyen entre sí y que han resultado pertinentes para su objeto: lograr una lectura representativa de la historia resumida, apuntando a un sentido cuya lectura isótopa confirma o impugna otro modelo. Ninguno de los modelos utilizados por el método semiológico resulta totalmente adecuado para la explicación del texto literario. El texto siempre queda más allá o más acá del modelo.

Los modelos que más he utilizado para el análisis sintáctico, es decir, para la determinación de las unidades funcionales del relato y su lectura sintagmática, han sido los de la organización secuencial de la historia, siguiendo la formalización propuesta por Bremond (también las de O.W. Hendricks) de las funciones en secuencias, haciendo pasar la representación de la acción desde el estado o situación de *deficiencia* al intento de *mejora*, con el resultado consiguiente. Para ello, en una columna represento la formalización de la historia (de los episodios narrativos de la historia) en funciones agrupadas en secuencias, y en la columna de al lado, la expresión textual que me haya sugerido la abstracción y reducción funcionales. En algunos relatos he prescindido de la descripción de las fases de la estructura secuencial, por ser relatos de *cualificación* en los que la funcionalidad es menos sensible; más que de acción —no pasa nada— son relatos de *contemplación*. En éstos, suelo dar un resumen de la breve anécdota y pongo la atención analista en el discurso, ya que el sentido se encuentra en el plano de la escritura. Así he procedido en relatos como *Es que somos muy pobres*, o *El día del derrumbe*, o *Anacleto Morones*, o en relatos de implicación simple *o causalidad inmediata*, como *En la madrugada*.

Algunos de los relatos analizados sintácticamente por la sucesión secuencial, son sometidos, tras una reducción nuclear de la historia, a una transcripción simbólica, similar a la adoptada por Todorov en *La Gramática del Decamerón*[7]. Los personajes o agentes los representamos: X, Y, Z; los atributos (estados, propiedades, estatutos) por A, B, C, y sus derivaciones, por las reglas de oposición o negación; los verbos o las acciones, por las minúsculas: a, b, c, modificar o cambiar una situación, transgredir, y castigar, respectivamente. Cuando en el relato se dan dos episodios correlacionados o consecuentes, reiteramos la transcripción a las dos situaciones contrapuntísticas de la anécdota. Por ejemplo, en *¡Díles que no me maten!*, una situación de violencia

---

(7) Tz. Todorov, *Gramática del Decamerón*, Madrid, Josefina Betancor, 1973.

tiene su desenlace en otra situación de venganza que se cumple treinta y cinco años después.

La transcripción simbólica de Todorov es aplicable a la anécdota, a la acción en sí, o a la proyección imaginaria de la acción, y parece excesivamente reduccionista, por ello la he aplicado como complemento de análisis y como demostración de la flexibilidad de los modelos que no enrigidecen la interpretación sino que la enriquecen. Esta simbolizaicón ha resultado ser enormemente adecuada para la parte final del relato *El llano en llamas*. En este relato, dividido en nueve secciones narrativas, la simbolización todoroviana es totalmente explicativa de la novena sección y no es aplicable a las anteriores, que podemos considerarlas como *atributivas*, exponentes o informantes de un proceso de degradación que se expresa en un monólogo discursivo cuya única semántica sería la nostalgia (= amoralidad). En la novena sección, el delincuente sale de la cárcel, lo aguarda una mujer a la que violó, piensa que ella puede matarlo, pero la mujer lo aguarda con el hijo para acompañarlo en un intento de regeneración:

$$(YcX) \text{ obl } Y - cX + (XA) \text{opt } Y$$

La fórmula expresa fielmente la secuencia narrativa: la mujer, Y, podría querer castigar (c) a X, el violador, estaría en su derecho, pero no quiere castigarlo (−cX) y, al contrario, desea regeneración (A), por tanto XA es la opción que elige Y.

Otro de los modelos de análisis utilizado es el esquema secuencial adoptado por Greimas para el análisis del mito Bororo[8], en la etapa en que el encadenamiento de las funciones en secuencias, éstas son atribuidas a los actantes y se describe la distribución de papeles, la transformación de los actantes, el cumplimiento o rechazo de las obligaciones contractuales y el sincretismo o latencia de actantes. La representación simbólica es la del modelo actancial mítico, ya citado, y la denominación de los actantes: destinador (remitente), destinatario, héroe, ayudante,

(8) Greimas. *Communications, 8,* ya cit., págs. 28-59, también en *En torno al sentido.*

traidor (oponente), objeto de la búsqueda, y la obligación que rige las relaciones: el contrato. De esta lectura sintáctica de secuencias y relaciones actanciales, se desvelan, asimismo, como pertinentes otras unidades narrativas de carácter estructurante: el tiempo narrativo y los espacios. El tiempo narrativo es un elemento estructurador, "una ilusión referencial realista", como dice Barthes, reducible a su descripción funcional. Un "antes" y un "después", enfrentados en el presente de la prueba, son la pseudodiacronía estatuida en la sincronía del relato.

El tiempo *real* del relato es el de la enunciación, el tiempo narrativo es el del referente, una ilusión semiótica. Ahora bien, aunque el tiempo del relato es sincrónico, también se proyecta como diacronía, más allá del relato, no sólo en los relatos abiertos, con anécdota proyectada hacia el futuro, sino en todos ellos, pues remiten al tiempo literario que es duración intemporal de su facultad de actualización.

El espacio es en algunos de los relatos analizados protagonístico, como en *Luvina*. Así, he analizado la información que sobre este espacio nos da la narración, teniendo en cuenta estatuto, estado y propiedades del mismo. El espacio es en casi todos los relatos el lugar de la disyunción semántica: *aquí/allá, fuera/dentro*, donde se espera tendrá lugar la transformación, el cambio de la situación.

La prueba, en el espacio mítico, tiene lugar *fuera, allá;* no ocurre así en los relatos de Rulfo. Los espacios suelen ser metafóricos o miméticos de la situación en la anécdota: *Luvina,* espacio reseco, calcinado, espacio de la reacción. En *El hombre,* camino que sube y baja, intrincamiento que se reitera, río encajonado, espacio reiterativo de las "revueltas" mentales de los protagonistas, de los meandros vengativos que se persiguen intransigentemente. En *Macario,* un punto, una roturación mental siempre repetida sobre el mismo lugar, *no* un recorrido, como, en cambio, lo es *Talpa*. De estos tres relatos, *Macario, El hombre y Talpa,* la descripción secuencial de la anécdota me ha sugerido la representación gráfica en forma de dibujo geométrico, que me permite, a) un mayor nivel de abstracción, b) la utilización de un modelo no lingüístico, y c) la exploración de las posibilidades icónicas de una contemplación directa e inmediata de las variaciones de un fenómeno (la "situación" a que se refiere la anécdota). *Macario:* la proyección en un punto, un eje, que describe la articulación espiral de un monólogo sin principio ni fin. *El hombre:* la distorsión zigzagueante de dos monólogos que se aproximan para mejor distanciarse. En *Talpa:* un recorrido lineal sobre el que se proyectan dos expectativas contendientes. Aparte de una mayor claridad, los diagramas me han servido para probar que las situaciones espaciales y las temporalizaciones de la sintaxis narrativa son homologables a un punto o un trazo geométrico, aspectos de un modelo lógico matemático de valor referencial mínimo, que los evidencia (al tiempo y al espacio narrativos) como aspectos de un fenómeno semiológico.

Ciertas unidades narrativas, de carácter sintáctico y estilístico se relacionan entre sí o ponen en contacto otras unidades del relato, con lo que anuncian, reiteran o intensifican un sentido, y también las he tenido en cuenta. Estas unidades, por su recurrencia, parecen remitir al idiolecto del autor, estudiado ya ampliamente por otros autores[9] lo que me releva a mí de hacerlo. Dichas unidades, a veces son fragmentos correlacionados, que abren, cierran o introducen un cambio de sentido, al margen de la historia nuclear; contenidos tópicos, uno enunciado y otro invertido, por ejemplo: "San Gabriel sale de la niebla... / Sobre San Gabriel estaba bajando otra vez la niebla", en *En la madrugada.* Otras veces es una fase nuclear, que resume la historia, o el mismo título que resulta ser *denominación evento,* como *Pedro Páramo* que significa "piedra en páramo", o *Nos han dado la tierra,* que es: "*no* nos han dado la tierra", o los nombres de los personajes y de los lugares: Pedro Páramo, Tránsito, Terreros (el que posee la tierra), Macario[10].

---

(9) Los de Veas Mercado y González Boixo a que me refiero en la Introducción.

(10) Violeta Peralta, asimila el nombre de Macario a "bienaventurado", o "bendito", o tonto, y dice que es evidente una intencionalidad simbólica en la mayor parte de los nombres propios y especialmente en la toponimia de los cuentos y la novela, pág. 32. Peralta, Violeta y Liliana Befumo Boschi, *Rulfo, la soledad creadora,* Buenos Aires, García Gambeiro, 1974.

Hay, asimismo, elementos caracterizadores y reiterativos: el viento, el agua, los pájaros, utilizados estilísticamente (poéticamente) y con carácter sintáctico, investida su función de un fuerte valor semántico: los tres signos, viento, agua, pájaros, suponen comunicación, vida, movimiento, opuestos a la incomunicación, la muerte y el estatismo que acaban siendo las situaciones sólitas de las consecuencias de la anécdota. El agua, por ejemplo, reitera la evocación de la infancia de Pedro Páramo y es elemento reiterativo, estructurador y conectivo que "abre" la recordación entrecortada de la infancia del personaje, el fluir primero de la vitalidad que luego será piedra.

Otro tipo de lectura de la estructura profunda de algunos relatos me ha sido proporcionada mediante la aplicación de la fórmula que Lévi-Strauss[11] propuso para dar cuenta de las series de variantes de un mito, reducibles a una relación canónica:

$$Fx(a) : Fy(b) \simeq Fx(b) : Fa_{-1}(y)$$

Esta fórmula ha sido aplicada por Köngas y Maranda a casos aislados representativos[12]. La aplicación de esta fórmula me ha resultado pertinente e iluminadora en relatos en los que existen dos fuerzas antagónicas perfectamente delimitadas sus funciones, encarnadas en personajes que se oponen y se enfrentan. Ha sido utilísima para la lectura biisotópica de ¡Díles que no me maten!, o para la descripción de la violencia externa del parricidio, en La herencia de Matilde Arcángel; sin embargo, no he podido utilizarla, o no ha resultado válida para otros relatos, como No oyes ladrar los perros, a pesar de ser representativa la anécdota de una relación conflictiva paternofilial.

En algunos de los relatos he creído ver que la producción de sentido por el emisor se hace mediante la inscripción alegórica del universo social axiológico. Estos relatos reflejan temas del "modo de ser" de una sociedad, apenas disfrazados en intriga. Podríamos decir que la *axiomática inmanente* se manifiesta en ellos *débilmen-*

---

(11) *Antropología estructural*, Buenos Aires, EUDEBA, 1968, págs. 207-208.
(12) Cit. a través de O. Hendricks, *Semiología del discurso...*, pág. 199.

te significante como contenido; está toda ella *fuertemente significada* en la misma anécdota. *El día del derrumbe, Anacleto Morones, Acuérdate,* podrían ser los más representativos, son, también, los de visión más descarnada, esperpéntica...

Los análisis particulares de los relatos de *El llano en llamas,* los he realizado individualmente, adoptando, tras una o varias lecturas de cada uno —lectura que me ha ido sugiriendo el modelo—, la estructuración sintáctica, y que en alguna ocasión no ha resultado pertinente y he debido buscar otro modelo u otro esquema que sirviera para identificarlo mejor. En este apartado me he movido con gran independencia de criterio, ateniéndome a los principios del método semiológico, pero adoptando el modelo que más convenía a mi lectura o que mejor se ajustara a la interpretación del relato. Creo que la coherencia es la propiedad pertinente a toda producción idiolectal de sentido y no es necesario buscarla previamente.

En algunos relatos realizo un análisis lingüístico, cuando el plano de la expresión o el punto de vista de la narración apunta, más allá del estilo, a un sentido sintáctico o semántico. En general, busco la lógica funcional de las acciones de la anécdota y la interpreto significativamente, descubriendo los valores individuales o de grupo presentes en las relaciones entre las distintas partes, y hago una lectura resumida de la significación total del relato como signo autónomo. A esta interpretación he añadido, en ocasiones, ampliaciones extratectuales, provenientes de la historiografía, coexistente a la realidad manifestada, es decir, la intertextualidad en la cual se originó el texto. Estos informes o ampliaciones de sentido, no añaden nada a la historia y al discurso, pero quizá sí a su comprensión más general y, sobre todo orientan la relación dinámica entre el macrouniverso cultural y el acto particular de la producción textual. La aportación del crítico sería una extra-codificación, como explica U. Eco[13], para tratar de suplir una supuesta hipocodificación. En algunos de estos análisis, que he pretendido autónomos, está brevemente explicado el modelo adop-

---

(13) U. Eco, *Tratado de semiótica general,* Barcelona, Lumen, 1977, pág. 243.

tado y se alude y se justifica su pertenencia específica; es decir, muchos de ellos comportan —además del análisis concreto— teoría analítica y explicación extratextual.

En la segunda parte de mi estudio voy explicando los pasos que sigo a medida que avanzo en la descripción reducida de las manifestaciones figurativas, tratando de ver cómo una estructura de conjunto única puede dar cuenta del modelo transformacional inmanente. Este capítulo es todo él recapitulativo, tanto operatorio como reflexivo, por ello no es necesario describir aquí el curso seguido, anticipándolo y reiterándolo.

Por último, la disposición que sigo en los análisis particulares de los relatos de *El llano en llamas* es la misma de la edición que he manejado, la de Planeta, "Grandes narradores universales", 1969. Al título de cada relato, precede —en el análisis— el número de orden en la disposición editorial. Se produce una alteración con los relatos 13 y 16, *No oyes ladrar los perros* y *La herencia de Matilde Arcángel*, que, siguiendo esa independencia y flexibilidad adoptada, los analizo conjuntamente por ser relatos representativos de relaciones paternofiliales y por pensar que una lectura *co-textual* pudiera ser complementaria y rendir mejor el sentido de uno y otro. El relato número 17 es *Paso del Norte,* excluido de la edición de Planeta, e incorporado a mi análisis teniendo presente el texto de la edición del Fondo de Cultura Económica de 1980.

Quiero decir que el método semiológico si no resuelve todas las cuestiones que puede plantear la interpretación de una obra literaria, sí permite una lectura coherente de la misma y se aproxima a esa estructura profunda —tal vez la estructura "ausente"— en la inmanencia de la cual los sistemas significantes se invisten de la intención de significar.

Investigadores aventureros como Paracelso eran capaces de describir magistralmente los síntomas de la silicosis, pero los interpretaban como producidos por los movimientos de los astros o la posición de las estrellas. En la interpretación cabe el riesgo de que los condicionamientos de la intertextualidad en que interpreta el receptor lo extravíen. El mundo de Paracelso es un mundo en hechura, un mundo natural lentamente descifrado por supuestos científicos provisionales, verdades continuamente superadas. En el capítulo en que él leía, la astronomía tenía carácter protagonístico. La obra literaria es microuniverso "resumido" —he dicho—, pero acabado; su interpretación sólo puede hacerse a partir de la lectura concluida. Lo que no quiere decir que no sea obra viva y abierta a sucesivas interpretaciones.

Por otro lado, los movimientos de los astros no son, ciertamente, la causa de la silicosis, pero sí han podido ser la causa lejana —alejada en la perspectiva de millones de años— de las transmutaciones geológicas y de los afrontamientos sísmicos que hayan dado origen, posteriormente, al período carbonífero.

PRIMERA PARTE

ANALISIS PARTICULARES
DE LOS RELATOS DE
"EL LLANO EN LLAMAS"

1. MACARIO

Algunos de los relatos de Rulfo no tienen estructura formal de relato, *no sucede nada*. Las actividades del héroe son como episodios gratuitos o pensamientos, que "se convierten en manifestaciones predicativas que ilustran su manera de ser permanente y remiten a su *naturaleza*"[1]. Por el resumen de la historia de *Macario* vemos que éste es uno de esos relatos atributivos.

Resumen: Un joven, mientras aguarda que salgan las ranas por una alcantarilla para matarlas —tarea impuesta por la madrina—, medita sobre su vida. Al final del relato, las ranas no han salido y el joven teme ser enviado al infierno por la influencia con los santos que tiene la madrina. De su discurso deducimos que es un subnormal[2].

---

(1) Vid. Greimas, *En torno al sentido*, "El espacio heroico, ¿lo maravilloso o lo mítico?", pág. 278.

(2) Violeta Peralta, en *Rulfo, la soledad creadora*, repite una frase de Rulfo sobre Macario, pronunciada en la entrevista a *Confirmado*, año IV, núm. 160 (11 jun. 1968), "uno de esos loquitos que siempre hay en los pueblos".

Mario Benedetti define a *Macario* como "medallón casi impenetrable" que nos recuerda a Faulkner, en el personaje Benjy de *El ruido y la furia*.

Jorge Ruffinelli, en su *Prólogo* a las Obras Completas, de la Biblioteca Ayacucho, Caracas, 1977, dice "su acto *idiota* revela una impecable estructura lógica". Lo cual parece contradecir mi apreciación primera de que apenas hay acción y de que la recordación no sigue los cauces de la lógica. Si nos atenemos a esa mínima acción, aguardar con un palo la salida de las ranas y pensar, al cabo de cierto tiempo, que no han salido, y que de

Los episodios recordados tienen una gradación muy simple, como el engarce caprichoso de las cerezas que se sacan de un cesto, sin seguir una estructura secuencial lógica.

Características de *la historia:* estatismo (no hay acción)

Enunciado: de descripción ⟨ valorativo / informativo

Punto de vista de la narración: narrador protagonista: monólogo.

Esquema argumental:

(1) — Las ranas alborotan.
(2) — El alboroto de las ranas quita el sueño a la madrina.
(3) — La madrina manda al narrador vigilar las ranas.
(4) — Las ranas son verdes: se comen.
(5) — Los sapos son negros: no se comen.
(6) — Los ojos de la madrina son negros.
(7) — Felipa tiene los ojos verdes.
(8) — Felipa da de comer al narrador.
(9) — Felipa no quiere que perjudique a las ranas.
(10) — La madrina manda aplastarlas.
(11) — El narrador quiere más a Felipa.
(12) — Pero la madrina da el dinero para la comida.
(13) — Felipa cocina.
(14) — El narrador lava, acarrea leña, alimenta a los animales.
(15) — La madrina reparte la comida del narrador y de Felipa.
(16) — Felipa (a veces) cede su ración al narrador.
(17) — Del narrador dicen en la calle que está loco porque siempre tiene hambre.
(18) — La madrina no lo deja salir solo a la calle.

---

ahí puede venirle la condenación, sí hay lógica en ese *estar* más que "actuar" del personaje.

Adam Gai, en la tesis ya cit., dice que no hay indicio certero de anormalidad en el locutor. Según Gai, los monólogos en la literatura contemporánea —anormales o sanos— están regidos generalmente por las mismas normas discursivas.

(19) — La madrina lo saca a la Iglesia y le ata las manos con su rebozo.

(20) — La madrina dice que él hace locuras, que dice que un día él ahorcó a una señora.

(21) — La madrina no dice mentiras.

(22) — La madrina no lo engaña: lo llama a comer y le da su parte.

(23) — La otra gente lo llamaba a comer y lo apedreaban.

(24) — Felipa es buena.

(25) — Felipa le dio leche de sus pechos.

(26) — La leche de Felipa sabe a flores de obelisco.

(27) — La leche de Felipa es mejor que la que da la madrina los domingos (mejor que la de chiva y la de burra).

(28) — Felipa, antes, iba al cuarto del narrador, se acostaba con él, le dejaba chupar su leche, le hacía cosquillas.

(29) — Felipa se quedaba a dormir a su lado.

(30) — Felipa le quitaba el frío y el miedo a condenarse y al infierno.

(31) — Tiene miedo a morirse por darse de cabezazos contra el suelo.

(32) — Felipa con sus cosquillas le quitaba el miedo a morirse.

(33) — Felipa dice que ella irá muy pronto al cielo y le pedirá al Señor que lo perdone.

(34) — Felipa se confiesa todos los días para interceder por él, que está repleto de demonios por dentro.

(35) — Felipa se confiesa por él, por eso él la quiere.

(36) — El tiene propensión a golpearse la cabeza en lo duro hasta que suena como un tambor.

(37) — Los cabezazos le suenan como el tambor que anda con la chirimía en las funciones religiosas.

(38) — La madrina dice que si sigue con sus mañas de pegarle al suelo con la cabeza irá a parar al infierno.

(39) — La madrina no sabe que él se golpea porque quiere oír el ruido como de tambor.

(40) — El sonido del tambor predomina los domingos por encima de la plática condenatoria del señor cura.

(41) — El señor cura dice: "El camino de las cosas buenas está lleno de luz; el camino de las cosas malas es oscuro".

(42) — El huye de la luz. Trabaja de noche.

(43) — En la calle, de día, lo apedrean.

(44) — Cuando lo hieren fuera, han de atarle las manos para que no se arranque las costras.

(45) — Vive encerrado, a oscuras.

(46) — En el cuarto donde duerme hay cucarachas, grillos, alacranes.

(47) — La oscuridad le proteje de los demonios.

(48) — Felipa dice que los grillos hacen ruido siempre para anegar los gritos de las almas en pena.

(49) — El aplasta las cucarachas. El no mata los grillos.

(50) — A Felipa le picó un alacrán en la nalga. Lloró y rezó a la Virgen para que no se le echara a perder. El le untó saliva toda la noche y lloró y rezó.

(51) — Prefiere estar en su cuarto a exponerse al apedreo de la calle.

(52) — Allí, dentro, nadie le dice nada.

(53) — La madrina no le regaña aunque él coma flores y frutos del jardín.

(54) — Siempre tiene hambre.

(55) — Come de la comida de los cerdos.

(56) — Mientras coma, se quedará en esa casa.

(57) — Cuando deje de comer se morirá e irá derecho al infierno.

(58) — Del infierno no lo sacará Felipa ni el escapulario que le dio la madrina.

(59) — Espera que salgan las ranas por la alcantarilla.

(60) — No ha salido ninguna en todo el rato que el platica consigo mismo.

(61) — Si él se duerme y ente tanto salen las ranas y cantan, la madrina se desvelará y pedirá a los santos que envien a los diablos a por él y se lo lleven al infierno.

(62) — Si se lo llevan al infierno, no podrá detenerse en el purgatorio a ver a su papá y a su mamá.

(63) — Seguirá platicando para sí.

(64) — Tiene ganas de volver a probar la leche de Felipa que sabe como la miel de las flores del obelisco.

Personajes

Narrador = Macario
Madrina
Felipa
El señor cura
Los de la calle

Puesto que el personaje protagonista es el narrador, vamos a desglosar *su sentido* (cómo siente él) de las relaciones con los otros personajes para evidenciar el nivel de comunicación que se da en el mundo cerrado y concreto de este relato, "Macario".

Utilizaremos los signos: +, − y o, desprovistos de significado, en su estricto valor significante, representando el grado positivo, negativo o nulo de la comunicación interpersonal.

	(+)	(3)	— manda.
	(−)	(6)	— ojos negros (peyorativo).
	(+)	(10)	— manda (reiterativo).
	(+)	(12)	— da dinero para comer.
	(+)	(15)	— reparte la comida.
	(−)	(18)	— no lo deja salir solo.
	(+)	(19)	— lo saca a la Iglesia.
Narrador/Madrina	(−)	(19)	— le ata las manos.
	(−)	(20)	— dice que él ha hecho y puede hacer locuras.
	(+)	(21)	— no dice mentiras.
	(+)	(22)	— no lo engaña: lo llama a comer y le da.

	(−)	(38)	— pronostica que sus cabezazos lo llevarán al infierno.
	(−)	(39)	— no sabe que él quiere oír el tambor.
Narrador/Madrina	(+)	(53)	— no lo regaña.
	(+)	(58)	— le regaló un escapulario.
	(−)	(61)	— si se desvela por las ranas, puede pedir a los santos que se lo lleven (a él) los demonios.

Predomina la relación positiva, pues aún algunas prohibiciones (18), o restricciones (19), o amenazas (38), lo son con un fin favorable al narrador.

	(+)	(7)	— ojos verdes.
	(+)	(8)	— le da de comer.
	(+)	(11)	— es más querida que la madrina.
	(+)	(13)	— cocina.
	(+)	(16)	— le da su propia ración.
	(+)	(24)	— es buena.
	(+)	(25)	— le ha dado leche de sus pechos.
	(+)	(26)	— la leche de Felipa sabe a flor de obelisco.
Narrador/Felipa	(+)	(27)	— la leche de Felipa es mejor que la que da la madrina los domingos.
	(+)	(28)	— se acostaba con él, le dejaba chupar sus pechos y le hacía cosquillas.
	(+)	(29)	— quedaba a dormir a su lado.
	(+)	(30)	— le quitaba el miedo y el frío.
	(+)	(32)	— le sigue quitando el miedo a morirse.
	(+)	(33)	— pedirá al Señor por él.

	(+)	(34)	— se confiesa todos los días por él; por eso él la quiere.
Narrador/Felipa	(+)	(50)	— a Felipa le picó un alacrán y él lloró y rezó por ella.
	(+)	(58)	— no podrá sacarlo del infierno aunque sea tan buena con él.
	(+)	(64)	— es deseada por él.

Todas las relaciones son positivas. Existe un nivel de comunicación óptimo, aunque no equilibrado: lo que en el narrador puede ser *amor,* en Felipa parece sea lástima o erotismo primario.

	(−)	(17)	— dicen que está loco.
	(−)	(18)	— no sale solo a la calle.
	(−)	(20)	— inventaron que apretó el pescuezo a una señora.
Narrador/la calle (el mundo)	(−)	(23)	— lo llaman a comer y lo corren y le tiran piedras.
	(−)	(43)	— si sale al día lo apedrean.
	(−)	(44)	— lo descalabran ("sobra quién").
	(−)	(51)	— prefiere estar encerrado para no llamar la atención de los matones.

Las relaciones del narrador con el mundo, con la gente de la calle, son totalmente negativas. La comunicación que le viene de la calle es el insulto, la condena, la amenaza, las heridas, el hostigamiento.

	(+)	(19)	— va a misa.
	(−)	(30)	— teme morirse e ir al infierno.
	(−)	(34)	— cree estar lleno de demonios.
Narrador/Iglesia	(+)	(35)	— Felipa irá al cielo e intercederá por él.
	(−)	(40)	— le gusta más la chirimía que las palabras de condenación del cura.

	(±)	(41)	— "las cosas buenas están llenas de luz, las cosas malas de oscuro", dice el cura.
	(−)	(42)	— él vive en la oscuridad.
	(−)	(43)	— si sale de día a la calle lo apedrean.
	(−)	(48)	— los grillos gritan para anegar los lamentos de las ánimas en pena.
Narrador/Iglesia	(+)	(49)	— él no mata los grillos.
	(−)	(61)	— si la madrina se desvela, por su influencia con los santos, lo mandará al infierno.
	(−)	(58)	— ni Felipa ni el escapulario lo sacarán del infierno.
	(−)	(62)	— no tendrá oportunidad de ir al purgatorio y de ver allí a sus padres.

Las relaciones con la religión o con su institución, la Iglesia, son de predominio negativo. La misa, la confesión o penitencia por auxiliar, y el respeto a los grillos, que en un primer nivel son positivas, connotan falta parcial de libertad (manos atadas), la primera; comunicación subrogada (por intermediario apiadado), la segunda; y en cuanto al respeto a la vida de los grillos, no es de índole piadosa, se hace por temor, para evitar el espanto que supondría oír las quejas de las ánimas. En fin, la prédica del señor cura, que es ambigua, positiva y negativa a la vez (41), para él es negativa puesto que vive en la oscuridad, que connota mal. Los autocoscorrones, las pedradas de los otros (por estar endemoniado), la amenaza de infierno, la oscuridad en que vive, la contingente ira de la madrina, lo condenan irremisiblemente. Lo condenan al dolor y al miedo en esta vida y lo condenan al temor de ir al infierno y de no llegar a gozar —ni de pasada— el cielo póstumo: el purgatorio en donde pensaba ver a sus padres.

Articulación de las relaciones

Relación *de dependencia* con la madrina

	— dinero (alimento)	
	— protección	
basada en	— crédito (credibilidad)	*de la madrina*
	— temor (influencia con	
	los santos)	

Relación sexual *de inferioridad* con Felipa

	— bondad	
	— lástima	
basada en	— erotismo primario	*de Felipa*
	— connivencia (en la penitencia,	
	en el sexo, en el	
	status, en la ser-	
	vidumbre)	

Relación *marginada* con el mundo

	— marginación ("loco", subnor-	
	mal...)	
basada en	— acusación	*del mundo*
	— engaño	
	— hostigamiento	

Relación *desesperanzada* con la religión

	— fe esclerotizada	
	— superstición	
basada en	— miedo a la condenación	*de la mentalidad*
	— influencia despótica	*popular*
	(del cura, de la madrina).	

La relación con la iglesia, que podía ser *una salida* para el narrador, que, incluso, físicamente (y simbólicamente) es la única vía de comunicación con "lo de fuera", no abre camino a vivencias enriquecedoras del personaje ni a la esperanza póstuma. En un esquema de cuatro tiempos, podemos representar así esta cerrazón o desesperanza:

/N/	/Ig/	→	(va a misa, única salida)
/N/	/Ig/	←	(le atan las manos en la Iglesia)
/N/	/Ig/	←	(plática condenatoria del cura)
/N/	/Ig/	←	(amenaza de infierno)

Nuestra lectura sería: una inicial y breve esperanza (→) da paso a una desesperanza reiterada e irremediable (← ← ←).

Respuesta del narrador

A la relación con la madrina:	— sometimiento
A la relación con Felipa:	— amor (?) (sent. patológico)
A la relación con el mundo:	— automarginación
A la relación con la fe:	— temor

Disposición del relato

En el relato *Macario* no hay acción que enfrente los opuestos y se resuelva favorable o negativamente para el personaje, o llegue a una transacción; no se produce la transformación de una situación inicial. No hay, por tanto, evolución temporal, paso de uno a otro estado, desarrollo lineal de secuencias en una temporalidad.

Es un relato predominantemente atributivo —decíamos—, y en él las oposiciones son de *contraste* entre los personajes. No hay trama que ponga en interrelación protagonista y antagonista, en la función afrontamiento o lucha. Aquí el conflicto es estático, de situación; es, pudiéramos decir, un conflicto espacial, que no se temporaliza.

La disposición estática en que las acciones son sustituidas por retrospecciones mentales, sugiere una articulación espacial, cíclica y espiral[3], que no se agota linealmente y que está, como la estructura mítica, siempre dispuesta —disponible— a presentarse[4]. La penúltima oración: "Mejor seguiré platicando...", los puntos suspensivos (aquí y en la oración siguiente, final del relato) indican ortográficamente esa disponibilidad.

Al no haber acción, las relaciones con los personajes no se modifican; en cada regreso a los *motivos* del monólogo entrecortado se reitera *el sentido* (cómo son sentidos los personajes por el narrador) de las relaciones, o se aportan nuevos datos y aspectos de la comunicación *ya establecida.*

La representación gráfica de esta "roturación" mental la mostramos en forma de espiral en la página siguiente. Igualmente, la representación del espacio novelesco.

La representación más decuada me parece la disposición en espiral en la que el inicio de la curva marca la primera función de la secuencia, 1, 2, 3, que concluirá en la parte más externa, 59, 60, 61.

Representa: tarea impuesta → incumplimiento de la tarea → ira de la madrina → perspectiva de infierno. Comienzo y final del relato. En este espacio atemporal (o de una temporalidad mínima) se enclavan los espacios retrospectivos de las relaciones (relaciones espacializadas, determinadas por *la situación*, ahistóricas, desdialectizadas) de comunicación con los otros personajes.

---

(3) "Una roturación siempre repetida sobre el mismo lugar, más bien que un recorrido", como es la definición existencialista de pensamiento, distinto del discurso. Por ello lo llamo *monólogo entrecortado* y no discursivo, pues ni semántica ni estructuralmente lo es, ya que refleja una mente subnormal (y quizá ateniéndose a una lógica propia de la subnormalidad). Vid. E. Mounier, *Introducción a los existencialismos*, Madrid, Revista de Occidente, 1949, págs. 22 y 23.

(4) J. Sánchez Mcgregor recuerda que la articulación cíclica de algunos relatos de Rulfo es similar a la de los "corridos" mexicanos, en XVII *Congreso del Instituto Internacional de Lit. Iberoamericana*, t. III, pág. 1417.

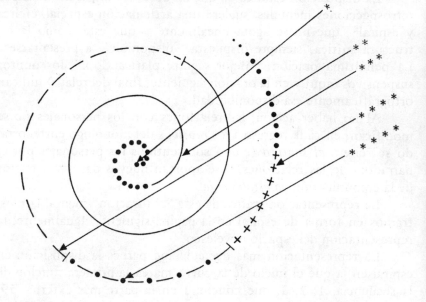

Unidades fragmentadas:

*   1, 2, 3 y 59, 60, 61 (comienzo y final del relato; aproximación y distanciamiento máximos del eje).

* *   7, 8, 9, 11, 13, 16   24, 25, 26, 27, 28, 29, 30, 32, 33, 34, 35   48, 50, 58, 64 (tramo de espiral referida a Felipa; es la que ocupa mayor extensión y pueden apreciarse los lapsus que sugieren la numeración de las unidades.

* * *   2, 3, 6, 10, 12, 15, 18, 19, 20, 21, 22, 38, 39, 53, 58, 61 (la madrina).

* * * *   19, 30, 33, 34, 35, 37, 38, 40, 41, 47, 48, 57, 58, 61, 62 (religión).

* * * * *   17, 18, 20, 23, 43, 44, 51 (el mundo, afuera).

El *espacio* en el relato *Macario*

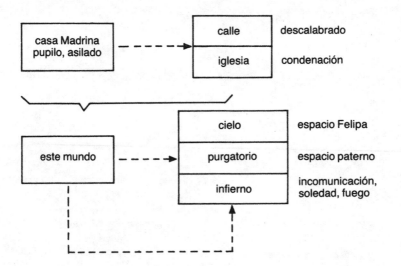

2. NOS HAN DADO LA TIERRA

El relato es el monólogo de un personaje que camina en un grupo reducido de hombres para posesionarse de *la tierra que les han dado.*

Joaquín Sánchez Mcgregor, que ha aplicado al análisis de este relato el método de Roland Barthes en *S/Z,* es decir una lectura del texto, *escuchada* en los cinco registros o los cinco grandes códigos que nos permiten acopiar los significados posibles[1], inicia su indagación neobarthesiana preguntándose por el enigma que se plantea desde el mismo título: *la tierra,* ¿qué tierra? En efecto: *qué* tierra, *quién* la ha dado, *a quién, por qué* y *con qué* resultado[2]. En la sintaxis narrativa del relato se desvelarán las respuestas, bien que el referente nuclear de todas ellas, la tierra, se

---

(1) Sánchez Mcgregor incorpora a su análisis un sexto código, estilístico, que vendría a ser lo que Greimas llama "elaboración secundaria" del relato. J. Sánchez Mcgregor, "Un ejemplo de la nueva crítica literaria hispanoamericana: Análisis de un texto de Rulfo", en XVII Congreso del Instituto Internacional de Literatura Iberoamericana, Madrid, Ediciones Cultura Hispánica, Tomo III, págs. 1417-1430.

(2) El enigma lo seguiría siendo en cierto modo si no recordáramos este aspecto coyuntural de la Historia Contemporánea de México: La Reforma Agraria y repartición de tierras a los indotados fue una de las grandes propuestas de la Revolución Mexicana. Se llevó a cabo en los períodos de 1915-1936, en que se repartieron 10.086.863 hectáreas, y en el culmen de las realizaciones *gobiernistas* revolucionarias, en el período presidencial de Lázaro Cárdenas, 1934-1940, se repartieron más tierras que en los años anteriores: 17.609.139 hectáreas entre 77.640 campesinos.

Estos datos extratextuales o de *extracodificación* pueden profundizar la significación del relato, permitiéndonos *situar* la anécdota en su concreto espacio sociopolítico y tiempo histórico. Mcgregor piensa que se trata de la reforma cardenista.

quedará siendo sólo un nombre, vacío de contenido. Con lo que en el nivel lingüístico se simboliza igualmente la significación crítica del relato: la logamaquia de la palabra política.

La única *tierra* con referente preciso en el relato es la de *allá*, la de los otros, la tierra "impropia", a la que ellos entran.

La acción, el caminar, dura desde la amanecida hasta el presente de la narración y se prolonga hasta el final —por lo menos— del relato. José C. González Boixo señala esta característica como *presente narrativo en avance*[3]. Los relatos de Rulfo —se ha dicho reiteradas veces—[4] reflejan primordialmente situaciones de estatismo, en las que puede surgir, repentino, un gesto de violencia. Aquí hay acción continua, una marcha de largas horas (se señala como principio, la amanecida, y en el presente del enunciado se calcula que sean las cuatro de la tarde) cubriendo distancias desmedidas. Tiempo y espacio se conjuntan para expresar un *caminar más de lo que llevan andado* —como se le ocurre pensar al narrador—, porque su caminar es inútil y baldío, en un camino sin orillas y sin mojones, es decir, *un caminar sin sentido.*

Característica específica de este monólogo es la persona plural del enunciante, ese "nos", que ya está en el título, y en el que integra a sus compañeros, y que continuará hasta el sintagma final: "la tierra que nos han dado está allá arriba".

Vamos a realizar un resumen argumental por unidades de lectura que son preferentemente atributivas e informativas, ya que la acción del relato se reduce a ese caminar sin sentido que acaba penetrando en el núcleo rural de la tierra fértil. A continuación ordenamos las atribuciones como parte primordial del discurso del relato, para pasar a exponer luego el proceso secuencial de la trama.

---

(3) José C. González Boixo, *Claves narrativas de Juan Rulfo,* págs. 240-241.

(4) "Rulfo nos ha llevado a su visión de la realidad del campo mexicano, realidad en que, por fuera, parece no pasar casi nada y cuando pasa, ello es mecánicamente, por ley, por costumbre, de estallido violento que acaba siempre por recogerse en la sombría quietud de ese mundo en que los personajes son como la naturaleza que él siente: grises, difusos, sin vida auténtica hacia fuera, símbolos mudos". Carlos Blanco Aguinaga, "Realidad y estilo de Juan Rulfo", en *La narrativa de Juan Rulfo.* (Interpretaciones críticas) México, Sep-Setentas, 1974, pág. 95.

Resumen de unidades de lectura o fragmentos, u_n :

u_1 En un largo caminar por un espacio desierto y sin orillas, *se oye ladrar a los perros;* el ladrido y el olor a humo configuran una débil esperanza; esperanza retardada porque el pueblo queda *todavía muy allá.*

u_2 El narrador forma parte de un grupo que viene caminando desde el amanecer. Son las cuatro de la tarde. El grupo se precisa, son cuatro: Melitón, Faustino, Esteban y el sujeto de la enunciación. Hace rato *eran veintitantos: se han ido desperdigando.*

u_3 Una nube negra parece anunciar lluvia. Los cuatro lo piensan. No lo dicen, pues hace tiempo que, con el calor, *se les acabaron las ganas de hablar.*
Cae una gota grande de agua, sola y la nube se la lleva el viento. La gota de agua y la esperanza de lluvia estaban equivocadas. Los caminantes se detienen a ver llover. No ha llovido y vuelven a caminar.

u_4 El llano es tierra árida, sin animales (ni conejos ni pájaros) ni plantas de cultivo.

u_5 El grupo va a pie. Antes iban a caballo y tenían carabina. *Les quitaron la carabina y los caballos.* Es peligroso andar armado, pero con los caballos ya hubieran llegado al pueblo y ya hubieran comido.

u_6 El narrador mira el llano. Tanta tierra y nada dónde detener la mirada. Algunas lagartijas salen asomando sus cabezas por los agujeros y corren a esconderse del sol en la sombra de una piedra. Pero ellos, ¿qué harán para enfriarse del sol?

u_7 Les han dado esa costra de tierra que es el llano para sembrar. Ellos querían la tierra que está al lado del río, la vega, donde hay sabinos y paraneras. El llano es un duro pellejo de vaca. *No les dejaron decir* sus pretensiones. *El delegado no venía a conversar con ellos.* Les dio los papeles de adjudicación del llano. Ellos alegaron que en el llano no hay agua; *la tierra está deslavada, no entrará el arado, no nacerá el maíz.*

u_8 "Manifiéstenlo por escrito", dice el delegado. Que *ataquen al latifundio y no al Gobierno que les da la tierra.* Ellos dicen que toda su queja es contra el llano no contra el Centro. *El delegado no les quiso oír.*

u$_9$ En esta tierra que les han dado no hay *ni zopilotes.* Los ven muy altos, volando a la carrera. Ellos caminan como reculando. *En la tierra que les han dado no hay ni tierra.* El viento no podría hacer remolinos. Tampoco servirá para que corran yeguas: no hay yeguas.

u$_{10}$ Esteban lleva puesto un gabán que le llega al ombligo y por debajo asoma la cabeza de una gallina. No es para bastimento. Es la gallina de Esteban que siempre que sale lejos la lleva consigo. La saca y la acomoda bajo el brazo.

u$_{11}$ Llegan al derrumbadero y se ponen en fila para bajar la barranca. Esteban va delante y zangolotea la gallina para no golpearla contra las piedras.

u$_{12}$ *Conforme bajan, la tierra se hace buena.* Sube el polvo desde el caminar del grupo; les gusta llenarse de polvo. Después de doce horas de camino sobre la dureza del llano, se sientan a gusto envueltos en tierra.

u$_{13}$ Por encima del río, sobre las copas de los árboles, *vuelan parvadas de pájaros.* Eso también les gusta. Ahora *se oyen los ladridos de los perros junto* a ellos.

u$_{14}$ Esteban abraza su gallina cuando se acercan las primeras casas. Le desata las patas y él y su gallina desaparecen detrás de unos arbustos. Los otros siguen adelante, adentrándose en el pueblo. *La tierra que les han dado* queda *allá arriba.*

En esta lectura horizontal subrayamos los sintagmas cuya función es señalar la oposición semántica que encuentran los protagonistas: *dar* vs *negar.*

Se precisan *paralelamente* en el enunciado, los estados, estatutos y propiedades de los personajes, a la vez que los estados, estatutos y propiedades atribuibles al espacio.

Estatuto personajes	—grupo mermado
(cualidades exteriores,	—revolucionarios inermes
independientes del sujeto)	—beneficiarios reforma agraria

Estatuto del espacio (El llano)	—adjudicado a los beneficiarios reforma agraria —estatuto civil: propiedad de revolucionarios "rendidos".
Estado personajes (feliz/desgraciado) (salud, dinero, amor)	—pobres —esperanza de vida "acomodada" defraudada. —cansados, hambrientos —boca reseca por el calor; pierden ganas de hablar —síntoma de enajenación radical: compañía irrenunciable de la gallina (Teban)
Estado espacio (El llano)	—extensión sin límites —no hay animales ni vida (ni muerte: no hay zopilotes) —calor sin sombra de cobijo —terregal endurecido —tierra sin tierra —nunca llueve
Propiedades personajes (del entendimiento y del alma)	—ignorantes (inermes) —no se atreven a protestar —no saben manifestar por escrito. —rebeldes ("pacificados" momentáneamente) —proclives a la fechoría
Propiedades espacio (El llano)	—espacio de la desesperanza de cultivo y de vida —espacio del agostamiento —espacio de la enajenación

Disposición del discurso narrativo

El discurso narrativo es un recorrido, que viene de un lejos y llega a un cerca. El ladrar de los perros *allá* (..."el ladrar de los perros... muy *allá*") o *junto* ("ahora se oyen los ladridos de perros aquí, junto a nosotros"), señala la diacronía del discurso, su dimensión temporal.

A pesar del decir entrecortado del monólogo, característico de Rulfo, el relato se atiene a la estructuración sintáctica del cuento tradicional o del relato mítico. Así en u_1 se presenta el espacio, árido (la esperanza que configuraban indicios de vida: ladrido, humo..., la ha traído y se la ha llevado el viento), en u_2 se presenta la función: caminar desde el amanecer, y se presentan los personajes: un núcleo que llega ya mermado al relato, y que van perdiendo las esperanzas poco a poco y han perdido las ganas de hablar.

En u_4 se reitera (ya desde u_1) el estado de la tierra sobre la que caminan: árida, sin vida: ni conejos ni pájaros. En u_{10} se insistirá, ni zopilotes; en u_6 se ha vuelto a insistir (anotemos la insistencia en las tres variantes cualificadoras que intensifican un estado fundamental): ni nada que mirar, excepto lagartijas. En u_{13}, final del relato/recorrido, vuelan parvadas de pájaros (u_{13} es ya tierra de vega=vida).

En u_7 se desvela —entrecortadamente— la finalidad de la acción: posesionarse de la tierra, el llano, que les han dado en el centro de repartición agraria. Ellos quisieron protestar y no les dejaron hablar. Que manifestaran sus alegaciones por escrito. Ellos insisten en la infertilidad del llano, en querer explicar sus razones, pero el delegado no quiere oírlos (u_9).

El u_{11} es una catálisis[5], una ampliación del estado de soledad, o alienación en que viven el grupo de ex-revolucionarios, al presentar a Esteban abrazando a su gallina, única entidad afectiva o familiar.

---

(5) Vid. María del Carmen Boves, *Comentario de textos literarios*, Madrid, Cupsa, 1978, págs. 36-42.

En u_{13} se acercan a la ajena tierra de vega, de vida, fértil: el polvo, los ladridos de perros, el vuelo de pájaros, los envuelven, están al lado de su caminar, *junto* a ellos.

En u_{14} Esteban desaparece en una esquina con su gallina y los otros tres, entre ellos el narrador, entran al pueblo.

A continuación presentamos el esquema del proceso funcional de la trama.

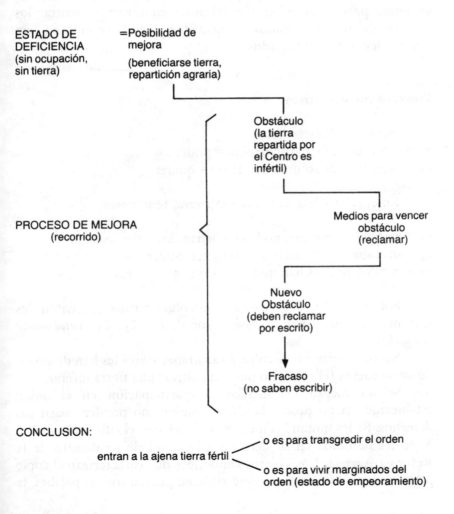

ESTADO DE DEFICIENCIA (sin ocupación, sin tierra)

=Posibilidad de mejora (beneficiarse tierra, repartición agraria)

Obstáculo (la tierra repartida por el Centro es infértil)

PROCESO DE MEJORA (recorrido)

Medios para vencer obstáculo (reclamar)

Nuevo Obstáculo (deben reclamar por escrito)

Fracaso (no saben escribir)

CONCLUSION: entran a la ajena tierra fértil

o es para transgredir el orden

o es para vivir marginados del orden (estado de empeoramiento)

En el esquema actancial mítico, el Gobierno o reforma agraria, sería el remitente o *Destinador,* los revolucionarios desarmados, los *destinatarios,* y el *objeto* de la búsqueda, la tierra, el medio de vida. El destinador traiciona al destinatario que es el sujeto de la búsqueda y del deseo. Esa traición del destinador no sabemos, en la proyección diacrónica de la historia, qué consecuencias acarreará. Funcionalmente, podemos suponer que el destinatario se erige en su propio destinador; en cuyo caso se abre un nuevo proceso de infracción del orden en que se encuentran los actantes del relato alienados y engañados, cuando se suponía iban a estar plenamente integrados.

Procesos comunicativos

c_1 = mensaje, palabra = saber
c_2 = vigor, energía, participación = poder
c_3 = bien deseado, objeto del deseo = querer

En el relato *Nos han dado la tierra,* tenemos:

$\bar{c}_1$ = no hablan entre sí, no los escuchan, no saben escribir
$\bar{c}_2$ = sin caballo, sin carabina, no tienen poder
$\bar{c}_3$ = la tierra que les han dado, no sirve, no es fértil.

Por lo tanto, los cuatro ex-revolucionarios presentan los síntomas de una total exclusión social, $\bar{c}_1$, $\bar{c}_2$, $\bar{c}_3$, *totalmente alienados.*

No participan en la cultura (analfabetismo); les han desposeído de su fuerza (el rifle); no pueden cultivar una tierra inferaz.

Se les niegan los medios de participación en el orden establecido: al no poseer la alfabetización, no pueden alegar sus derechos. Se les quitan los medios de rebelarse: el rifle y el caballo. Y se les defrauda en su derecho a la tierra de sembradío de la Reforma Agraria. Los objetos simbólicos que caracterizan el triple proceso de comunicación y que ellos no poseen son: la palabra, la carabina y la tierra. La tierra, c_3, deviene objeto simbólico de la alienación en una doble articulación del proceso: por un lado, es el bien negado, y por otro, es la in-comunicación (:la simiente es el mensaje que no es respondido con el fruto por la tierra infértil).

El final del relato es abierto; los cuatro ex-revolucionarios entrando al pueblo, a la ajena tierra fértil, con su tierra improductiva a la espalda, ¿qué harán? O una fechoría, y serán marginados por situarse "fuera de la ley", o vivirán en la miseria, marginados igualmente por esa ley contradictoria de la repartición.

3. LA CUESTA DE LAS COMADRES

Este relato es un monólogo expositivo, no destinado, no dirigido a un tú —puesto que la instancia lingüística tú, usted, vosotros, ustedes, no está contenida en el texto— expresamente, que da cuenta, de un modo ordenado, de la peripecia de un crimen. El narrador es el autor del crimen. *La historia* es la de dos hermanos, matones y salteadores, los Torricos, que tienen atemorizados los caminos y cohibido al vecindario, y que acaban encontrando, cada uno a su vez, su merecido.

El narrador es el asesino del segundo hermano, Remigio Torrico. El enfrentamiento se produce porque el hermano sobreviviente pide cuentas al narrador de las circunstancias finales del premuerto, acusándolo a él alevosamente. El narrador monologante se adelanta a las intenciones vengativas del Torrico y le clava una aguja de arria en el vientre.

Es un caso, como tantos otros en el universo rulfiano, de conducta degradada y desaforada, de subestimación de la vida ajena, de coexistencia sin orden ni ley objetiva; la fuerza de la violencia como única reguladora de las relaciones de la pequeña comunidad. El mensaje de la historia no se agota en la anécdota, que podríamos clasificar como relato de ley violada y de recíproco castigo ilegal, sino que apela a un contexto exterior, extraliterario, a un universo real e histórico en que las condiciones sociales y culturales del universo representado son posibles[1].

El relato se reduce —como bien ha visto Greimas[2]— a la secuencia de la prueba que, en el discurso, antropomorfiza las significaciones con el modo de actuación y los rasgos de los personajes.

Las significaciones negativas redundantes en el universo de Rulfo, con las consecuencias casi siempre negativas e irreversibles, nos llevan a preguntarnos qué tipo de mediación de contradicciones pretenden articular sus relatos. *La Cuesta de las Comadres* presenta un universo sin ley, un conflicto, una prueba y un resultado, en los que la destrucción de algo negativo se consigue, no a base de afirmar su polo contrario, positivo, sino mediante la subsistencia parcial de la negatividad. En el relato, encontramos las mismas funciones que en el modelo del cuento popular, y los ejes que articulan las funciones, son los del modelo actancial de Greimas, pero, aquí, el universo representado parece un universo invertido.

Vamos a ver, antes de analizar la secuencia de *la prueba,* algunos rasgos caracterizadores del microuniverso narrativo y de los personajes. Hay una referencia a un espacio exterior, alejado de *La cuesta...,* Zapotlán, que parece ser paradigma del arbitrio de las relaciones supracomunales; a los difuntos Torricos no los querían en Zapotlán, pero tampoco a los demás, "a nadie de los que vivíamos en la Cuesta de las Comadres nos pudieron ver con buenos ojos en Zapotlán". Hay, igualmente, una referencia vaga a un orden exterior y anterior: "Cuando la repartición de la tierra", en que gran parte de la Cuesta de las Comadres "nos había tocado por igual a los sesenta que allí vivíamos". Pero ni la posible competencia de Zapotlán ni la supuesta legalidad del reparto agrario tienen entidad pragmática, pues "la Cuesta de las Comadres

---

(1) Rulfo, en entrevista con Juan E. González, dice: "yo en principio quise presentar un cacique, que es una cosa característica de México. Existe un caciquismo tanto a nivel regional como a nivel estatal (...) cada cacique domina cierta región que el Estado deja en sus manos", Madrid, *La nueva Estafeta,* núm. 9-10 (agosto-septiembre, 1979) págs. 79-86.

(2) Greimas, *Semántica Estructural,* ya cit., pág. 321.

era de los Torricos". "Ellos eran allí los dueños de la tierra". "No había por qué averiguar nada. Todo el mundo sabía que así era". ¿La ley de este universo? La ley de la violencia y la fuerza de los hermanos Torricos.

El narrador, innominado, es de los mejor tratados por los Torricos. Incluso lo invitan a participar en una de sus fechorías: el robo y muerte de un arriero que transporta una carga de azúcar. De sí, dice el sujeto hablante: "Era buen amigo de los Torricos". Buen amigo y cómplice; no necesita emigrar como hacen los otros convecinos que poco a poco despueblan la Cuesta de las Comadres. "Se iban callados la boca, sin decir nada ni pelearse con nadie", gentes, pues, resignadas o amedrentadas. El único que parece no temerlos es el narrador. De su familiaridad con la muerte, o su desprecio por la vida ajena, también tenemos indicios en la enunciación de su monólogo. Cuando ayudó a los Torricos en el despojo del arriero, vio que éste estaba tirado en el suelo. Les dice a los Torricos si estará muerto, ellos le contestan que no, que debe de estar dormido, y él le da una patada "para que despertara". Se da cuenta de que está bien muerto. Pero, antes de regresar a su paraje, "le di una última patada al muertito".

La secuencia de *la prueba* o enfrentamiento se produce así

Secuencia

Remigio Torrico pide al narrador aclaraciones sobre la muerte de su hermano Odilón

$$R. \text{ Torrico} = D_1 + S$$
$$\text{narrador} = D_2$$

eje comunicativo: pregunta vs respuesta

"Pero no deja lugar para platicar las cosas"

Remigio Torrico revela sus intenciones de venganza y acusa al narrador

"Sábete que pienso pagarme lo que le hicieron a Odilón, sea quien sea el que lo mató"

$$\text{Torrico} = S + D_1$$
$$\text{narrador} = D_2$$

Secuencia

El narrador pone
su fe en la aguja

"Comencé a tener una fe muy
grande en aquella aguja"

narrador = S
destinador = fe
destinatario = Torrico
ayudante = aguja

El narrador ensarta
la aguja en el vientre
de Torrico

narrador = S + D_1
Torrico = D_2

El narrador ha sido destinatario y sujeto; Torrico, destinador (su propio remitente), sujeto y destinatario. Se ha dado el sincretismo de actantes e inversión de situaciones. Los ejes estructurantes de los tres momentos de las secuencias son: el que vincula $D_1 \rightarrow D_2$, destinador o mandatario y destinatario, un eje de comunicación, un mensaje, *un saber*, que implica un contrato. Aquí, el contrato es la obligación que se crea el propio Torrico (D_1) de "pagarse" lo que le hicieron a su hermano, vengar la muerte de Odilón. El destinatario es él presunto criminal (D_2), el narrador.

La relación destinador → destinatario, es una relación de comunicación, de transmisión de *un saber*. Remigio Torrico *cree saber* quién mató a su hermano y quiere obrar en consecuencia. No obstante, pregunta o exige aclaraciones al destinatario, pero *no le da lugar* a que responda (comunicación negativa o interceptación de la comunicación).

En este primer tiempo de la prueba, el objeto del deseo de Torrico es la venganza y su consecución, una pasión investida de obligación. En cuanto al tercer eje, el que pone en relación Ayudante ⇆ Oponente, *la fuerza*, Torrico *cree poder*, cree bastarse para actuar, con su ascendiente o carisma de brutalidad, y no lo cohibe ningún oponente; no hay oponente estructural, puesto que a esa fuerza primaria de matón que ostenta no se le opone la fuerza objetiva de la ley o de un orden público superior. (Una fuerza oponente puede estar indicada en los síntomas de embriaguez que el contrincante y narrador ha creído notarle).

Ahora bien, para que el relato tenga lugar, la estructura básica ha de cumplirse: a un malvado lo destruye su propia maldad, o la astucia de un par. Así ocurre, el destinatario del pacto íntimo de venganza que mueve a Torrico, el narrador, concibe una fe muy grande en la aguja de arria que tiene a mano. Esta fe, esta inspiración astuta, que se le presenta repentina, es a modo de una orden de un mandatario, orden que encierra un valor positivo para él: impedir que el contrato de Torrico se cumpla, es decir, evitar la venganza del otro. El narrador amenazado se convierte en sujeto y en destinador de su propia astucia. El cuerpo de Torrico es el destinatario de la aguja-mandato y el narrador obtiene su objeto: evita que la venganza de Torrico se cumpla en él.

La consecuencia es la evitación de un mal mayor y la derrota de un orden de violencia. Pero en el modelo estructural la superación de la prueba no es sólo el final de la lucha sino la instauración de un contrato parcial, establecido antes de la lucha. En *La Cuesta de las Comadres,* el orden existente: el abuso creciente de Remigio Torrico es intolerable para el narrador, que proyecta a través de la utilización de la aguja, su salvación. Los papeles se intercambian. De paciente, se hace sujeto agente, pero a la vez que se produce un cambio se afirma una permanencia, la de una ley irracional: la del más fuerte o del más astuto.

La Cuesta... es modelo de relato transformacional y, a la vez, de la doble perspectiva entre equilibrio y desestabilización que implica. Por un lado, el relato cumple su cometido e introduce la dimensión diacrónica: se abre a un tiempo nuevo en que los Torricos ya no serán los matones de la Cuesta de las Comadres. Y, a la vez, introduce *la permanencia* en un tiempo delictivo. Se ha cometido un nuevo crimen y el narrador asesino lo relata[3] posteriormente (en esa dimensión diacrónica que sigue a la historia),

_____
(3) Es destacable el contraste: violencia del tema vs mansedumbre entrecortada del discurso.

sentado en una piedra del lugar, ocupando la atalaya que antes ocuparan los Torricos, por tanto, en libertad. Se ha podado un exceso, pero el orden irregular sigue.

Incluso, hay en el relato, una referencia precisa al restablecimiento parcial del orden anterior. Cuando examinábamos el eje $D_1 \to D_2$, que vincula destinador → destinatario, veíamos que la fuerza temática comunicativa era *un saber* ciego del Torrico, creyendo que el asesino de su hermano era el narrador. Un saber que formula una pregunta (para completar *esa verdad*) y que no da oportunidad al interlocutor de responderla; *un saber*, pues, *sordo*, también. Ahora bien, ya muerto y vencido es cuando esa pregunta se responde. Y la respuesta es, en efecto, el restablecimiento parcial de un orden: el narrador demuestra —en su alocución dirigida al difunto— que él no ha sido el asesino del otro Torrico. Por tanto, queda aclarada su inocencia. Demasiado tarde, por supuesto, para el segundo Torrico, pero no para el funcionamiento modélico del relato ni para la significación intertextual de su función negativa: que el mal mayor resida, precisamente, en la incomunicación, *en las preguntas que no dejan lugar a la respuesta.*

Vamos a representar en el diagrama del modelo actancial los momentos de *la prueba:*

Primer tiempo

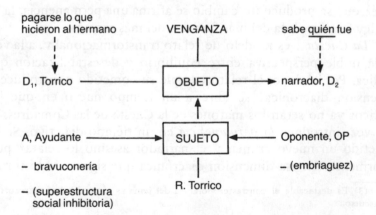

pagarse lo que hicieron al hermano   VENGANZA   sabe quién fue

D_1, Torrico —————— OBJETO ——→ narrador, D_2

A, Ayudante ——→ SUJETO ◄—— Oponente, OP

– bravuconería   R. Torrico   – (embriaguez)

– (superestructura social inhibitoria)

Segundo tiempo

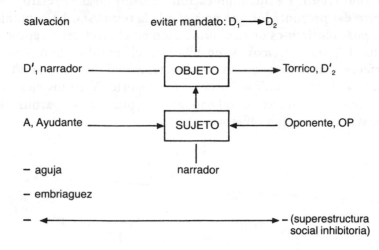

En el segundo momento de la representación, vemos que se produce una contradicción (¡el gran número de contradicciones que puede contener un relato!, dice Greimas)[4], no un sincretismo de actantes, sino una contradicción, pues nunca las fuerzas oponentes pueden ser, a la vez, ayudantes. En el eje A ⇋ OP, la superestructura social, el orden supracomunal, que es, por su carácter inhibitorio, fuerza ayudante a la arbitrariedad del Torrico, es una fuerza ambigua para el narrador protagonista: oponente, en cuanto que no impide las intenciones de Torrico, y ayudante en cuanto que no va a castigar o a impedir sus propias intenciones. La contradicción a nivel sémico subraya el carácter *contradictorio* de la superestructura legal, y su sentido está extracodificado.

La comunicación *post mortem* entre los adversarios, viene a configurar una última función, la del cierre —textual— del relato, que habría podido ser la de su contingente apertura estructural —que no llega a producirse, porque Torrico *no da lugar*—, y que, de

---

(4) Cfr. *Semántica Estructural*, pág. 324.

haberse producido, hubiera evitado el afrontamiento, y, por tanto, el mismo relato. La incomunicación ha dado lugar al relato y a la muerte del preguntador que no aguarda la respuesta. La comunicación *post mortem* es una comunicación en el nivel del receptor, en un nivel, pues, *de vivos,* y en ella está el sentido —la moraleja— (perfectamente integrado a la funcionalidad de la trama) del relato: a) la incomunicación lleva a la muerte. Y b) los ejes de la motivación de nuestras relaciones no pueden ser arbitrarios, necesitan una sanción objetiva.

[...]

4. ES QUE SOMOS MUY POBRES

Resumen:

Este relato reproduce el pensamiento de un joven campesino
que enumera todas las desgracias que últimamente se han venido
sobre su familia. La muerte de una tía, la pérdida de la cebada,
arrasada por un aguacero, la vaca, arrebatada por la creciente del
río... No hay acción; todas las secuencias son manifestaciones
predicativas que ilustran una situación, un estado: el estado de ser
muy pobres, como el título anticipa.

En esta situación tan precaria —la lluvia constante, la
creciente del río—, la única débil esperanza que queda al narrador
monologante es que no se haya perdido también el becerro que
andaba con su madre, la vaca. La vaca y el becerro eran de dote de
la hermana, Tacha, que el padre con grandes trabajos había
conseguido reunir, con el fin de que Tacha no fuera a irse de piruja
como sus dos hermanas mayores.

Si se echaron a perder es que eran muy pobres, ha dicho el
padre del narrador y éste acepta esta explicación. Con la vaca,
Tacha podría haber encontrado marido, un hombre bueno que se
hubiera casado con ella; al perderla, Tacha está en un tris de
volverse piruja en cuanto crezca. La madre piensa que Dios la ha
castigado al darle dos hijas perdidas. No sabe por qué. En su
familia nunca ha habido gente mala, todos fueron criados en el
temor de Dios. La única esperanza es el becerro, pues los pechos

de Tacha ya apuntan y prometen ser como los de sus hermanas. El padre alega: "acabará mal". Tacha llora al pensar que ha perdido su vaca. El narrador la abraza y trata de consolarla. Pero la mira en sus sacudimientos y sollozos y ve sus dos pechitos moverse como si empezaran a crecer e hincharse y a trabajar por su perdición.

Los predicados que han cambiado o pueden cambiar la situación representan agentes de los órdenes *natural* y social o *cultural*.

Obstáculos a la honradez de Tacha

Orden natural	*Orden cultural*
—creciente del río	—pobreza (indotada = incasada)
—creciente pechos	—castigo de Dios (justificación
—llover	—conducta antecedente hermanas)
	—perdición, prostitución

En cuanto al proceso comunicativo, es simple. *Si* hay *becerro* hay aceptación de Tacha, matrimonio, por tanto: *comunicación canónica. Si no* hay *becerro*, Tacha está abocada a la prostitución, por tanto, *comunicación degradada*.

El concepto de honra es un concepto del universo social, de orden cultural, pues. La pobreza tiene el mismo carácter funcional que la catástrofe climática, y el desarrollo físico —el abultamiento de los pechos de Tacha— parece ser una fatalidad. El desenlace, que elude la responsabilidad individual y la social, se prevé como una condenación: la proyección imaginaria de un castigo de Dios (a una falta inlocalizada) que justifique la mala conducta antecedente de las hermanas mayores y la perdición futura de Tacha.

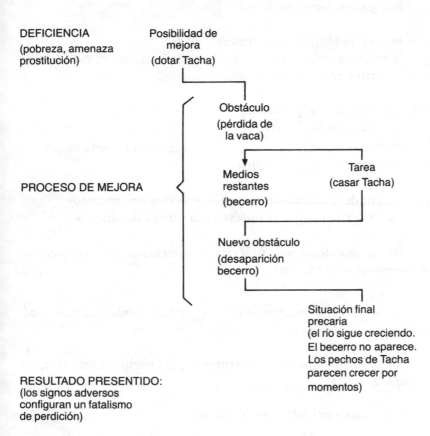

DISCURSO DEL NARRADOR

DEFICIENCIA
(pobreza, amenaza
prostitución)

Posibilidad de
mejora
(dotar Tacha)

Obstáculo
(pérdida de
la vaca)

PROCESO DE MEJORA

Medios
restantes
(becerro)

Tarea
(casar Tacha)

Nuevo obstáculo
(desaparición
becerro)

Situación final
precaria
(el río sigue creciendo.
El becerro no aparece.
Los pechos de Tacha
parecen crecer por
momentos)

RESULTADO PRESENTADO:
(los signos adversos
configuran un fatalismo
de perdición)

Procesos comunitativos.—

Vamos a explayar los ejes de *el saber, el poder* y *el querer* del proceso total de comunicación del discurso del narrador.

c_1 = el saber o conocimiento del héroe es negativo. Por el padre *sabe* que: porque son pobres, las hermanas son prostitutas y eran indómitas ("retobadas"), por tanto: $\overline{c}_1$ (c_1 = ricos, integrados, honrados).

$\overline{c}_1$ = pobres, indómitas, prostitutas
c_2 = dote =vaca, becerro   explicación del padre
c_3 = becerro = matrimonio = honra

$\overline{c}_1 \simeq$ falta anterior inlocalizada,
    mal ejemplo hermanas
$\overline{c}_2$ = irreverentes, pecado   explicación de la madre
$\overline{c}_3$ = deshonra = castigo de Dios

Explicación del padre: manifestación *práctica* del discurso
Explicación de la madre: manifestación *mítica* del discurso

De la manifestación práctica o dimensión cosmológica del microuniverso, deducimos:

$c_2 \Rightarrow c_1 \, c_3$ = matrimonio, integración, *comunicación canónica.*

no $c_2 \Rightarrow$ no c_1 no c_3 = prostitución, alienación, *comunicación degradada.*

Del análisis del relato se desprende:

a)   la sociedad pone cauces a la conducta sexual, impone honra.
b)   la sociedad no pone cauces a las crecientes del río.
c)   la pobreza es una catástrofe social como la lluvia es una catástrofe geológica.
d)   después de la inundación, ni cereales, ni ganados, ni matrimonio (honra).
e)   Explicación de los agonistas: 1) la pobreza como destino social y 2) el castigo de Dios como destino sagrado.

5. EL HOMBRE

Resumen: Es un relato meándrico. Un narrador omnisciente describe el difícil recorrido de un hombre, *el hombre,* que planea una venganza. La descripción, siguiendo los pasos del hombre, se engarza con el seguimiento posterior de que es objeto *el hombre* por parte de un *perseguidor.* Hay una venganza primera y hay una venganza segunda. Hay un buscador de venganza y hay un perseguidor del vengador. El vengador se convierte en huidor perseguido y el perseguidor en vengador segundo.

Los tiempos de la venganza, la persecución y la huida están dislocados, con lo que el crimen y la venganza se muerden la cola, como los meandros del río, que siendo el *espacio real* del castigo, es, a la vez, el espacio semántico (metafórico) de la perdición.

Hay una segunda parte del relato, que es un testimonio epilogal, el monólogo dialógico de otro personaje, un pastor, que ha encontrado el cadáver *del hombre,* es decir el cuerpo del vengador perseguido y asesinado. Esta segunda parte tiene carácter de resumen que se justifica sintácticamente por ser la que contiene la imagen real del crimen. En la primera parte no se describe la muerte del vengador por quien lo persigue, sino la voluntad irreductible de muerte. Así, el monólogo del testigo de cargo amplía detalles sobre *el hombre* y sus momentos finales cuando trataba de salvarse. Después del análisis vemos que esta segunda parte cumple dos funciones en el relato: una, cardinal, la de cerrarlo con la muerte del perseguido, y otra de expansión o de ampliación de informes sobre el vengador primero, *el hombre*.

Modos de la narración

El proceso de la enunciación en *El hombre* es bastante sofisticado. El texto se origina en un narrador objetivo, anónimo, instancia lingüística no individualizada, el "no-sujeto de la producción textual", que diría Julia Kristeva[1], que distribuye las diferentes secciones narrativas. Unas, son *acotaciones* ambientales, contempladas desde la perspectiva omnisciente de un pintor que repartiera nubes o luz o pájaros en un cuadro. Otras secciones, entrecomilladas, corresponden a un sujeto segundo del enunciado, el actante *perseguidor*, y hay las secciones primordiales, con que se inicia el texto, correspondientes al sujeto primero del enunciado, el actante protagonista, *el hombre* (el título del relato es un signo intensificador de este protagonismo), cuyo monólogo interior se señala tipográficamente en cursiva, además de entrecomillarse, como voz que es —íntima— del personaje. Como amplio abanico de los modos de la narración, tenemos finalmente esa larga sección final, a cargo del testigo del desenlace del drama, el borreguero, que en un *monólogo* dialógico *destinado* a una autoridad (un "señor licenciado") tácita, expone lo que él vio y sabe del personaje *el hombre*.

Vamos a reproducir el esquema argumental del relato, reduciendo las secciones narrativas a fragmentos, y tratando de reproducir en nuestro proceso de síntesis las señas tipográficas del enunciado.

f_1 el hombre { trepa, camina, busca (emite signo: huellas)

f_2 el que lo sigue { "pies planos. Así será fácil" (recep. signo)

---

(1) Julia Kristeva, "El estatuto pronominal de la productividad textual", *El texto de la novela*, Barcelona, Lumen, 1974, págs. 141-142.

f_3	narrador	ambiente
f_4	el hombre	se detiene para medir el fin. *"el de él"*
f_5	el hombre	*"voy a lo que voy"*
f_6	el que lo persigue	"cortó las ramas con un machete" "lo arrastraba el ansia" "el ansia deja huellas"
f_7	el hombre	comenzó a perder ánimo sacó el machete y cortó las ramas duras golpeaba con ansia con el machete
f_8	el perseguidor	"lo señaló su propio coraje" "él ha dicho quién es" "subiré, bajaré me detendré, allí estará. "Me pedirá perdón. Le dejaré ir un balazo en la nuca"
f_9	el hombre	llegó al final miró la casa, empujó la puerta
f_{10}	el que lo perseguía	"hizo un buen trabajo. Ni siquiera los despertó"
f_{11}	el hombre	*"no debí matarlos a todos"*
f_{12}	el hombre	soltó el machete bajó buscando el río
f_{13}	el narrador	ambiente
f_{14}	el hombre	encontró la línea del río

f_{15}	el hombre	se persignó comenzó su tarea cuando llegó al tercero le salían lágrimas: *"Cuesta trabajo matar"*
f_{16}	el que lo persigue	"se sentó en la arena" "esperó que se despejaran las nubes" "el hombre se quedó aquí, esperando"
f_{17}	el hombre	*Este peso que llevo... se ha de ver".* *"Tengo que tener alguna señal". "No* *debí matarlos a todos; me hubiera con-* *formado con el que tenía que matar".*
f_{18}	el que iba detrás	*"Te cansarás. "Conozco tus intenciones".* *"Llegaré antes de que llegues".*
f_{19}	el hombre	*"cruzaré aquí y luego más allá"* *"tengo que estar al otro lado, donde no me* *conocen". "De allí nadie me sacará nunca".*
f_{20}	el narrador	ambiente: graznido de pájaros.
f_{21}	el hombre	*"caminaré más abajo"* *"aquí el río se hace un enredijo"* *"puede devolverme a donde no quiero"*
f_{22}	el perseguidor	"él vino por mí" "yo era el final del viaje, la cara que soñaba ver muerta. Igual que lo que yo hice con su hermano". "Te esperé. Llegas- te tarde. Yo también, llegué detrás de ti".
f_{23}	el hombre	*"No debí matarlos a todos"* *"los muertos pesan más que los vivos".* *"a él lo hubiera conocido por el bigote".*

f_{24}	el hombre	entró en la angostura del río
f_{25}	el que iba detrás	"estás atrapado. Te has metido en un atolladero". "primero la fechoría y ahora yendo hacia los cajones". "te esperaré. Tengo paciencia y tú no. Esta es mi ventaja. Mañana estarás muerto".
f_{26}	el hombre	el hombre vio que el río se encajonaba... y se detuvo. *"Tendré que regresar".*
f_{27}	el narrador	Descripción del río encajonado
f_{28}	el que se sentó a esperar	"el que te mató a ti (al hijo pequeño inmolado) está muerto desde ahora". "¿Acaso yo ganaré algo con eso?
f_{29}	el hombre	recorrió un tramo río arriba en la cabeza le rebotan las burbujas de sangre. *"creí que el primero iba a despertar a los demás..., por eso me di prisa".*

Epílogo

actante único: el borreguero
El monólogo del borreguero es un enunciado apreciativo de *la apariencia* física y moral de la persona de *el hombre:*

Descalificación de malvado: "no parecía malo. Me contaba de su mujer y sus chamacos. Y de lo lejos que estaban de él. Se sorbía los mocos al acordarse de ellos".

depauperación por la huida:	"Y estaba re flaco como trasijado. Todavía ayer se comió un pedazo de animal que se había muerto del relámpago".
indefensión:	"Vi que no traía machete ni ningún arma. Sólo la pura funda que le colgaba de la cintura, huérfana"[2].
testimonio del asesinato:	"Primero creí que se había doblado al empinarse sobre el río y no había podido enderezar la cabeza y que luego se había puesto a resollar agua, hasta que le vi la sangre coagulada que le salía por la nuca repleta de agujeros".

A pesar de ser un relato que comienza *in medias res,* sin antecedentes ni presentación de personajes, y a pesar de que éstos en el desarrollo discursivo de sus respectivos enunciados son definidos anafóricamente por sus funciones[3], en el inicio secuencial, fragmentos 1, 2 y 3, se presentan ya (como en los relatos y cuentos tradicionales) los dos sujetos del enunciado y el sujeto de la enunciación: *el hombre, el seguidor* y *el narrador.* Y las secuencias de *el hombre,* protagonísticas, son las que abren y cierran el relato.

El tiempo del enunciado está dislocado, decíamos. Al analizar la sintaxis narrativa de los fragmentos podemos ver dónde se producen las alteraciones. El narrador se arroga —o dispone— una participación secuencial muy equilibrada, los fragmentos 3, 13, 20

---

(2) El machete lo había soltado en el suelo, después del triple crimen. No hay indicio claro verbal que nos permita interpretar el abandono del machete como *rechazo* del crimen cometido, aunque parece connotarlo en un plano inconsciente. "Lo vio brillar como un pedazo de culebra sin vida, entre las espigas secas", dice.

(3) Solamente en un fragmento del monólogo, el perseguidor se dirige in mente a su perseguido e interlocutor lejano, llamándolo por su nombre, José Alcancía.

y 27. *El seguidor* es el sujeto del enunciado de los fragmentos 2, 6, 8, 10, 16, 18, 22, 25 y 28. El orden sintáctico respecto de su propio discurso no se altera; sin embargo, en algunos fragmentos se adelanta prospectivamente al tiempo del enunciado del *hombre,* anticipándolo. Así el fragmento 7 resulta retrospectivo respecto de lo anunciado en el fragmento 6, y en el fragmento 27 se cumple como un vaticinio la situación *ya* expuesta en el fragmento 26[4].

En los fragmentos que se destinan al *hombre,* a mitad de relato, se produce una distorsión sintáctica. El orden argumental de la sucesión lógica de las acciones sería: 1, 4, 5, 7, 9, *15, 12, 14, 17, 11,* 19, 21, 23, 24, 26 y 29.

Si representamos gráficamente esta alteración vemos:

$$9, \quad 15, \quad 12, \quad 14, \quad 17, \quad 11, \quad 19$$
$$9, \quad 11, \quad 12, \quad 14, \quad 15, \quad 17, \quad 19$$

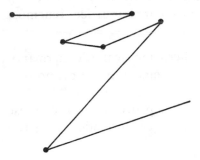

un claro movimiento de zigzag.

---

(4) "Tanto las inversiones temporales, como las visiones particulares son efecto de una elección del autor, y de una distorsión lógica de la trama que es preciso advertir en el discurso", vid., María del Carmen Bobes, "La crítica literaria semiológica", en *Crítica Semiológica,* publicaciones de la Cátedra de Crítica Literaria, Oviedo, 1977, págs. 11-75.

La perfecta adecuación sintáctica, verbal y semántica en el estilo de Rulfo logra, aquí, que la sintaxis narrativa zigzagueante[5] esté en función de revelar la sintaxis semántica del remordimiento:

f_{11} remordimiento
f_{12} final tarea (recordado)
f_{14} huida
f_{15} tarea-fechoría (recordado)
f_{17} remordimiento

Los personajes y la articulación de las relaciones

$$X = \text{el hombre}$$
Los personajes son: $Y = \text{seguidor}$
$$Z = \text{testigo epilogal}$$

Adoptando los niveles que propone Todorov para el análisis de la información atributiva de los personajes[6], y dejando aparte el personaje Z, por su carácter catalítico, tenemos:

Estatutos

X = hermano leal (de hermano asesinado *antes* del relato), padre cariñoso.

Y = hijo, padre, esposo, cariñoso (de padre, hijo y mujer asesinados en las fechorías).

---

(5) La disposición de los fragmentos de forma *alternada* (simultaneando de uno a otro actantes), reconocida como característica de género literario evolucionado, sería otro dato más para abundar en la opinión de la crítica que generalmente considera *El hombre* como uno de los relatos estilísticamente más elaborados y complejos de Rulfo. Los enunciados *alternados* recuerdan, asimismo, los llamados *montages alternés* del cine. Cfr. "La grande sytagmatique du film narratif", de Christian Metz, en *Communications*, 8, París, Seuil (1966), págs. 120-124.
(6) Todorov, *Gramática del Decamerón*, ya cit. págs. 60-67.

$$\text{Propiedades} \begin{cases} \text{X} = \text{vengativo (relación de parentesco sobre-estimada).} \\ \\ \text{Y} = \text{vengativo (relación de parentesco sobre-estimada).} \end{cases}$$

$$\text{Estados} \begin{cases} \text{X} = \text{es desgraciado porque ha visto a Y asesinar a su hermano y debe vengar el crimen.} \\ \\ \text{Y} = \text{es desgraciado porque su familia ha sido asesinada masivamente en venganza por el crimen que él debía.} \end{cases}$$

La venganza desde *el hombre* se contempla (f. 15) como una *tarea* inaplazable. El hombre "se persigna hasta tres veces" antes de comenzarla; es decir, realiza el signo ritual propiciatorio para cumplir una función sacralizada (la sagrada venganza). El crimen del *perseguidor* se contempla como un acto más frío y mecánico, pero *ofrecido* a las víctimas inocentes (f. 28), investido del sentido retrospectivo de protección a la familia. Y, a la vez, con la duda del *sinsentido* del crimen: "¿Acaso yo ganaré algo con eso?".

Partimos, por tanto, de estados sucesivos de rencor o resentimiento, de *deficiencia,* que busca evacuarse en la venganza, el crimen. Se puede explayar el proceso en el siguiente diagrama:

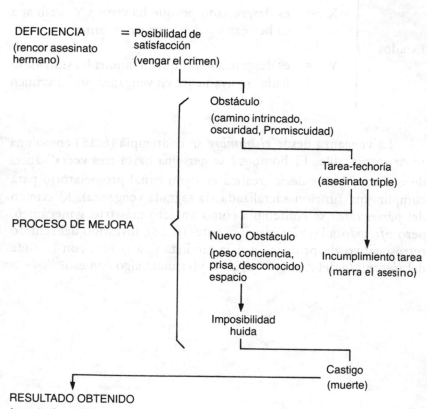

X

DEFICIENCIA
(rencor asesinato hermano)

= Posibilidad de satisfacción
(vengar el crimen)

Obstáculo
(camino intrincado, oscuridad, Promiscuidad)

Tarea-fechoría
(asesinato triple)

PROCESO DE MEJORA

Nuevo Obstáculo
(peso conciencia, prisa, desconocido) espacio

Incumplimiento tarea
(marra el asesino)

Imposibilidad huida

Castigo
(muerte)

RESULTADO OBTENIDO
(muerte degradada)

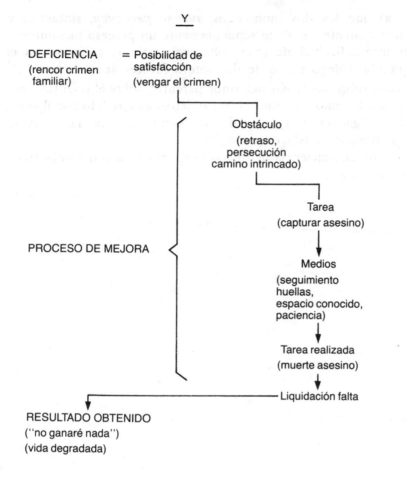

La venganza y el crimen son cíclicos. La venganza no proporciona satisfacción y engendra nuevo rencor, con un sentimiento de venganza "suelto", abierto hacia el futuro.

Del análisis del relato, de la confrontación de los procesos de superación de una carencia, que culminan en un proceso de degradación, por muerte o por la apertura de un nuevo proceso de venganza, comprendemos:

a) que los dos monólogos *que se persiguen,* sintáctica y semánticamente, entablan separadamente un proceso incomunicativo interindividual de gran coherencia para el receptor. Es el imposible diálogo tácito de dos interlocutores *que estuviesen de acuerdo* sobre los temas del amor parental, sobre el resentimiento cuando este amor (en uno de sus objetos) es agredido por alguien, y la obligación, o necesidad —o costumbre— de la venganza sangrienta para satisfacer la afrenta.

y b) la conciencia de que la venganza y su cumplimiento no satisfacen nada.

6. EN LA MADRUGADA

Es un relato dividido —por dobles espacios— en ocho fragmentos, de los cuales, el primero y el último son, a modo de preludio y colofón, enunciados correlacionados e invertidos. Presentan una situación espacial, de signos cosmológicos paralelos, en la que la inversión temporal, un "antes" y un "después", refleja la inversión de los signos del contenido, subrayada esta inversión por el predominio de actividad humana en el colofón.

Dado que estos retazos de ambientación, casi siempre objetivados, son caracterizadores de la narrativa rulfiana, abriendo y/o cerrando la historia, acotando los diálogos/monólogos, ampliando las perspectivas de laconismo e interiorización problemática del discurso, vamos a detenernos en los aspectos lingüísticos de los dos fragmentos, inicial y final, analizando los términos redundantes y las variantes, que apuntan a la *significación contextual* y a su *simbolización* dentro del sistema semiótico que es el relato, del que realizan las funciones de apertura y cierre.

Los dos retazos son descripciones ambientales, escenarios[1] sobre los que se desarrolla la acción, y que se van a ver afectados por ella. Los valores referenciales más concretos, sol, niebla,

---

(1) "En Rulfo, la descripción de la naturaleza nunca se da como fenómeno aparte, jamás es descanso sino más bien un todo completo que desde las primeras páginas penetra la conciencia del lector", dice Carlos Fuentes, "Pedro Páramo", en *L'Esprit des lettres*, (Rhone), 6 (nov.-dic., 1955) págs. 75-76, traducido al español por Joseph Sommers y reproducido en *La narrativa de Juan Rulfo*, México, Sep-setentas, 1974.

cerros... etc., conservan su valor significativo, adensado con un valor de anunciación, en el fragmento inicial, trascendido en un valor simbólico, en el fragmento final. En estos fragmentos es donde la palabra logra más alto vuelo poético y se mueve en un ámbito de libertad mayor para expresar la experiencia sensible de la realidad.

Fragmento inicial:

"SAN GABRIEL sale de la niebla húmedo de rocío. Las nubes de la noche durmieron sobre el pueblo buscando el calor de la gente.
Ahora está por salir el sol y la niebla se levanta despacio, enrollando su sábana, dejando hebras blancas encima de los tejados. Un vapor gris, apenas visible, sube de los árboles y de la tierra mojada atraído por las nubes; pero se desvanece en seguida. Y detrás de él aparece el humo negro de las cocinas, oloroso a encino quemado, cubriendo el cielo de cenizas.
Allá lejos los cerros están todavía en sombras.
Una golondrina cruzó las calles y luego sonó el primer toque del alba.
Las luces se apagaron. Entonces una mancha como de tierra envolvió al pueblo, que siguió roncando un poco más, adormecido en el calor del amanecer".

Para analizar el párrafo, vamos a extrapolar las formas verbales, con las perífrasis y pronombres y adverbios que formen unidad semántica.

Verbos

— Sale
— durmieron ——— buscando
— está ————— por venir
— se levanta ⟨ enrollando
                 dejando

Verbos

— sube ——————— atraído
— se desvanece
— aparece ————— cubriendo
— están (todavía)
— cruzó
— sonó
— se apagaron
— se envolvió
— siguió ——————— roncando

Despejado este extracto verbal, encontramos una característica poco habitual en un fragmento descriptivo: el predominio de las formas de presente: siete formas verbales en tiempos de presente, con expresión de actualidad, de presentación de la escena, en su doble finalidad de acercar la realidad, y, a la vez, de darle un carácter de "presente histórico" (de acotación escénica). Las dos construcciones auxiliares: *está por salir* y *están todavía*, se presentan con carácter anunciativo o predictivo, de antelación inminente.

De las formas restantes, los dos pretéritos plurales, son las características del modo narrativo, que expresan, el acontecer inmediatamente anterior, una: *durmieron,* y la sucesión inmediatamente posterior a las acciones del tiempo presente, la otra: *se apagaron.* Por tanto, el primero como antepresente y el segundo como consecuente de presente. Los restantes pretéritos, en tercera persona del singular, tienen su estricto carácter puntual: *cruzó, sonó, envolvió, siguió,* son los de la presentación de la acción en su desarrollo inmediato —gestual y de situación—, contrastantes con las formas de presente, también activo, pero despersonalizado, interpretado por elementos naturales —o naturalizados—: San Gabriel, las nubes, el sol, la niebla..., en tanto que los pretéritos tienen un agente concreto, expresado en esa ruptura cronológica, entre una acción demorada y lenta (del desperezarse natural y espontáneo) y una irrupción vital e intencionada.

Vamos a extrapolar, ahora, los términos del fragmento, correspondientes a los nombres, a las atribuciones y a los adverbios.

Nombres	Atribuciones	Adverbios
— San Gabriel	— húmedo	—sobre
— niebla	— blancas	— ahora
— rocío	— gris	— despacio
— nubes	— visible	— encima
— noche	— mojada	— en seguida
— pueblo	— negro	— detrás
— calor	— oloroso	— apenas
— gente	— quemado	— allá lejos
— sol	— primer	— todavía
— niebla	— adormecido	— luego
— sábana		— entonces
— hebras		— como
— tejados		— un poco más
— vapor		
— árboles		
— tierra		
— nubes		
— humo		
— cocinas		
— encino		
— cielo		
-- cenizas		
— cerros		

Nombres

— sombras
— golondrinas
— calles
— toque de alba
— luces
— mancha
— tierra
— pueblo
— calor
— amanecer

Los adverbios, o expresiones adverbiales, expresan los tiempos sucesivos y las distancias espaciales en que se realiza la acción verbal. Los adjetivos son —como es característico del estilo del autor— poco abundantes, predominando los sustantivos (un nombre propio, treinta y dos sustantivos y diez adjetivos, de los cuales tres son participios).

Los cuarenta y tres términos que constituyen la estructura nominal del fragmento, se distribuyen en dos campos semánticos: natural y humano-comunal. Las atribuciones referidas a los dos campos semánticos, lo humano y lo natural, son manifestaciones de imágenes visuales, olfativas, auditivas o sinestésicas. De los cuarenta y tres términos, apreciamos, veintiséis referidos al campo semántico natural y dieciséis, al campo semántico humano-comunal. Hay, por supuesto, términos que serían transferibles de uno a otro campo, como *humo*, que es producido por la acción humana de prender fuego, pero que se integra —en la visión— al cielo, a los elementos naturales. Asimismo, se podría proceder a una subdivisión: humano/comunal, e, incluso, abrir un nuevo apartado para ese nombre, *golondrina*, del reino animal. Pero lo que resulta inclasificable en este nivel de generalización semántica que estamos practicando, es el término *mancha* ("como de tierra"), que, en sí, como elemento del ambiente (al igual que humo), pudiera ser natural, no obstante no debemos clasificarla aún, por escamoteársenos desde la enunciación su procedencia. ¿Quién o qué produce tal *mancha?* El narrador es premeditadamente ambiguo. *Entonces una mancha como de tierra envolvió al pueblo.*

Con procedimientos que parecen haber pedido prestada su técnica al cine o a la escenificación teatral, Rulfo nos hace *asistir,* en este primer fragmento, a la *temporalización espacial,* o la puesta en marcha, de un escenario dormido (no verbalizado todavía, no mentalizado). Hay una frase ejemplar de esta actualización, es la tercera: "Ahora está por salir el sol y la niebla se levanta enrollando su sábana, dejando hebras blancas sobe los tejados". Los adverbios: puntual, *ahora* y modal, *despacio;* el verbo en los tres tiempos de la activación: el predicativo, *está por salir,* el presente performativo, *se levanta,* y, de ahí, a los gerundios, con su pleno carácter activo y durativo, *enrollando,* en el primero, y, matizando la acción de una durabilidad consistente *dejando,* en el segundo.

En el fragmento, los campos semánticos natural y humano se interfieren o se transfieren o se coordinan. Así, las nubes *durmieron* al cobijo del calor humano. O la niebla *enrolla su sábana.* O *el humo de las cocinas* cubre el cielo de cenizas, ensucia el cielo. El humo de las cocinas es el primer signo de la vida humana. A este signo de sujeto impreciso y disperso, sigue la irrupción *fuerte, cortante,* de la presencia de un pájaro que, con transferencia de movimiento humano, atraviesa la escena, *cruzó las calles.* A continuación un componente específico del campo humano ejecuta una acción: *sonó el primer toque del alba.* Luego, *las luces* (el alumbrado eléctrico) *se apagaron,* sin duda, algún individuo, encargado por la comunidad de hacerlo diariamente, ha actuado, cortando la luz artificial. Y, por fin, se produce ese fenómeno: *entonces una mancha...,* que, desde la enunciación, con caracter de expectativa abierta e indescifrada[2], propone un enigma, y envuelve *(envolvió)* al pueblo, todavía adormecido.

---

(2) Aquí tendríamos la aparición clara de un signo del código hermenéutico, uno de los cinco códigos que, según Barthes constituyen una red a través de la cual *pasa* el significado del texto. Para esto cfr. *S/Z,* editions du Seuil, 1975, pág. 25 y sgts.

Vamos a transcribir, ahora el fragmento final para ver las diferencias en la descripción y en la perspectiva del "después", en que se estructura esta sección conclusiva del relato.

"Sobre San Gabriel estaba bajando otra vez la niebla. En los cerros azules brillaba todavía el sol. Una mancha de tierra cubría el pueblo. Después vino la oscuridad. Esa noche no encendieron las luces, de luto, pues don Justo era el dueño de la luz. Los perros aullaron hasta el amanecer. Los vidrios de colores de la iglesia estuvieron encendidos hasta el amanecer con la luz de los cirios, mientras velaban el cuerpo del difunto. Voces de mujeres cantaban en el semisueño de la noche: Salgan, salgan, salgan, ánimas de penas con voz de falsete. Y las campanas estuvieron doblando a muerto toda la noche, hasta el amanecer, hasta que fueron cortadas por el toque del alba".

Nombres	Atribuciones	Adverbios
— San Gabriel	— azules	— sobre
— niebla	— de colores	— otra vez
— cerros	— difunto	— todavía
— sol	— falsete	— después
— mancha	— muerto	— hasta el amanecer
— tierra		— hasta el amanecer
— pueblo		— mientras
— oscuridad		— hasta el amanecer
— noche		— toda la noche
— luces		— hasta que
— luto		
— don Justo		
— dueño		
— luz		
— perros		
— vidrios		
— iglesia		

Nombres	Atribuciones	Adverbios
— luz		
— cirios		
— cuerpo		
— voces		
— mujeres		
— semisueño		
-- noche		
— ánimas de penas		
— voz		
-- campanas		
— toque de alba		

De las atribuciones, dos son asociativas *(difunto* y *muerto),* una apreciativa, *de falsete* y dos sensoriales visuales. Los elementos naturales protagonísticos (por su carácter relevante en el enunciado) del primer fragmento se reiteran aquí, aunque desplazados por la importancia humana del acontecer. Tienen el mismo significado isótopo: día/noche, opuesto entre sí, aquí: niebla vs sol, oscuridad vs luz. Los cerros (antes) *todavía* están en *sombras;* en los cerros (después) *todavía* brilla *el sol; la niebla* se *levanta* (antes) y *está bajando* (después) *otra vez.* Aquí, el adverbio *otra vez* señala la reiteración del fenómeno natural en el lapsus cronológico del relato, en el tiempo del enunciado narrativo. Antes, se levantó el telón, ahora *(otra vez)* se baja.

Si en el fragmento introductivo predominaban los elementos del campo semántico natural, en el conclusivo predominan los del campo humano/comunal. De los treinta y tres términos nominales, aquí ocho son del campo natural (podríamos integrar *amanecer,* reiterado tres veces, que hemos apartado como adverbio, y la proporción queda compensada si consideramos que *noche* se reitera, igualmente, tres veces), y veinticinco del campo humano. Los elementos naturales son recurrentes en ambos fragmentos. De los humanos comunales la mitad tienen como referente la muerte y los actos de la antropología religiosa que la acompaña. Y hay un término, humano-comunal, reiterado, que es una imagen acústica, *el toque del alba,* que funciona en el primer fragmento como *la llamada* al despertar de la historia, y, en el segundo, como *cierre* de la historia. Y está, reiterada igualmente, en uno y otro fragmentos, *la mancha,* pero vamos a extrapolar, antes, las formas verbales de este fragmento.

Verbos

— estaba _____ bajando
— brillaba
— cubría
— vino
— (no) se encendieron
— era
— aullaron
— estuvieron _____ encendidos
— velaban
— cantaban
— "salgan, salgan, salgan" (presente coloquial)
— estuvieron _____ doblando
— fueron _____ cortadas

La tercera frase de este último fragmento reintroduce *la mancha:*

Una mancha de tierra cubría el pueblo

(recordemos en
el inicial:
    "Entonces una mancha como de tierra envolvió el pueblo"...)

Han variado las formas verbales y se ha prescindido de los adverbios (ya no es pertinente su función de modificar una circunstancia), *entonces,* que situaba en el tiempo la irrupción de la mancha, y *como,* expresando la inlocalización, la inseguridad metafórica, "como de tierra". En el fragmento conclusivo la mancha, sin duda alguna, es de tierra, y la mancha está ahí, *cubría*, dice; del pretérito puntual, surgiente *(envolvió)*, de la acción, al imperfecto (sinónimo) *cubría*, que expresa una visión panorámica y de coexistencia, apreciada en perspectiva y con carácter de duración indefinida.

De los tiempos verbales, vemos que se ha prescindido totalmente del tiempo de presente, y la acción se expresa en pretérito e imperfecto; uno y otro, combinados, son los tiempos propios de la narración. El perfecto como tiempo de acción pasada, evocada por la memoria, y, en las perífrasis con gerundio, acentuando el valor durativo, *estuvieron doblando*. El imperfecto, en su estricto sentido, de visión panorámica, duradera y reiterada *(estaba bajando otra vez)*, o en ese núcleo e expresión durativa y de coexistencia, *mientras velaban el cuerpo del difunto*.

Un mismo panorama natural, el pueblo, en el amanecer del crimen y en el atardecer que le sigue, presentado por los fragmentos, cambia cualitativa y lingüísticamente. De escenario del sueño pacífico y remolón, escoltado por el alumbrado eléctrico, a la oscuridad del pueblo en vela —en el velorio—, alumbrado sólo por la luz de los cirios de la iglesia, y sacudido por el doblar de las campanas. En el aspecto lingüístico, se ha pasado de *la actualización*, de "la puesta en marcha", de una realidad, con un presente activo, a *la temporalización duradera*, expresada por el pretérito. El tiempo se ha estabilizado, de ser anécdota[3], el texto *es ya* narración.

La historia

Ahora nos queda por desvelar el sentido del núcleo enigmático, la referencia a *la mancha*, que surge en el primer fragmento del relato y sigue allí en el fragmento final, integrado casi a los elementos naturales cosmológicos cotidianos: el cielo, el sol, la niebla...

---

(3) En el sentido etimológico, *anékdota*, inédito.

La mancha es (como símbolo de impureza o como experiencia de culpa) la mancha de un crimen, casi de un doble crimen, o crimen recíproco, pues es la imagen recíproca del hecho delictivo que ocurre en el pueblo entre el amanecer y el atardecer consecutivos: el enfrentamiento entre el vaquero Esteban y su patrón, don Justo Brambila, en que los dos se agreden a muerte, cegados por la ira. El uno, el patrón, resulta muerto; el otro, Esteban, gravemente herido, es encarcelado.

En esta historia faltan elementos estructurantes —o son débiles— que desencadenen la acción. Más que la historia de un crimen, es la historia de un accidente. En el nivel del funcionamiento interno del relato, no hay una causa precisa de desequilibrio que obligue a promover un cambio de situación. (En el nivel connotativo, el receptor puede interpretar que existe *desequilibrio* entre las vidas de los dos personajes, vinculados por relaciones laborales: el uno, el viejo, trabajando hasta el agotamiento, regresa con el ganado de madrugada para ordeñarlo y limpiar las cuadras, apenas come. Entre tanto el patrón se levanta, ya amanecido el día, ha pasado la noche con su sobrina, y ni siquiera se molesta en abrirle la puerta del corral al viejo Esteban. Hay desequilibrio, sí, pero lo percibimos en un nivel extraliterario, los personajes no lo interpretan así. Esteban no vive conscientemente su situación de *explotado*). El personaje Esteban resulta ser el asesino, pero las cosas pudieron haber ocurrido inversamente; Esteban no tenía intención de matar, ni lo hace con plena conciencia. Su gesto es un desahogo físico. La historia es una historia simple de *implicación,* de *causalidad inmediata,* en la que no interviene ni la evolución psicológica de los personajes ni el deseo de transformación de las situaciones. Esteban vive en la inercia de su situación de explotado. La acción se desencadena así:

— Esteban da patadas al becerro
— don Justo golpea e insulta a Esteban
— Esteban agrede mortalmente a don Justo
— la justicia encarcela a Esteban

$$\text{mala acción} \rightarrow \text{castigo} \rightarrow \text{mala acción} \rightarrow \text{castigo}$$

Las secuencias se combinan pro encadenamiento (1-2), y encadenadas se presentan en el texto las referencias a los dos personajes y sus actuaciones, así como los retazos monologados en alternancia con los objetivados. "El personaje con sus calificaciones, el ambiente y el espacio en que se sitúa, predetermina o limita las posibilidades de articulación sintáctica literaria", dice Carmen Bobes[4], y propone que para establecer la sintaxis de la obra se tenga en cuenta tanto la articulación de funciones como la articulación de personajes.

Vamos a extrapolar y sintetizar los rasgos caracterizadores que, desde la enunciación, y por las apreciaciones del enunciado, nos informan de *los personajes:*

Esteban

- viejo (reiterado seis veces)
- vaquero de don Justo
- boca sin dientes
- piadoso (se baja de la vaca y se arrodilla al toque del alba)
- supersticioso (le asusta el graznido de la lechuza)
- conversa con las vacas; las trata como personas
- ordeña las vacas
- dirige su alocución a un becerro
- da patadas en la cabeza al becerro
- es agredido a puntapiés por el amo (que lo ve acogotar al becerro)
- es insultado gravemente por el amo
- (dicen que) mató a don Justo de una pedrada
- apenas tiene tiempo de comer
- se pasa la vida arreando el ganado
- quedó sin sentido en la pelea
- no recuerda haber matado al patrón
- tiene la memoria engañosa
- está acabado físicamente

---

(4) María del Carmen Bobes, *Comentario de textos literarios*, ya cit., pág. 179.

— patrón de Esteban
— es superior
— relación sexual con la sobrina
— quisiera casarse con su sobrina
— teme la excomunión por incesto
— guarda en secreto la relación con la sobrina
— agrede al viejo Esteban cuando lo ve golpeando al becerro
— lo tira al suelo, le da puntapiés y lo insulta
— es agredido mortalmente por Esteban
— tenía muy mal genio
— todo le parecía mal
— pudo morir del propio coraje
— es el dueño de la luz

Por los informes que nos ha dado el texto en las secciones objetivas, por los indicios que deducimos de los monólogos de los personajes y por los rasgos que han ido precisando los retratos respectivos y la relación de los personajes, sabemos que Esteban es un pobre hombre, viejo —o avejentado—, embrutecido por el trabajo y el trato continuo con los animales, que considera al ganado como si fuera humano, pero, a la vez, lo agrede brutalmente ("le da patadas al becerro y le hubiera roto el hocico"). De don Justo deducimos que es un hombre rico, el cacique del pueblo (es el dueño de la luz), de edad no avanzada (no se precisa, pero su relación sexual con la sobrina es síntoma de vigor), que tiene mal genio o es intemperante en su trato con el vaquero.

Los dos personajes, con sus respectivos estatutos, estados y características, viven en un ámbito social en donde las relaciones recíprocas están establecidas, jerarquizadas, sin asomo de perspectiva de cambio. El personaje Esteban, en situación de inferioridad o deficiencia, ni por la imaginación se le pasa provocar la acción de un cambio, ni tendría ayuda, ni, tampoco, un agente exterior que le inspirase o le sugiriera intentarlo. Surge *accidentalmente,* como un desahogo, el enfrentamiento. Por las características físicas, el ascendiente moral y jerárquico, parece que hubiera de vencer don Justo. No es así, pero el resultado, favorable al más desvalido, no tiene mayor significación, en el nivel de la estructura interna, que la casual. Y sí, acaso, una significación segunda, en el nivel de la enunciación: de haber sido el viejo y atolondrado Esteban el perdedor, el relato no habría sido tal, lo sucedido se hubiera integrado en el anonimato de la cotidianidad.

Las secuencias de la acción son simples, a una modificación casual, sucede una desmodificación; la relación es —insistimos— de causalidad inmediata. Hay dos indicios, el graznido de la lechuza, que parece ser signo de mal agüero, y la mancha de tierra, como una alerta (en el nivel léxico estilístico), que parece anunciar un borrón en la convivencia, o involucrar la madrugada idílica en una premonición nefasta.

La mancha "como de tierra" provenía —ahora lo sabemos— de la recua de ganado que cada madrugada se reintegra al pueblo para la ordeña. Pero esa mancha, que subsiste en el último fragmento, como integrada a los elementos cósmicos (del mismo origen real, sin duda; en este fragmento será la partida del ganado hacia los potreros del pasto), está *substanciada ya* del proceso del crimen, acontecido en el lapsus de tiempo del enunciado. La mancha, en efecto, es ese borrón de sangre que involucra al pueblo.

Del análisis de *En la madrugada* deducimos que la historia no es relevante, lo relevante es la significación de interferencia de la historia en la vida, haciéndola Historia. Lo cotidiano, lo que acontece todos los días, puede convertirse en suceso, en hecho público, en historia, y permanecer en el tiempo. Así, tanto en el sistema lingüístico (ese tiempo presente del fragmento introductorio que se estabiliza indefinidamente en el fragmento conclusivo) como en el literario, la significación es paralela: el drama, la tragedia, aguarda latente en los gestos más cotidianos; una chispa puede desencadenar el incendio. Si se desencadena, lo que ocurre es narrable, narración, Historia. Ni más ni menos: *lo que nos* pasa es *lo que* pasa, o, lo inverso, como dice Todorov, también es cierto: "combinar un nombre y un verbo es dar el primer paso hacia la narración"[5].

(5) T. Todorov, *Literatura y significación*, Barna., Planeta, 1971, pág. 172.

7. TALPA

Talpa es el nombre de un lugar de la geografía religiosa mexicana, y el relato es la historia de la peregrinación —y muerte— de un enfermo al santuario de Talpa. La mujer y su hermano, al acompañarlo, más que ayudarlo lo empujan a la muerte. El enfermo, cuando se da cuenta de lo arriesgado de su intento (desestimó la larga distancia y desestimó sus escasas fuerzas), quiere volverse atrás. Los acompañantes, cómplices de adulterio incestuoso, no lo dejan regresar, lo empujan al agotamiento y a la muerte con la añagaza del milagro.

Tanilo, el enfermo, muere en el santuario y los dos cómplices lo entierran en Talpa. A partir de su muerte, se distancian entre sí, se temen. La mujer llora en brazos de su madre al regreso. Y el regreso resulta ser un "no llegar" al destino, pues en el espacio del regreso está el remordimiento más presente y el recuerdo de la víctima más cercano.

Es un crimen sosterrado. No son los ejecutores del acto físico de matar; su crimen es de omisión (lo llevan en peregrinación a pesar de saber que no resistiría y no quieren regresar a mitad de camino) y de deseo: ambos desean la muerte del enfermo. El deseo de la muerte es concomitante del deseo sexual. Obtenida la muerte del esposo burlado, el deseo sexual se apaga.

Análisis de la narración

Hay en este relato, igual que en *¡Díles que no me maten!*, un párrafo que contiene una secuencia mínima del resumen de la historia:

"Porque la cosa es que a Tanilo Santos entre Natalia y yo lo matamos. Lo llevamos a Talpa para que se muriera. Y se murió. Sabíamos que no aguantaría tanto camino; pero así y todo, lo llevamos empujándolo entre los dos, pensando acabar con él para siempre. Eso hicimos".

Ahora bien, el relato está narrado en forma de monólogo y dividido —con dobles espacios— en cinco secciones. La primera y la última son enunciados correlacionados, a modo de pórtico y colofón, frecuente en la sintaxis distribucional de Rulfo, que, a diferencia de los de *Díles...*, no se presentan como dos enunciados invertidos ni en relación de transformación sino, al contrario, como repetitivos; su función —no cardinal en el relato— es de abundamiento, de reiteración acumulada, que remite a una situación, no a una actividad, y la situación es de inalterabilidad. Su valor sémico, acentuado por las funciones sintácticas de apertura y cierre de la narración, es de reflejar la pesadumbre inalterable de ánimo que ha seguido a la mala acción y que se contempla como inmodificable.

La presencia del remordimiento es, así, envolvente en el relato, y se reitera en las demás secciones, no como función catártica sino de fracaso radical. La segunda sección es, igualmente, un resumen —aunque más amplio— de la historia, desde el plano de las intenciones; la tercera sección es la historia del recorrido de la peregrinación, desde el plano de los hechos, y la cuarta la culminación de la peregrinación y de la historia con la expiración y muerte de Tanilo, el enfermo, en visión escénica.

Hay, pues, tres versiones de la historia implicadas. La de las intenciones, la de los hechos y la de los resultados. Que, además, se interfieren como consecuencia —sintáctica— de estar *pensadas* desde el futuro de las intenciones y de los hechos (*) y desde el presente agonista de los resultados. Este desplazamiento del tiempo novelesco[1], que antepone resultados a proyectos, o que coteja presente y pasado, se identifica con el remordimiento, que es el hilo y motivación de la narración, o mejor dicho, su pretexto narrativo, como monólogo confesional que es. El narrador es uno de los sujetos protagonistas del enunciado.

De las cinco secciones narrativas y de las tres versiones implicadas, la historia, resumida, se puede estructurar en dos grandes secuencias:

1.ª
secuencia
$\left\{\begin{array}{l}\text{— función inicial que abre proceso: peregrinación} \\ \text{— función que se realiza: emperoramiento} \\ \text{— función que cierra proceso: muerte}\end{array}\right.$

(La primera función, que abre el proceso tiene dos posibilidades de realización: la curación milagrosa o el empeoramiento).

2.ª
secuencia
$\left\{\begin{array}{l}\text{— función que abre el proceso: entierro marido:} \\ \text{\quad esperada liberación} \\ \text{— función que se realiza: remordimiento} \\ \text{— función que cierra el proceso: desamor, ene-} \\ \text{\quad mistad}\end{array}\right.$

(La función que habre el proceso de esta segunda secuencia tiene dos posibilidades: relación sexual liberada o relación sexual condicionada. Se actualiza una nueva posibilidad: ruptura relación.)

Estas dos secuencias pueden, a su vez, ser integradas en dos ejes de lectura: horizontal, sintagmática los hechos, y vertical, paradigmática, las intenciones, con un resultado, el castigo.

(*) El tiempo "factual" narrativo dura desde mediados de febrero a finales de marzo.

(1) Lo que en el plano lingüístico se conoce como *distaxia* y que en el plano psicológico es el reflejo de la discontinuidad del pensamiento.

Vamos a desglosar los distintos aspectos de la narración para ver dónde se encuentran los nudos del relato.

Historia de *las intenciones:*

La idea de la peregrinación parte de la víctima ↓	"La idea de ir a Talpa salió de mi hermano Tanilo. A él se le ocurrió primero que a nadie".
Pretexto a la intención de los victimarios ↓	"De eso nos agarramos Natalia y yo para llevarlo.
Acuerdo, relación íntima, pacto amantes ↓	"Yo ya sabía desde antes lo que había dentro de Natalia. Conocí algo de ella. Sabía... Ya conocía yo eso. Habíamos estado juntos muchas veces; pero siempre la sombra de Tanilo nos separaba".
Manifestación clara de las intenciones ↓	"Lo que queríamos era que se muriera. No está por demás decir que eso era lo que queríamos desde antes de salir de Zenzontla y en cada una de esas noches que pasamos en el camino de Talpa".
Posibilidad de rectificación negada ↓	"Lo malo está en que Natalia y yo lo llevamos a empujones, cuando él ya no quería seguir, cuando sintió que era inútil seguir y nos pidió que lo regresáramos".
Nueva oposición al desistimiento del enfermo ↓	"... ya no quería seguir (...) Pero Natalia y yo no quisimos. Había algo dentro de nosotros que no nos dejaba sentir ninguna lástima por ningún Tanilo".

Los hechos:

La enfermedad de Tanilo	"Desde que amaneció con unas ampollas moradas repartidas en los brazos y las piernas".
Sugestión de curación (pacto latente: enfermo y divinidad)	"Quería ir a ver a la Virgen de Talpa para que Ella con su mirada le curara sus llagas".
Puesta en práctica: peregrinación	"Tardamos veinte días en encontrar el camino real de Talpa..."
Relación adulterina incestuosa	"Así nos arrimábamos a la soledad del campo, fuera de los ojos de Tanilo. Y la soledad aquella nos empujaba uno al otro. A mí me ponía en brazos el cuerpo de Natalia..., la esposa de mi hermano".
Empeoramiento del enfermo	"Todo lo que se mortificó por el camino, y la sangre que perdió de más, y el coraje y todo, todas esas cosas juntas fueron las que lo mataron más pronto".
Falta (mal comportamiento) (engaño)	"A estirones lo levantábamos del suelo para que siguiera caminando. 'Está ya más cerca Talpa que Zenzontla'. Eso le decíamos".

Falta reiterada (recaída de Tanilo)	"Tanilo comenzó a ponerse más malo ... ya no quería seguir: 'Me quedaré aquí sentado un día o dos y luego me volveré a Zenzontla'. Pero Natalia y yo no quisimos. Queríamos llegar con él a Talpa, porque a esas alturas todavía le sobraba vida.
Llegada a Talpa	"Tanilo se puso a hacer penitencia. Entamos a Talpa cantando el Alabado".
Ultimo esfuerzo de Tanilo	"Y cuando menos acordamos lo vimos metido entre las danzas (...). Parecía todo enfurecido, como si estuviera sacudiendo el coraje que llevaba encima desde hacía tiempo o como si estuviera haciendo un último esfuerzo".
Entrada en el santuario, oración y muerte	"A horcajadas, entramos con él en la iglesia. Y Tanilo comenzó a rezar. Siguió rezando a gritos para oír que rezaba (...). Se había quedado quieto... Y cuando Natalia lo movió para que se levantara ya estaba muerto".

Los resultados:

Confesión de culpa y arrepentimiento	"Yo sé ahora que Natalia está arrepentida de lo que pasó. Y yo también lo estoy; pero eso no nos salvará del remordimiento ni nos dará ninguna paz".

Cambia la actitud amorosa	"Ahora que está muerto la cosa se ve de otro modo. Ahora Natalia llora por él, tal vez para que él vea, desde donde está, todo el gran remordimiento que lleva encima de su alma".
Olvido	"Y Natalia se olvidó de mí desde entonces".
Regreso fracasado	"Ahora estamos los dos en Zenzontla. Hemos vuelto sin él. Y yo siento como si no hubiéramos llegado a ninguna parte (...), porque aquí estamos muy cerca del remordimiento y del recuerdo de Tanilo".
Enemistad de los amantes	"Quizás hasta empecemos a tenernos miedo uno al otro".

En busca de la significación

Como en casi todos los relatos de Rulfo que venimos analizando, historia y discurso se engarzan de tal modo en la técnica del autor que parecen laberintos inextricables. En *Talpa*, las acciones van contrapunteadas por las intenciones, de tal manera que, una primera función: peregrinación, brota a la vez de una ilusión y de un (mal) deseo coincidentes; coincidentes en la puesta en práctica de la acción, pero opuestos en cuanto a la expectativa del resultado. El fracaso de la ilusión es el que daría el triunfo al (mal) deseo. La ilusión es explícita, el (mal) deseo es oculto, sabido sólo de los cómplices. Los cómplices aparentan ayudar y fortalecer la ilusión de la víctima, porque con ello trabajan para la realización de su deseo inconfesable.

En una situación a) la ilusión brota de la esperanza de curación de un enfermo. La única posibilidad de transformación de su situación es una proyección imaginaria: la fe religiosa en un milagro. En situación paralela, b), los amantes incestuosos buscan la liberación, la satisfacción sin trabas de su deseo sexual. La única posibilidad de transformación de la situación de los amantes es una transgresión: la muerte, deseada o propiciada del hermano y marido —respectivo— enfermo. Alimentando la ilusión de a), adelantarán la realización de b). En tanto que las expectativas de realización de a) son quiméricas, las de b) son reales.

La ilusión y el deseo inconfesable peregrinan juntos a Talpa. En el relato se da la representación de lo que es la fe religiosa para el pueblo mexicano, aunque a nosotros nos interesa *aquí* como manifestación de la proyección imaginaria de la posibilidad de mejora de una situación. La fe como única esperanza a una situación desahuciada.

En la representación rulfiana, las actitudes religiosas y las prácticas institucionalizadas de grandes núcleos populares, son las comunes a las colectividades de culturización católica hispánica. La oración del señor cura, desde el púlpito del santuario de Talpa, es estereotípica de este género de devociones y prácticas[2].

Ahora bien, en el relato se nos da, de un lado, la práctica del enfermo devoto, desde la fe o convicción de *que comunica* con un poder superior, la Virgen de Talpa, que podrá curarle sus llagas. Y, paralela, la actitud de los acompañantes *que explotan* la fe y la esperanza del enfermo, en procura de cansarlo, de mortificarlo y de desembarazarse de él antes. Su actitud es interesada, descreída e inmisericorde.

En este proceso de comunicación religiosa se siguen los gestos, palabras y ritos frecuentes y repetitivos de esta clase de devociones. Así, el personaje Tanilo, antes de llegar a Talpa, hace penitencia y, a su dolor, su enfermedad y sus llagas suma las molestias de una corona de espinas y la más dura aún de caminar de rodillas los últimos tramos del recorrido. Por tanto, se realizan las escenas tradicionales de esta práctica religiosa: penitencia, purificación,

---

(2) José Luis Piñuel, en un estudio sociológico muy interesante, ampliaría las perspectivas "intertextuales" de este análisis. Vid.: "Un análisis del contenido de devociones populares", en REIS, 3 (jul-set., 1978) págs. 135-174.

alabanza (cantan el Alabado), súplica, admiración, confianza. Veamos el texto de la oración:

"... desde nuestros corazones sale para Ella una súplica igual, envuelta en dolor. Muchas lamentaciones revueltas con esperanza. No se ensordece su ternura ni ante los lamentos ni las lágrimas, pues Ella sufre con nosotros. Ella sabe borrar esa mancha y deja que el corazón se haga blandito y puro para recibir su misericordia y su caridad. La Virgen nuestra, nuestra madre, que no quiere saber nada de nuestros pecados; que se echa la culpa de nuestros pecados; la que quisiera llevarnos en sus brazos para que no nos lastime la vida, está aquí junto a nosotros, aliviándonos el cansancio y las enfermedades del alma y de nuestro cuerpo ahuatado, herido y suplicante. Ella sabe que cada día nuestra fe es mejor porque está hecha de sacrificios".

El texto es un mensaje comunicativo, que puede emitirse individual o colectivamente, y que, aquí, en el relato, se hace desde el púlpito, conducido por el sacerdote. El emisor se pone ante el receptor y, a la vez que dice de sí y de su situación, contempla la actitud del receptor, la presupone, casi casi, la fuerza, ganándolo de antemano:

emisor (los devotos)　　　　　**receptor** (la Virgen de Talpa)

1)　muestra su jerarquía: igual *status* de dolor de los devotos.

2)　expone su actitud: lamentos, lágrimas, esperanza.

2)　realza la capacidad de compasión y recepción del receptor: copartícipe del sufrimiento.

emisor (los devotos)	**receptor** (la Virgen de Talpa)
3) se sabe pecador.	3) sabe que el receptor olvida pecados o asume culpas del emisor.
4) cansancio, enfermedad, cuerpo herido del emisor.	4) actitud maternal y balsámica del receptor.
5) sacrificios del emisor.	5) receptor testigo del sacrificio, que valora el grado óptimo de la fe del emisor.

A cada semema o rasgo distintivo del emisor corresponde siempre una actitud precisa, esperada y reconocida en el receptor (imaginario, pero *real* para el devoto). El mensaje, el texto de la oración, es, aquí, la etapa culminante de la prueba, de la que se espera surja el desenlace: el milagro. Este proceso de comunicación que es la plegaria misma, y que representa una de las escenas rituales de la práctica religiosa en que consiste la peregrinación, es una comunicación *interesada*[3]. Al igual que las etapas anteriores del viaje religioso, tiene como finalidad lograr la benevolencia y la intercesión de la Virgen de Talpa para que se realice la curación.

Paralela a esta actitud —interesada— de devoción y esperanza, tenemos la actitud —interesada, también— de los cómplices: "queriendo llegar los primeros hasta la Virgen, antes de que se le acabaran los milagros", que expresa una concepción materialista o mecanicista de lo sagrado, como si los milagros fuesen existencias que se agotan o los beneficiarios *numerus clausus* que se excluyen automáticamente. Cuando Tanilo empeora en el camino y quiere regresar, Natalia le inyecta una nueva dosis de esperanza: "Le decía que sólo la Virgen de Talpa lo curaría. Ella era la única que podía hacer que se aliviara para siempre. Ella nada más. Había

---

(3) Así lo ha visto J. L. Piñuel en su análisis estadístico.

otras muchas Vírgenes; pero sólo la de Talpa era la buena"[4]. Como si las distintas admoniciones o "espacializaciones" de la Virgen tuvieran un valor relativo. La penuria de los milagros, la relatividad del poder de la Virgen, la espacialización de la generosidad, etc., son escarnios a los atributos de la divinidad, y son expresiones de una deformación grotesca, esperpéntica, de esa fe, si no sacrílega, sí profanizada.

Estas expresiones de las condiciones de una fe esperpéntica, llevan en sí mismas, en su propia contradicción e incoherencia, la descreencia (al menos de los cómplices) y la ingenuidad del enfermo devoto. Pero no estamos seguros de que ni la descreencia ni la ingenuidad y su representación (los textos transcritos) sean conscientes y consecuentes en la conducta de los actantes, y sí parece, en cambio, que viven e interpretan *sinceramente la hipocresía,* pues no ejercitan la capacidad racionalizadora, ahogada en el autoengaño y el egoísmo. Líneas adelante, el otro cómplice, arrodillado ante la Virgen, la contempla como un símbolo viviente: "Ver a la Virgen allí, mero enfrente de nosotros dándonos su sonrisa, y ver por otro lado a Tanilo como si fuera un estorbo (ya ha muerto). Me dio tristeza".

Esta insistencia en el proceso de la enunciación en presentar la incoherencia y la contradicción, a través de las actitudes e interpretaciones de esta fe religiosa, no va dirigida a los propios sujetos del enunciado, puesto que no se percatan de ellas y nunca se plantean el problema ni racionalizan sus respuestas; es, por tanto, un signo del emisor hacia el receptor (lector) y tiene la clara significación de denuncia de la esclerosis, la superstición o el fanatismo en que ha ido degradándose la auténtica creencia.

En resumen, la historia se presenta como la progresión y avance de una línea recta y dos sinusoides —referidas a la misma recta— que convergen en un punto final. La recta es la línea de las acciones, y las otras, las de las intenciones. La línea de las

---

(4) "Las palabras de la mujer se convierten en un eco de enunciados ideales (el alivio absoluto, la divinidad bienhechora) que resultan desmitificados para el lector". Adam Gai, tesis citada, págs. 46-50.

acciones es progresiva, de Zenzontla a Talpa: peregrinación, empeoramiento, muerte. Las de las intenciones corresponden a las

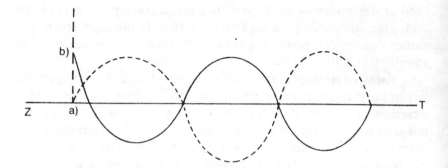

expectativas de los actantes y tienen su base lógica (funcional) en dos pactos: el de a), el pacto imaginario del enfermo con el poder sobrenatural, y el de b), el pacto de los amantes. El resultado que se produce en este punto final de convergencia es que las acciones se realizan según la lógica narrativa y causal, y las intenciones se transforman: a) fracasa, pero, además se transforma, pues no es fracaso simple, la no curación, sino que se vuelve fracaso absoluto, *la muerte.* Y b) se transforma igualmente, de relación obstaculizada, a *separación*[5].

En la historia y su conclusión podemos leer, asimismo, la implicación de las transformaciones: la tranformación del pacto a) es la causa de la transformación del pacto b). Las intenciones, una real y otra imaginaria, se estructuran de tal modo que el fracaso de la imaginaria es la causa del fracaso de la real. Tanilo muere y el amor de los cómplices muere también. Hay, pues, una simetría negativa: a la enfermedad y desequilibrio físico que suponen la

---

(5) Las sinusoides expresan las expectativas del resultado. Con precisión matemática, en cualquier momento de la historia (Z—T), podría hallarse la expectativa real, sumando las ordenadas de ambas sinusoides en dicho punto (momento) del trayecto, teniendo en cuenta que las distancias son positivas por encima de la recta y negativas por debajo.

enfermedad y muerte de Tanilo, corresponde la enfermedad moral —el remordimiento— y la muerte del amor de los amantes.

El relato asume la historia y manifiesta en el plano del discurso (del discurso del sujeto de la enunciación) el remordimiento y el distanciamiento que han seguido a la historia. El discurso sería, si lo representáramos gráficamente, la misma figura, pero invertida: de Talpa (T) a Zenzontla (Z), y las sinuosoides representando los pensamientos y los sentimientos distanciados de los dos amantes que, al llegar, se separan (hasta el infinito, diríamos en términos matemáticos).

Aparte de la lectura significativa en el primer nivel: la mala acción lleva en sí misma el castigo (o el pecador en el pecado lleva la penitencia), tenemos, más ambiguo, un segundo nivel de lectura, por el cual se demuestra que las intenciones de los amantes, tan reales y realizables, han resultado ser tan quiméricas e irrealizables como la curación de la víctima. El sentido más profundo del relato parece decirnos: el amor es una ilusión, la unión de los amantes, una quimera: amamos solos. No nos hagamos ilusiones, nuestros deseos siempre están *en otra parte*.

8. EL LLANO EN LLAMAS

Es el más extenso de los relatos de Rulfo y es, también, el que da el título al conjunto, aunque no ocupa el primer lugar en la disposición de los mismos, sino que está situado a la mitad, equidistante entre *Macario* y *Anacleto Morones*. Es el único que lleva un epígrafe: "Ya mataron a la perra/ pero quedan los perritos.../ *(Corrido popular)*".

El relato es un texto que bien puede encuadrarse (dentro de la Historia de la Literatura) en la narrativa llamada de *la Revolución Mexicana*. Describe las guerrillas que asolaron la nación durante años, los rezagos de tropas irregulares que, concluida la Revolución armada, siguieron alzados, cometiendo atropellos y actos de bandidaje. Una desprestigiada retórica pseudorrevolucionaria es su única bandera.

La narración es un monólogo expositivo de uno de los protagonistas. El esquema general de la misma es el típico de esta etapa literaria en la novela mexicana contemporánea: la exposición realista de los desmanes a que se llegó en algunos momentos confusos de la posrevolución. Ecos de la degradación paulatina de las tropas de Demetrio Macías *(Los de abajo)*, o del bandidaje irreversible de las tropas villistas, que "retrata" L. Felipe Muñoz, en *Vámonos con Pancho Villa*, parecen resonar en las secciones narrativas de la exposición contenida de *el Pichón*, de Rulfo[1].

_____

(1) Para esto cfr. *Proceso narrativo de la Revolución Mexicana*, que puede ampliar la comprensión del tema, en ese movimiento de interacción de la novela y la historia.

El relato es un monólogo en perspectiva. La palabra va, desde un presente, en busca de un pasado irregular y desaforado. Es un monólogo "expositivo"; casi objetivado, o al menos, controlado, sin duda por esa distancia que va desde el *ayer alzado* al *hoy asentado*. Un hoy y una distancia imprecisas: "Yo salí de la cárcel hace tres años". "Ahora vive conmigo una de ellas", "aquella que ahora es mi mujer". Salió de la cárcel hace tres años, pero no sabemos cuántos estuvo dentro.

El relato está dividido —por dobles espacios— en nueve secciones. El esquema general, decíamos, es el característico de esta novelística, y, tratando de apurar aún más su carácter genérico, podríamos apuntar que es una síntesis —en un sentido muy lato— de esa novela pórtico de la Revolución Mexicana, *Los de abajo*[2]. La primera de las secciones, inicial del relato, es análoga al capítulo III de la Primera Parte de Azuela, que narra el enfrentamiento del grupo de Macías con las tropas federales. Los mismos insultos, los motes parecidos, la escaramuza, el "chicoteo" o el "pajueleo" de las balas en los talones, y la escapatoria, dejándose resbalar por la barranca para salvarse... Pero lo que en Azuela es el inicio de la aventura de un grupo de acosados, que se integrarán a la causa nacional, en *El llano en llamas* es sólo el inicio secuencial de las etapas, cada vez más degradadas, de un grupo de forajidos, capitaneados por un tal Pedro Zamora.

No obstante, hay en las dos obras paralelismos fundamentales: uno, ese interrogante esencial que plantean una y otra: "¿por qué?", que, en Azuela, formula explícitamente la mujer de Demetrio Macías: "¿Por qué pelean ya, Demetrio?

Demetrio, las cejas muy juntas, toma distraido una piedrecita y la arroja al fondo del cañón. Se mantiene pensativo viendo el desfiladero y dice:

—Mira esa piedra cómo ya no se para..."[3]

---

(2) Vid. mi edición de *Los de abajo*, de Mariano Azuela, Madrid, Cátedra, 1980.
(3) Esta semejanza la ha visto igualmente Violeta Peralta en *Rulfo y la soledad creadora*, pág. 20.

La respuesta y la pregunta son las mismas —implícitas— en los segmentos narrativos de Rulfo: la inercia de las acciones humanas, las reacciones en cadena.

El otro paralelismo que es preciso destacar —y sobre el que volveré más adelante— es la esperanza de futuro y de redención que configuran la mujer y el hijo. Pero en *El llano en llamas* falta la ecuanimidad de la figura de Demetrio Macías, y falta, asimismo, la presencia del demagogo Cervantes, que, a pesar de serlo, logra inyectar el ideal revolucionario en las mentes obtusas de los guerrilleros, consiguiendo —aunque sea por poco tiempo— transformar un motivo de rebelión personal en causa de redención colectiva. La novela de Azuela es una narración épica y Macías tiene carácter heroico; no es esto lo que ha pretendido Rulfo sino la presentación de series progresivas de bajorrelieves impresionistas, que configuran la aventura degradada de unos hombres que pretenden ser revolucionarios y son sólo bandidos.

En la narración, pues, los personajes, sus acciones, sus conductas, remiten a la literatura mexicana anterior, son personajes-tipos de la novelística de la Revolución. Sin embargo, en la actualidad en que Rulfo los toma no tienen la misma significación que tuvieron en la novela documental de la Revolución (de los años veinte al cuarenta). Son los signos de un nuevo significante; un significante segundo cuyo nuevo contenido —su sentido propio— debemos identificar. "El signo denota un hecho extralingüístico que pertenece a la actualidad del emisor, y puede referirse a un pasado, presente o futuro, pero siempre *desde* la actualidad del emisor y dirigido a un receptor situado en esa común actualidad"[4].

---

(4) Aquí ha podido producirse lo que Antonio Prieto explica de la comunicación literaria: la simbolización del signo por el receptor Rulfo, siendo el emisor la narrativa revolucionaria anterior. Antonio Prieto, *Análisis semiológico de sistemas literarios*, Madrid, Planeta, 1972, págs. 24-25.

Estructuración de las acciones

Vamos a seguir la sintaxis de los comportamientos revolucionarios a través de la historia del relato y del funcionamiento de las relaciones de los personajes entre sí y con el exterior.

Las nueve secciones narrativas podemos agruparlas en tres secuencias de *degradación progresiva* y una cuarta secuencia epilogal de *reintegración* o de *mejora,* de la que se apuntan indicios, pues esa mejora es una proyección —fuera del tiempo del relato— de la regeneración del protagonista por la presencia de la mujer.

Al principio de este análisis decíamos que el interrogante esencial que plantea es "el por qué" de la sangrienta lucha. De una manera implícita nos parece que la respuesta coincide con la de Azuela: la inercia de las acciones humanas. En este caso, la inercia de la degradación progresiva. No obstante, para estos hombres ha debido de haber también un motivo primero y ha de estar expreso en la obra. En efecto, es la única referencia del narrador a un tiempo anterior, *al principio de la rebelión y del alzamiento:*

"Como al principio, cuando nos habíamos levantado de la tierra como huizapoles maduros aventados por el viento, para llenar de terror todos los alrededores del Llano. Hubo un tiempo en que así fue".

Sólo que las causas de esa madurez y desparrame tampoco aparecen claras (lo cual denota que la causa primera o primordial del levantamiento no tiene significación en el relato: es en el encadenamiento degenerativo de las reacciones posteriores en donde podemos hallar el acceso al sentido). Y esa vaguedad del impulso primero es, igualmente, característica genérica en las interpretaciones literarias del movimiento revolucionario. Lo que sí es evidente es la mitificación en la mente del personaje de ese tiempo anterior: "hubo un tiempo", *in illo tempore.*

Si esas causas primeras que los llevan a alzarse quedan en nebulosa en la referencia mitificada, en cambio, las razones "ideológicas" del cabecilla, Pedro Zamora, asumidas por el personaje, son pragmáticas:

"...como nos dijo Pedro Zamora: 'Esta revolución la vamos a hacer con el dinero de los ricos. Ellos pagarán las armas y los gastos que cueste esta revolución que estamos haciendo. Y aunque no tenemos por ahorita ninguna bandera por que pelear, debemos apurarnos a amontonar dinero, para que cuando vengan las tropas del gobierno vean que somos poderosos'."

Esas series de "cuadros y escenas de la revolución"[5] que conforman el relato de Rulfo, podemos agruparlos en tres secuencias. La primera se corresponde con las tres primeras secciones narrativas, en las que se relata una escaramuza entre los guerrilleros y las tropas federales. Estas hacen bajas importantes al grupo de alzados. Acosados por la tropa, logran escaparse por la barranca, pero días adelante, son sorprendidos de nuevo y esta vez les causan graves pérdidas. Los que quedan huyen en pequeños grupos dispersos, sin intentar ya pelea. El narrador protagonista remata esta secuencia con la consideración discursiva de la situación (función de cierre de la secuencia), por cierto, contemplada desde la oposición: "Había vuelto la paz al llano".

Por tanto:

1.ª secuencia
{
— escaramuza
— huida, bajas importantes
—contraataque federal, matanza, dispersión
}

La segunda secuencia corresponde a las secciones narrativas cuarta y quinta, la quinta desdoblada en dos funciones sintácticas. Esta segunda secuencia es la segunda etapa de la historia: la

_____

(5) Así subtituló Azuela *Los de abajo*.

reanudación de las actividades guerrilleras como consecuencia del llamamiento a los grupos dispersos por Pedro Zamora, que los reune de nuevo bajo sus órdenes. Está claro el inicio de esta segunda etapa narrativa, pues, aparte de la derrota y dispersión en que concluye la primera, en el inicio de la segunda el personaje manifiesta la situación de evadidos en que vivían, aguardando sólo el paso del tiempo para que se olvidaran de ellos y poder reintegrarse al mundo. Estamos, pues, ante uno de los nudos del relato. Esta situación de "remontados" pacíficos podía haber acabado en una reintegración gradual al Llano, a la vida rural, o podría recrudecerse en bandidaje. La segunda opción configura la segunda secuencia de la historia:

2.ª secuencia
- reanudación bandidaje
- robo de ganado, saqueos, incendios, grandes perjuicios
- emboscadas a las tropas federales

Esta segunda secuencia, que parece acabar en "tablas", cuesta, no obstante, pérdidas importantes a los guerrilleros, lo que les obliga a desperdigarse, para atacar por distintos flancos a la vez, y a utilizar toda suerte de estratagemas. Al final de la secuencia, los soldados regulares que han caído en el engaño, atraviesan el Llano vacío, sin enemigo que pelear, y el protagonista, camuflado, los ve "como si se zambulleran en el agua honda y sin fondo que era aquella gran herradura del Llano".

La tercera secuencia corresponde a las secciones narrativas sexta, séptima y octava. En esta secuencia se acentúa la degradación de los procedimientos de los guerrilleros, ensañándose ahora, en un precipitado vértigo de brutalidad, no contra dotaciones del ejército sino contra seres inocentes.

En la primera fase de la secuencia, después de incendiar un rancho, "juegan a los toros" con ocho soldados indefensos que se quedaron rezagados del cuerpo del ejército. El juego es un ensañamiento de los instintos de maldad que manifiesta Pedro Zamora. En la segunda fase, el enunciado es valorativo de la fascinación que ejerce el cabecilla sobre los suyos. Se le unen gentes maleantes de otros lugares y algunos grupos de indios. Los indios, como esclavos, hacen los mandados del jefe y "se roban" las mejores muchachas de los poblados para que él las viole. La función violación está, pues en esta sección, en que predominan los informes, intensificando la función de degeneración. En la tercera sección, el descarrilamiento del tren de Sayula, culmen de la maldad, es también la precipitación del grupo en la descomposición final. La persecución a muerte por las tropas del gobierno después de la fechoría cuenta con la ayuda de los civiles que los aguardan para matarlos. Ni los indios de los montes los quieren; el gobierno ha dado armas a los indios y éstos les avisan de que se defenderán si tratan de anidar por sus pagos. Hay, como en las anteriores secuencias, una alusión a la tierra de abajo, al Llano, "en donde habíamos nacido y vivido y donde ahora nos estaban aguardando para matarnos". Los acosan por todas partes, no tienen a dónde ir ni dónde quedarse: *se nos fue acabando la tierra.* Por eso deciden separarse y que cada cual se las arregle como pueda.

3.ª secuencia
{
— degeneración progresiva
— provocación: descarrilamiento del tren
— reacción del Gobierno: derrota de la guerrilla
}

La cuarta secuencia, o colofón, es la más breve y es la que insinúa el proceso de rehabilitación del "bandido" protagonista. Antes de llegar a ella, vamos a ver cómo el protagonista ha valorado su actuación en los cinco años de guerrilla, pues aunque el relato está contado con la pacificada imparcialidad del "lejos" de la enunciación, la técnica realista impresionista deja huella en el discurso del narrador de *su* implicación íntima en los hechos que recuerda. En la primera secuencia parece lamentarse de la pérdida del carisma de terror del grupo:

"Ya nadie nos tenía miedo. Ya nadie corría gritando:
¡Allí vienen los de Zamora! ".

En la segunda secuencia, al reanudar las fechorías, ven de lejos las quemas de sus conpañeros, encuentran a los primeros de sus correligionarios arrastrando prisioneros heridos, atados a la reata, algunos pisoteados, y mucha gente detrás:

"Nos dio gusto. Daba gusto mirar aquella larga fila de hombres, cruzando el Llano otra vez, como en los tiempos buenos".

Más adelante dice:

"Se veía muy bonito ver caminar el fuego en los potreros; ver hecho una pura brasa casi todo el Llano"[6].

Cuando contraatacan los federales reconoce:

"Nosotros también les teníamos miedo".

En el recuerdo del descarrilamiento hay una valoración explícita del protagonista: considera que fue excesiva la provocación al gobierno, que decidió desde entonces perseguirlos a muerte, y da su interpretación hipotética:

"De no haber sucedido eso quizá..., la revuelta hubiera seguido por el buen camino".

Por otro lado, en la descripción del descarrilamiento, más que crueldad regocijada o ensañamiento, hay la ejecución de un hecho irracional cuyas consecuencias parecen ir más lejos de las expectativas. Es como "la bola", que acumula intenciones dispares e incoherentes y acaba arrastrándolo todo[7]. Los guerrilleros no pueden calibrar el alcance de sus previsiones (riegan de huesos un tramo largo de vía y abren los rieles en la curva): *Tantito antes no sabíamos bien a bien lo que iba a suceder.* Luego, ven pasar de cerca el tren, ven la gente "apeñuscada", oyen que algunos cantan. *Eran hombres y mujeres.* Las víctimas inocentes pasan tan

---

(6) A estemomento de la acción alude el título del relato.
(7) "La bola", *desorden, alboroto,* por ext., *motín,* fue el mote o la metáfora popular de la Revolución. Puede verse la interpretación que de su significado da Leopoldo Zea en la introducción a mi *Proceso narrativo...*

cercanas que, *hubiéramos podido hasta platicar con ellos*. El lector se pregunta: ¿hablar para qué? ¿para advertirlos del peligro y que se salvaran por pelos? ¿para embromarlos y vejarlos? *Pero las cosas eran de otro modo*, es el enigmático comentario del narrador espectador de la tragedia provocada.

Cuando la máquina descarrila, arrastrando la fila de vagones llenos de gente hacia la barranca, los malechores contemplan el espectáculo sobrecogidos:

"Después todo se quedó en silencio como si todos, hasta nosotros, nos hubiéramos muerto".

Se retiran de allí *acalambrados de miedo,* y, en efecto, aquello es ya para el grupo el principio del fin.

Por las expresiones del personaje parece como si ellos no hubieran calculado la magnitud ni las consecuencias de su fechoría. Las acciones son concebidas y ordenadas por el cabecilla, Pedro Zamora, y la culpabilidad del protagonista parece más de complicidad que de autoría. Una complicidad asentada en la sumisión ciega, en la fascinación que la capacidad mítica del jefe ejerce sobre ellos.

- Sí, él nos cuidaba
- Sentíamos aquellos ojos bien abiertos de él
- Con aquellos ojos que él tenía, como si los trajera siempre desvelados
- Nos contaba de uno en uno. Sabía cuántos éramos.
- Nos contaba a todos, de uno en uno, como quien está contando dinero
- Sus ojos estaban siempre alerta
- Lo seguíamos como si estuviéramos ciegos.

Monólogo "casi objetivado", decíamos en una primera aproximación y debemos rectificar: monólogo *comprometido* (los *buenos tiempos* y el *buen camino* eran los de la revuelta ascendente) y de ningún modo expiatorio; más que arrepentido parece estar convencido de que no podrá repetir "la buena vida".

La cuarta secuencia corresponde a la novena sección narrativa, la última del texto. Es el recuerdo de la salida de la cárcel (hace tres años, dice, tres años antes —por tanto— del presente del enunciado), apresado *el Pichón* por muchos delitos, aunque ha logrado ocultar su participación en la banda de Pedro Zamora. El narrador escenifica el encuentro con la mujer y el hijo. La mujer es una de las muchachas que él violó años antes y que lo aguarda a la salida de la prisión. De la mujer dice —en el presente del enunciado, es decir, tres años después del encuentro—: "quizá la mejor y la más buena de todas las mujeres que hay en el mundo". Y, más adelante: "la mujer, aquella que ahora es mi mujer" (entonces era *la*, artículo indefinido, ahora es *mi*, posesivo).

El encuentro con la mujer, el reconocimiento del hijo y el reconocimiento de sus faltas (agacha la cabeza cuando la mujer dice del hijo: *También a él le dicen el Pichón. Pero él no es ningún bandido ni ningún asesino. El es gente buena*), son las tres funciones que señalan el proceso regenerativo.

4.ª secuencia {
— salida de la cárcel
— encuentro con la mujer y el hijo
— recriminación de la mujer. Aceptación de la acusación.

La acusación de la mujer, trascendida en alabanza por la negación comparativa (él *no es* → él *no* es...) que concluye en afirmación (→ él *es),* es la suposición de un futuro enmendado.

La amoralidad del narrador y su fascinación por la etapa de bandidaje, hacen tambalearse un tanto la proyección de regeneración del personaje. Cuando conoce a su hijo se enorgullece: "igualito a mí y con algo de maldad en la mirada", que, relacionado con el lema que encabeza la narración: "Ya mataron a la perra/ pero quedan los perritos", parece querer establecer un paralelismo que remitiera al peligro futuro de repetición de la historia.

En busca de la significación

La significación de las tres primeras secuencias se reduce al proceso de degradación de la guerrilla y la vida irregular que culmina con la dispersión final. Por la cuarta sabemos que a esta dispersión han seguido otras fechorías y una etapa de cárcel. De la salida de la cárcel y el encuentro de la mujer se deduce el proceso de enmienda:

- guerrilla
- cárcel
- encuentro con la mujer

En la última secuencia es en donde se revela el proceso de transformación de la historia. Podemos transcribirla dando a los símbolos que vamos a usar[8] el contenido semántico siguiente:

X = *el Pichón,* revolucionario
Y = la mujer
A = decencia, regeneración
B = violación

Y los verbos:

a = reconvenir
b = cometer atropello
c = castigar

En un primer tiempo, X viola a Y: $X\text{-}A = YB$
la ecuación sería: $Xb + (YB)optX \Rightarrow YB + cX$

Por tanto, Y, violada, podría desear o ejecutar el castigo de X, pero el amor transforma la consecuencia —la ley— punitiva en un deseo de Y de regeneración de X.
Así será este 2.º tiempo: $(YcX)\ obl\ Y\text{-}\ cX + (XA)opt\ Y$

El tercer tiempo, sería ya el resultado final:

$$X\text{-}A + YB(XA)opt\ Y \Rightarrow Ya \Rightarrow \dfrac{XA}{Y\text{-}B}$$

_____

(8) Sigo a Todorov en *La gramática del Decamerón.*

Si consideramos que B, la violación, se limpia con el matrimonio.

Vamos a ver, comparativamente, esta peripecia final en que el arte de Rulfo parece retomar *el reflejo literario* (la metáfora sostenida) de los hechos revolucionarios y repentizar, en parecidas secuencias, la escena final de *Los de abajo:* el encuentro del revolucionario con la mujer y el hijo.

En Azuela:

La mujer de Demetrio Macías salió a encontrarlo por la vereda del camino, llevando de la mano al hijo.

"Demetrio (...) miró al niño que clavaba en él sus ojos con azoro. Y su corazón dio un vuelco cuando reparó en la reproducción de las mismas líneas de acero de su rostro y el brillo flamante de sus ojos.(...)
— ¡Es tu padre, hijo...! ¡Es tu padre...! "

En Rulfo:

La mujer de *el Pichón* estaba *allí afuerita* aguardando a que saliera de la cárcel. *Te he estado esperando desde hace mucho tiempo.*

Apunta luego a un muchacho largo, *con los ojos azorados:*

— ¡Quítate el sombrero, para que te vea tu padre!

El hijo de *el Pichón* se quitó el sombrero. *Era igualito a mí y con algo de maldad en la mirada.*

Ahora bien, Demetrio Macías *muere* porque su creador lo mitifica, al dejarlo "con los ojos cerrados para siempre, apuntando con el cañón de su fusil" (y acaso para preservarlo de degradaciones posteriores). en tanto que el *Pichón se salva.* Hubiera sido "muy probable" su muerte o su condenación, pero *se salva para intentar salvarlo,* para intentar su regeneración. ¿Los medios de este nuevo proceso de reintegración social? La mujer: sufrida, paciente, que, con el hijo al lado, preserva la continuidad y la cohesión familiar. Además, en este personaje femenino de Rulfo se da el sincretismo[9] : es el *archiactante* (sujeto y remitente), es la muchacha violada y la madre del hijo que reconviene al infractor.

La mujer es el medio para la enmienda. El hijo configura esa esperanza: es y *será* gente buena. El padre agacha la cabeza. La interpretación parece clara: tenemos que agachar la cabeza ante nuestros hijos; nos avergonzamos de nuestra biografía (Historia). Avergoncémonos de lo que fuimos, pero recordémoslo para que no se repita.

La rendición del protagonista no se realiza en la recordación en perspectiva del pasado; no es una recordación expiatoria (más bien es nostálgica), a modo de confesión dolorida, ya lo hemos señalado en su momento. La redención *se presume* a partir de la reconvención amorosa de la mujer y su actitud valiente, sufrida y confiada.

_____

(9) Es Camila y es la mujer de Demetrio en una pieza.

9. ¡DILES QUE NO ME MATEN!

Este relato es la historia de la sentencia y muerte de un asesino viejo.

Se inicia con un diálogo. El sentenciado acucia a su hijo, pidiéndole solicite clemencia para él. El hijo se niega en un principio, pero, a regañadientes, accede:

Veamos las secuencias y sus funciones:

Formulación	Expresión textual

Primera secuencia:

Petición del ajusticiado al hijo	"Díles que no me maten, Justino, anda, vete a decirles eso".
↓	
Negativa del hijo	"No puedo. Hay allí un sargento que no me quiere oír hablar de tí".
↓	
Insistencia reiterada (cuatro veces más) del padre	"Has que te oiga" "Anda otra vez. Solamente otra vez" "Anda, Justino. Diles que tengan tantita lástima de mí". "Y cuéntales lo viejo que estoy".

Aceptación forzada del hijo.	"Voy, pues. Pero si de perdida me fusilan a mí también, ¿quién cuidará de mi mujer y de los hijos?"

Segunda secuencia:

El ajusticiado recuerda la fechoría:

Juvencio Nava no logra que D. Lupe Terreros deje pastar a sus animales	"Don Lupe Terreros, el dueño de la Puerta de Piedra..., le negó el pasto para sus animales".
↓	
Agravamiento de la situación: sequía	"... cuando la sequía, en que vio cómo se le morían uno tras otro sus animales hostigados por el hambre".
Insistencia en la negativa	"su compadre don Lupe seguía negándole la yerba de sus potreros".
↓	
Juvencio comete infracción	"entonces fue cuando se puso a romper la cerca y arrear los animales flacos hasta las paraneras".
↓	
Disgusto de don Lupe	"Y eso no le había gustado a don Lupe, que mandó tapar otra vez la cerca".
↓	
Juvencio insiste en abrir la cerca	"De día se tapaba el agujero y de noche se volvía a abrir".
↓	
Amenaza de don Lupe	"Mira, Juvencio, otro animal más que metas al potrero y te lo mato".
↓	
Cumplimiento de amenaza de don Lupe	"Y me mató un novillo".

Cumplimiento amenaza de Juvencio	"Ahí se lo haiga si me los mata. ... tuvo que matar a don Lupe".
↓	
Castigo diferido: proceso de degradación	exhorto soborno al juez (diez vacas) embargo de la casa huida al monte trastierro abandono de su mujer

Tercera secuencia:

Es la del castigo cumplido treinta y cinco años despues.

Apresamiento	"Y ahora habían ido por él, cuando no esperaba ya a nadie, confiado en el olvido en que lo tenía la gente".
↓	
Juicio (ajuste de cuentas del hijo de don Lupe)	"Guadalupe Terreros era mi padre. Cuando crecí y lo busqué me dijeron que estaba muerto. (...) Luego supe que lo habían matado a machetazos, clavándole después una pica de buey en el estómago. (...) Lo que no se olvida es llegar a saber que el que hizo aquello está aún vivo".
↓	
Petición de clemencia de Juvencio	
↓	
Negativa del coronel (hijo de don Lupe)	
↓	
Nueva petición de clemencia	
↓	

El coronel ordena que
lo emborrachen antes de
fusilarlo

Colofón:

Justino, el hijo, recoge el cadáver del padre
le habla como si estuviera vivo.

Hacia la significación

En el relato hay una secuencia mínima que resume la anécdota[1]:

"Don Lupe Terreros, el dueño de la Puerta de Piedra, por más
señas su compadre. Al que él, Juvencio Nava, tuvo que matar
por eso; por ser el dueño de la Puerta de Piedra y que, siendo
también su compadre, le negó el pasto para sus animales".

Y que puede servir como estructura simple, alrededor de la cual los
desarrollos secundarios de la narración se presentan como reitera-
ciones y como inversiones. La repetición, nota característica de la
literatura oral y del mito, cumple una función: la de poner de.ma-
nifiesto la estructura mítica del relato. La inversión se corresponde
con la dimensión temporal. En este relato se produce una inversión de situaciones, que corresponde a un "antes" y un "después",
y que supone la inversión de los signos del contenido.

Por otro lado, en el relato se da la oposición entre el reino
animal vs. reino humano, y la confrontación entre dos términos,
la legalidad y la naturalidad (espontaneidad, necesidad), con la
aparición, asimismo, de un término complejo, el compadrazgo, que
representa la función de parentesco (espiritual) y que debería ser
mediador y resulta inoperante.

---

(1) Que viene a ser como la meta-narración, y que a modo de síntesis anuncia la
clave temática, pero no su articulación argumental.

Todo lo cual nos ha inducido —siguiendo la propuesta epistemológica de este estudio: la búsqueda y adopción del método de análisis más idóneo para cada texto— a interpretar *¡Díles que no me maten!* con el procedimiento de la descripción del mito que utiliza Lévi-Strauss[2], para tratar de hallar la mayor lisibilidad del contenido temático de la historia.

Además de los *contenidos tópicos* (el enunciado y el invertido), el relato contiene los *contenidos correlacionados* que "comportan una secuencia inicial y una secuencia final situadas sobre planos de 'realidad' mítica distintos del cuerpo mismo del relato"[3], y que obedecen también a una misma relación de transformación del padre ajusticiado con el hijo, acuciándolo a pedir clemencia para él; y la última secuencia, o "colofón", correlacionada e invertida: la plástica del hijo del ajusticiado al cadáver del padre. El padre, en la primera secuencia, desestimó el peligro que pudieran correr los nietos de quedarse huérfanos. El hijo, en la última secuencia, presupone que los nietos desconocerán al abuelo o creerán que le ha comido la cara un coyote (suposición de desestima).

"Las sociedades humanas dividen sus universos semánticos en dos dimensiones, Cultura y Naturaleza, la primera de las cuales está definida por los contenidos asumidos y adoptados y la segunda por los rechazados"[4]. Podemos ordenar la situación de los mundos oponentes del relato como los atributos de las dos dimensiones:

(2) Claude Lévi-Strauss, "La estructura de los mitos", capit. XI de *Antropología Estructural*, Buenos Aires, EUDEBA, 1968, págs. 186-210.

(3) Esto ocurre con el cuento ruso, con los mitos, con los relatos dramatizados, etc..., según ha visto Greimas, *En torno al sentido*, págs. 220-222.

(4) Greimas y Rastier y Lévi-Strauss, apud O. Hendricks, *Semiología del discurso literario*, págs. 195-196.

Estructuración mítica.

Juvencio	Don Lucas
Naturaleza	*Cultura*
animales hambrientos	Propiedad legal, dueño del pasto
pide pasto	niega pasto
derriba cerca	levanta cerca
(cuando mueren de hambre animales)	
invade pasto	mata un novillo
mata a don Lucas	exhorto judicial
huye al monte	cohecho y ruina por embargo
trastierro	regreso hijo don Lucas: apresamiento
implora vida (:muerte natural)	negación vida: fusilamiento

El diálogo final entre el ajusticiado y el coronel —que no llegan a verse, están a cierta distancia, separados por una pared de carrizos— nos da las *visiones desde dentro* de los personajes que representan los dos mundos. Antes, con don Lupe, Juvencio había alegado que los *animales son inocentes,* ahora, con el hijo, esgrime su debilidad y vejez, el *desgaste natural* de la avanzada edad, y busca justificar la solicitada clemencia en el desenlace fatal cercano, "no tardaré en morirme solito", es decir, apela a la *muerte natural.* De don Lucas no sabemos las razones, ni tampoco es necesario, la propiedad, la ley, la cerca, lo amparan. En cuanto al hijo, el coronel, aduce —treinta y cinco años más tarde— que, "aunque no lo conozco", no puede perdonar al asesino del padre, que siga viviendo, "alimentando su alma podrida con la ilusión de la vida eterna". Es decir, que viva y que su vida sea una *vida doblada* (con la ilusión del perdón y de la trascendencia). La "vida eterna" y el "castigo divino" también son acepciones de la dimensión *natural*[5].

---

(5) El orden sagrado está en el *origen,* es anterior a su institucionalización, "La filosofía, la historia y la política, entrelazadas o semientrelazadas, forman la Santísima Trinidad de los poderes homogeneizantes, reductores de aquello que difiere", Henri Lefebvre, *Manifiesto diferencialista*, México, Siglo veintiuno, 1972, pág. 79.

Los dos términos, Naturaleza y Cultura, disyuntivos, deben tener un mediador, puesto que el pensamiento mítico procede de la toma de conciencia de ciertas oposiciones y tiende a lograr una meditación. En efecto, el personaje a quien atribuimos la concepción "natural", lo dice: "siendo su compadre", es decir, alude a una posible mediación que no se realiza en el relato: al hecho de ser compadres, de tener entre sí una relación de parentesco espiritual, y que, no obstante, no impide el enfrentamiento. El compadrazgo se refiere a relaciones sociales entre vecinos. El término mediador generalizado entre los dos universos serían, pues, la Sociedad, que combina atributos de los términos en confrontación.

Así lo ha visto también O. Hendricks[6]:

"Naturaleza
  Cultura
  Humanidad
  Sociedad
Cultura

Este nuevo par de términos, Cultura-Sociedad, hace referencia a los modos de considerar cualquier civilización. 'La cultura depende de las relaciones que los miembros de cualquier civilización dada mantengan con el mundo externo. La sociedad, por otra parte, depende de las relaciones que mantienen los hombres entre sí".

En cuanto a Naturaleza y Cultura, la oposición sería, para Lévi-Strauss, en términos de elección: Naturaleza, lo arbitrario, lo individual, y Cultura, la organización, lo colectivo.

Vamos a ordenar en un diagrama el proceso dialéctico de nuestro razonamiento:

---

(6) O. Hendricks, ya cit., págs. 197-198.

Juvencio VIDA *NATURALEZA*		*Don Lucas* PERMANENCIA *CULTURA*
	SOCIEDAD	
Animales hambrientos petición de pasto		Propiedad campo de pasto, negación del pasto
	Compadrazgo (relación espiritual, posibilidad de mediación)	
derriba cerca invasión pasto		levanta nueva cerca mata novillo (abuso de derecho)
	Juvencio mata a don Lucas (delito social)	
evasión al monte		exhorto, persecución, soborno
trastierro		regreso hijo: apresamiento
implora vida (muerte natural)		negación vida: orden fusilamiento.
	sentencia cumplida: ejecución Juvencio (venganza filial)	

MUERTE	HISTORIA
(relaciones pro-hibidas, despre-ciadas)	(relaciones admitidas)

VENGANZA (no
prescripción adeu-
do) sobrevivencia
intransigente.

Si en Juvencio se da, indudablemente, el delito contumaz de transgresión de la ley y el delito social de un crimen *vecinal,* en don Lupe y sus representantes legales se da una respuesta *excesiva* a las solicitudes de Juvencio, el delincuente. En primer lugar, pide pasto, se le niega, siendo vecinos, compadres, etc.; en segundo lugar, invade pasto, se le podría corregir con una denuncia legal o "talionando" el débito, es decir, con una compensación equitativa al daño, pero se le mata un novillo, don Lupe abusa de su derecho de propiedad, castiga *excesivamente;* en tercer lugar, pasados los treinta y cinco años, el criminal es ya un hombre viejo, que ha pagado su falta día a día, viviendo con el miedo pegado a los talones, habiendo perdido mujer y hacienda, solicita clemencia, se humilla, podría contemplarse la posibilidad del perdón, la prescripción de su falta[7], y no es así, la sentencia se cumple, por la costumbre o la obligación social de la venganza, amparada —en este caso— en la objetividad de la justicia.

Hay en este esquema un dato sobre el que podemos aportar una ampliación extratextual, la que nos brinda el sentido de la muerte en el mexicano[8]. Para el mexicano —según todos los estudios de la psicología del mexicano— la vida es una cita con la

(7) Adam Gai, a propósito de este relato, comenta: "la naturalidad y conveniencia del castigo de un crimen, pasa a ser cuestionable", ob. cit., pág. 107.

(8) Véase el capítulo que dedico al tema de la muerte en *Proceso narrativo de la Revolución Mexicana,* págs. 357-363.

muerte. Y, en la muerte, en la actitud hacia la muerte, se define toda su vida. Por ello, resulta extraño el comportamiento del personaje Juvencio, asido fuertemente a la vida, implorando a todos por su vida, rebajándose, "rajándose", a la hora de morir. Es, asimismo, por su rareza en el contexto social, rasgo espontáneo, *no cultural.*

Octavio Paz, en *El laberinto de la soledad,* hace una cala ontológica del mexicano, y, de su sentido de la muerte, dice: "El mexicano la comtempla cara a cara, con impaciencia, desdén o ironía: 'si me han de matar mañana, que me maten de una vez'. (...) Nuestras canciones, refranes, fiestas y reflexiones populares manifiestan de una manera inequívoca que la muerte no nos asusta porque 'la vida nos ha curado de espantos'. Morir es natural y hasta deseable; cuanto más pronto, mejor. Nuestra indiferencia hacia la muerte es la otra cara de nuestra indiferencia hacia la vida. Matamos porque la vida, la nuestra y la ajena, carece de valor"[9]. Todo ello me confirma en mi opinión de que la reacción del personaje en este aspecto no es culturizada y resulta socialmente despreciable.

La fórmula que expresa la relación canónica, a que Lévi-Strauss reduce el modelo mítico, nos permite, igualmente, aplicada a la reducción secuencial de *¡Díles que no me maten!,* desentrañar el mensaje de ese mito individual que puede ser el relato:

$$Fx(a): Fy(b) \simeq Fx(b) : Fa_{-1}(y)$$

en la cual los términos a y b son los personajes (a = Juvencio; b = don Lucas), x e y, las funciones o papeles desempeñados por los personajes (x = lo natural, lo espontáneo; y = lo legal). Los dos primeros miembros representan la situación inicial en la creación del conflicto, el tercero, el punto en que cambia la situación y el cuarto el aspecto final de la situación. Lévi-Strauss postula que existe una relación de equivalencia entre dos situaciones, definidas respectivamente por una inversión de los "términos" y de las "relaciones", bajo dos condiciones: 1) que uno de los términos sea

---

(9) *El laberinto de la soledad,* México, F.C.E., 1970, pág. 9.

reemplazado por su contrario (a por a_{-1}); 2) que se produzca una inversión correlativa en el "valor de función" y el "valor de término" de los dos elementos ('y' y 'a').

si 'a' es la representación de Juvencio,
'a_{-1}', su contrario, será: muerte de Juvencio
$Fx(a)$ = función natural que asume Juvencio
$Fy(b)$ = función legal que asume don Lucas
$Fx(b)$ = lo natural (lo ilegal) entra en el dominio de don Lucas
$Fa_{-1}(y)$, = la función, 'condena de Juvencio' (lo antinatural) entra en lo legal (y).

Es decir, el solapamiento o inversión de situaciones que vemos en la fórmula: $Fx(a) : Fy(b) \simeq Fx(b) : Fa_{-1}(y)$, nos ha llevado a leer el mensaje: la legalidad asume la función muerte. La fórmula resulta ser *la explicación social* —de una contradicción natural— *de la legalidad de la pena de muerte*[10].

_____

(10) Greimas, *Semántica Estructural*, dice:... "la alternativa que plantea el relato es la elección entre la libertad del individuo (es decir, la ausencia de contrato) y la aceptación del contrato social. Sólo tras este complemento de análisis aparece la verdadera significación del cuento popular, que es, como el mito —Lévi-Strauss lo ha intuido y afirmado acertadamente—, un modo de presentar las contradicciones, las elecciones igualmente imposibles y contradictorias", pág. 321.

10. LUVINA

Los modos de la narración

Este relato es un diálogo monologado o un monólogo *destinado* o *dirigido* (a un "usted"). Un hombre monologa en una cantina con un interlocutor latente, sobre un lugar, Luvina, adonde se dirige el otro, ese interlocutor que no interviene verbalmente en el relato.

El narrador, distanciado, no se hace presente hasta el tercer párrafo, *acotando* la actitud del sujeto del enunciado, y desdoblando el discurso, que ahora lo recoge como sujeto primero de la enunciación[1] cuando se había pesentado como la enunciación de un sujeto protagonista hipostasiado al sujeto del enunciado.

El interlocutor es una instancia lingüística, un "usted", a la que se dirige el discurso del protagonista locutor, y es el pretexto para que el lenguaje asuma las funciones conativa: "pero, tómese su cerveza", "Tómesela", "Mire usted", "Míreme a mí", etc. y fática: "... usted me preguntó cuántos años estuve en Luvina, ¿verdad?", es, en fin, el individuo a quien se dirige la alocución del sujeto del enunciado. Sólo en breves fragmentos el narrador se hace cargo de la narración y ello para realizar dos funciones: una,

---

(1) "Voz del autor", la llama Roberto Echevarrren, en su interesante ensayo, "Contexto y puesta en escena de 'Luvina' de Juan Rulfo, "en Dispositio (LECTURAS) Vol. V-VI, núms. 15-16, pp. 155-177, Dept. of Romance Languages, University of Michigan.

la de tramoyista o escenarista del diálogo de cantina, y, otra, la de traspunte, dándole la palabra al sujeto del enunciado: "volvió a decir el hombre. Después añadió", "siguió diciendo", o bien, acotando sus gestos: "Bebió la cerveza hasta dejar sólo burbujas de espuma en la botella". O, ya al final del relato: "Pero no dijo nada".

Hay otra instancia lingüística, el nombre propio, Camilo —que es el del cantinero—, a quien se dirige la alocución del sujeto monologante. Las referencias a este personaje son sólo dos: " ¡Oye, Camilo, mándanos otras dos cervezas más!" y " ¡Oye, Camilo, mándanos ahora unos mezcales!", pero son representativas de la relación que establecen entre sí los planos sintáctico y semántico del lenguaje. En primer lugar, el nombre, Camilo, es un nombre propio, el nombre propio es siempre agente, aunque pueda ser sujeto u objeto, pero aquí sólo cumple una doble función sintáctica: proporciona, a intervalos, la pausa y la bebida, la función conativa, directa, ordenando una acción, y la fática: prolongar la conversación, interrumpiéndola brevemente, para que la atención no decaiga. Su significación semántica es importantísima y clara: la paulatina embriaguez del personaje, que connota un indicio de alcoholismo, consecuencia tal vez de la dramática anécdota biográfica.

En el texto de *Luvina* la elaboración artística y la significación son inmanentes e inextricabes[2]. Por ello, la descripción de las huellas que remiten al proceso de la enunciación nos parece necesaria. Del primer párrafo, un enunciado de descripción objetivo, impersonal, en tiempo de presente, que no nos da ningún indicio sobre el emisor, pasamos a un segundo párrafo iniciado con puntos suspensivos: "... Y la tierra es empinada", donde aparece ya un sujeto, un "yo", "yo lo único que ví", testigo monologante, que, a partir de los puntos suspensivos parece asumir el párrafo anterior, y que, frases adelante, se autorreferencia como un "uno", "uno oye". El pronombre indeterminado, con verbo en tercera

_____

(2) Los rasgos de estilo se encuentran en Rulfo tanto en el nivel sintáctico, como en el verbal, como en el semántico.

persona, suele aplicárselo a sí mismo la persona que habla, que enuncia, aludiéndose indirectamente. Por tanto, tenemos: de un párrafo impersonal, a un segundo párrafo que enlaza con el anterior por la señal de incompletez o suspensión que denotan los puntos suspensivos, y en el que ya sí hay un sujeto *que enuncia,* y que, líneas adelante parece *que habla* al autoaludirse con ese despersonalizado y genérico "uno", eminentemente oral.

De estos dos párrafos, llega la narración al tercero, éste iniciado ya abiertamente con el guión coloquial, y, además dirigiéndose la alocución a un sujeto nuevo, a un "usted", "Ya mirará usted", a un interlocutor.

A continuación, aparace el narrador, o sujeto narrativo primero, situado en perspectiva, ordenando el discurso —y el mundo— y utilizando la tercera persona y el tiempo en pasado o imperfecto[3] : "El hombre aquel que hablaba se quedó callado un rato, mirando hacia afuera". Esta presencia del sujeto de la enunciación ha hecho pensar a algunos críticos que el relato *Luvina* era el monólogo del protagonista dirigido al interlocutor narrador. Pero esta apreciación apresurada se desmiente textualmente en el párrafo siguiente en que el narrador, acotando el ambiente de la escena, "situado en otra parte o en ninguna parte", como dice Kristeva, pero ordenando ese cuadro de cantina del que se encuentra separado, dice: "Hasta ellos llegaban el sonido del río (...); el rumor del aire (...) y los gritos de los niños". Si él fuera copartícipe diría: "Hasta nosotros llegaban...". La "probabilidad" del interlocutor ha sido debatida y puesta en tela de juicio; se ha habla-

---

(3) Julia Kristeva, en el capítulo "El tiempo de la novela" desglosa la temporalidad de enunciado y de la enunciación: "La temporalidad narrativa aparece junto a un sujeto de la enunciación novelesca que hemos denominado trascendental, o meta-sujeto. (...) La constitución del meta-sujeto de la enunciación coincide pues con la constitución del pasado narrativo. Este sujeto parece permanecer apartado de su discurso (y de todo discurso) y someterlo y dominarlo, abrazar su totalidad de modo que él, el sujeto ocupe una posición *prospectiva* en la escena verbal, mientras el discurso (narración) se hunde y retrocede en perspectiva dando, así, la medida del tiempo. Situado de tal modo "antes" o "después", pero en todo caso EN OTRA PARTE o más bien en ninguna parte; fijado, sin embargo, en una posición invariable, el sujeto narrativo ordena su discurso como una proyección en perspectiva en un cuadro del que se encuentra separado". *El texto de la novela*, págs. 250-251.

do de un interlocutor "inventado" o pretextual. González Boixo, resume estas apreciaciones y añade su propia conclusión[4]: "Los críticos se han preguntado si tal interlocutor existe en realidad; pensamos que, con seguridad, se puede afirmar que no existe, que el personaje habla solo. (El narrador en tercera persona que sería quien pudiese testificar su presencia o ausencia, se autolimita en su información hablando sólo del narrador en primera persona, para mantener de este modo la tensión del cuento)". A mi modo de ver, el narrador en tercera persona "no habla sólo del narrador en primera persona", ya que en la frase que he citado más arriba se demuestra que ve o mira o apostilla la presencia de "otro": "Hasta ellos...". Es preciso contar con este interlocutor presente y callado.

El discurso narrativo en la secuencia siguiente reanuda el enunciado coloquial, en el que las únicas señas del sujeto primero de la enunciación son los guiones con referencias a la toma de la palabra por el sujeto del enunciado, o las apostillas por las que recuerda que es otro quien habla y con qué gestos y actitudes demora o prosigue el diálogo.

Hay, en *Luvina*, otros párrafos entrecomillados y sin el guión coloquial, y que se inician, asimismo, con puntos suspensivos. Parecen indicar que el diálogo se *ensimisma* y que deviene monólogo exterior.

Después de estos tanteos coloquiales y después de una nueva presencia del sujeto de la enunciación, insistiendo en mostrar el ambiente de la cantina y los gestos del personaje hablante, éste, el sujeto del enunciado, "recorta" del pasado un pedazo de historia y estructura, en un doble nivel de temporalidad novelesca, una subnarración, en la que él coincide como sujeto de la enunciación y del enunciado (es el recuerdo de los años vividos en Luvina). Aquí el relato adopta la modalidad narrativa de representación escénica y, *desde* ese diálogo unilateral de cantina del personaje,

---

(4) Luraschi y Veas Mercado han estudiado el tema del "soliloquio sin interlocutor", como característica expresiva frecuente en la narrativa de Rulfo. La explicación completa de González Boixo puede encontrarse en la página 173 de *Claves narrativas...*, ya cit. Lo mismo diche Echevarren: "La voz del autor no lo menciona".

pasamos a la "puesta en escena" de unas vivencias anteriores, para regresar, finalmente, al ruedo de la mesa.

Es decir, la enunciación se desdobla, el sujeto primero de la enunciación, hipostasiado al autor, ha dado la palabra a un personaje que, a su vez, sujeto-locutor, da la palabra a personajes traídos del recuerdo, y los hace hablar, los sitúa en un escenario, resume o pormenoriza la historia, asumiendo —como en el modelo mítico— el pasado de la historia y el presente del discurso[5], casi a punto de confundirlos, si no fuera por esa interpolación autorreferencial (de este sujeto segundo de la enunciación), a mitad de la representación: "Usted ha de pensar que le estoy dando vueltas a una misma idea", y que lo trae al presente del "coloquio sin respuesta" —o de la enunciación primera— de la cantina. Así pues, este sujeto del enunciado, que asumía el presente del discurso del relato, ha pasado a asumir conjuntamente el pasado histórico, desplazando y sustituyendo al sujeto primero de la enunciación. Su palabra controla la sintaxis y la semántica y en ella se encuentra la cristalización del sentido que se trata de expresar. El presente de la narración, la escena de cantina y los tanteos coloquiales, realizan las funciones conativa y fática del lenguaje, para dirigirse al receptor (hipostasiado, nos atreveríamos a decir, a ese interlocutor tácito, al "usted"), para mantener su atención e interés, como confidencia entrecortada que quiere ser, y para hacer avanzar —sintácticamente— el relato. El valor sémico, a nuestro entender es unívoco e indicial[6]: el personaje pide bebida tres veces, toma la de su interlocutor (que ni habla ni bebe, parece), pasa de la floja cerveza al fuerte mezcal, y al final se queda dormido sobre la mesa. El dato debe interpretarlo el lector como signo de embriaguez paulatina y como síntoma de degradación moral del individuo. Tienen,

---

(5) "El procedimiento descrito simula la disfunción temporal, merced a lo cual la secuencia intercalar pasa por ser una evasión hacia el exterior del tiempo del relato. De hecho, ésta introduce, en el programa discursivo único, una nueva dimensión, un tiempo interior segundo. Mientras que en el nivel del *parecer*, constituye una proyección del presente en el pasado, en el nivel del *ser* es una presentación del pasado", Greimas, J. A., *La semiótica del texto*, Barcelona, Paidós, 1983, pág. 59.

(6) Vid. para el análisis de funciones narrativas mínimas y correlaciones, C. Bobes, *Comentario de textos literarios*, págs. 36-41

por tanto, estos datos, eminentemente sintácticos y de información directa, una función epilogal o carácter de moraleja, que se
proyecta como valor paradigmático.

Ahora, vamos a analizar la historia nuclear del discurso, la
contiene el sentido de la trama.

Un hombre joven, maestro, con mujer y tres hijos, es destinado a San Juan Luvina. Va con fuerzas y con ideas y quiere plas-
mar esas ideas en el pueblo a que lo destinan. Fracasa. El relato es
la historia de este fracaso, contada —escénicamente— años más
tarde a un interlocutor que está en idéntica situación a la anterior
del protagonista: es maestro y acaba de ser destinado a Luvina.
La reiteración de una situación (sintaxis cíclica, que venimos per-
cibiendo en casi todos los relatos) tiene la función desencadenante
de suscitar la recordación de la historia.

Llegada del maestro a Luvina	"Cuando llegué la primera vez a Luvina, el arriero que nos llevó no quiso dejar descansar las bestias. 'Aquí se fregarían más'. Y se fue... como si se alejara de algún lugar endemoniado. Nosotros, mi mujer y mis tres hijos, nos quedamos allí parados en mitad de la plaza, con todos nuestros ajuares en los brazos".
Intento de instalarse	"Bueno, si no te importa, ve a buscar de comer y donde pasar la noche" (pide a su mujer). Ella no regresó. Al atardecer... fuimos a buscarla (...) la encontramos metida en la iglesia."

Primera dificultad	"No hay ninguna fonda. No hay ningún mesón. Me dijeron que en este pueblo no había de comer. Entré aquí a rezar, a pedirle a Dios por nosotros. Aquella noche nos acomodamos para dormir en un rincón de la iglesia".
Obstáculo posterior: enfermedad	"usted me preguntó cuántos años estuve en Luvina... La verdad es que no lo sé. Perdí la noción del tiempo desde que las fiebres me lo enrevesaron; pero debió haber sido una eternidad".
El maestro trata de cambiar la situación del pueblo	Un día traté de convencerlos de que se fueran a otro lugar. '¡Vámonos de aquí!' No faltará modo de acomodarnos en alguna parte. El Gobierno nos ayudará".
Proposición rechazada (argumento 1.º)	"¿Dices que el Gobierno nos ayudará, profesor? ¿Tú conoces al Gobierno? (...) También nosotros lo conocemos. Da esa casualidad. De lo que no sabemos nada es de la madre del Gobierno".
Rechazo propuesta de cambio (2.º argumento)	"Tú nos quieres decir que dejemos Luvina porque, según tú, ya estuvo bueno de aguantar hambres. Pero si nosotros nos vamos, ¿quién se llevará nuestros muertos? Ellos viven aquí y no podemos dejarlos solos".

Nueva tentativa del maestro	"¿No oyen ese viento? —les acabé por decir—. El acabará con ustedes".
↓	
Renuente rechazo por parte de los habitantes	"Dura lo que debe durar. Es el mandato de Dios —me contestaron—. Malo cuando deja de hacer aire. Cuando eso sucede, el sol se arrima mucho a Luvina y nos chupa la sangre y la poca agua que tenemos en el pellejo. Así es mejor".
↓	
No vuelve a decir nada	
↓	
Sale de Luvina fracasado y enfermo	"Hice el experimento y se deshizo. Aquello es el purgatorio (...) no se oye sino el silencio que hay en todas las soledades. Y eso acaba con uno".
↓	
Acabado	"Míreme a mí. Conmigo acabó".

A la vez, podríamos formalizar otra secuencia paralela e implicada a la anterior: la de la "historia" del discurso, cuya función final es coincidente, *acabamiento* y que, como experiencia o modelo, es la apertura de un proceso de *rectificación:* que este fracaso mío evite el tuyo.

	⎧ ida del nuevo maestro.	"Usted va para allá ahora, dentro de pocas horas".
1.ª función	⎨ reiteración de situaciones.	"Y ahora usted va para allá. Me parece recordar el principio. Me pongo en su lugar y pienso".
	⎩ (presente inmóvil en el pasado).	

2.ª función	Intento de que "el otro" escarmiente de oídas.	"En Luvina hice el experimento y se deshizo (plasmar ideas)". "Usted que va para allá comprenderá pronto lo que le digo..." "... como le estaba yo diciendo..."
3.ª función	fracaso reiterado: en la "historia" contada. En la plática. En la actitud.	"En Luvina no cuajó eso" "Pero no dijo nada". "se quedó dormido".

Resultado: *fracaso*. El fracaso en el enunciado, en la historia pasada = a fracaso en el futuro, en la "historia" de la enunciación, en la perspectiva secuencial del discurso.

El espacio Luvina

Como en muchos de los relatos de Rulfo, el espacio, en *Luvina,* tiene una importancia protagonística. Ya el título del relato parece adelantarla y subrayarlo. Este espacio es el oponente principal al "experimento" del maestro, pues los habitantes son como plantas miméticas —superestructuras psicológicas— de esa determinada estructura geográfica. Las características de este espacio podemos estudiarlas como hemos hecho en otros relatos con los personajes, e interpretarlas en los tres niveles:

Estatuto	En lo *natural:* lugar pedregoso, calcinado, azotado por el viento que no deja crecer las palntas. Sin un árbol, sin nada verde, sin azul en el cielo. Hay unos días de tormenta al año, pero casi no llueve. En lo *social:* allí sólo viven los puros viejos y las mujeres solas y sin fuerzas. Los niños (...) pegan el

brinco del pecho de la madre al azadón y desaparecen de Luvina. Los maridos andan Dios sabe dónde. Vienen de vez en cuando... dejan el costal del bastimento para los viejos, plantan otro hijo en el vientre de sus mujeres y ya nadie vuelve a saber de ellos hasta el año siguiente.

En lo *civil:* el pueblo sólo existe para el Gobierno cuando alguno de sus naturales ha hecho una fechoría fuera y manda allí por él para matarlo.

Estado
{
"Lugar muy triste", donde no se conoce la sonrisa. La tristeza se puede probar y sentir, aplastando el corazón. Los viejos sienten gratitud hacia el hijo y esperanza en la muerte que casi se confunde con la vida.
}

Propiedades
{
Los muertos, los antepasados, atan a las gentes a este espacio.
La costumbre, que allí llaman ley, es que los hijos se pasan la vida trabajando fuera para los padres, como antes éstos lo hicieron con los suyos.
}

El espacio de la historia (Luvina) es protagonista, de ahí que sirva de título: en un espacio así *no cuaja* ningún intento. Luvina es el espacio de la desesperanza redundante:

— las leyes (costumbres) malas
— las gentes ignorantes y retrógradas
— el Gobierno no ofrece esperanza

Luvina "es el vínculo, el nexo ...", ha dicho Rulfo, entre sus relatos anteriores y *Pedro Páramo:* "... esa atmósfera me dio, poco a poco, casi con exactitud, el ambiente en que se iba a desarrollar la novela"[7].

---

(7) En la entrevista a Juan E. González, en *La estafeta...,* ya citada.

En este relato no podemos disponer la representación abstracta de la historia en una ecuación simbólica, porque no hay acción; el protagonista, el maestro, intenta un cambio de la realidad, pero no es aceptada su propuesta y no se realiza. A la proposición no sigue ni el éxito ni el fracaso de la acción. El intento se queda en intención, y el personaje se sume en una degradación paulatina. Lo que sí podemos analizar son las condiciones de este fracaso, la confrontación entre ese deseo individual de cambio y los valores del grupo "Luvina" que determinan su reacción, es decir, su estatismo, su inercia.

a) la costumbre, tiene valor social (en el intragrupo) de ley inapelable: los hombres salen a trabajar fuera para que malcoman los viejos y las mujeres de dentro.

b) Los muertos condicionan la vida de los vivos, obligándolos a vivir en un espacio inhóspito.

c) La muerte es una esperanza, un *continuum*[8] de la vida.

d) El mundo exterior, el macrocosmos social (nacional), simbilizado en el Gobierno, sólo se acuerda de Luvina cuando se trata de aprehender alguien de allí para matarlo.

Procesos comunicativos y significación

Luvina es un lugar incomunicado. Los arrieros que allí llegan casualmente no se detienen a descansar. Los hombres van una vez al año y desaparecen. De fuera no quieren saber nada de ellos. Sólo el maestro quiere entablar un proceso de comunicación, de integración o reintegración.

El mensaje de la historia parece inequívoco: ni la superstición ni la costumbre ni la desatención del Gobierno tienen derecho a

---

(8) Así lo ha visto J. Sommers de *Pedro Páramo*, en *Yáñez, Rulfo, Fuentes*, pág. 120.

acabar con nuestras vidas. Cambiémos de espacio, de ley, de creencia, de Gobierno, antes de que todo ello acabe con nosotros.

Y, en un primer nivel, el mensaje directo que debe recoger el interlocutor latente, también parece diáfano: "Míreme a mí". Abandone antes de que "aquello" acabe con usted. Lo que no deja, dejarlo.

11. LA NOCHE QUE LO DEJARON SOLO

Resumen del relato:

Tres personajes (cristeros) deben huir, atravesar la sierra y unirse a otro grupo de militantes. Uno de ellos, el protagonista, cansado y somnoliento, se deja caer en el camino al pie de un árbol y se queda dormido. Los otros dos siguen adelante. Cuando el durmiente se despierta oye que pasan a su lado unos arrieros. Recuerda su cometido: atravesar la sierra, transportar varias carabinas. Teme que los arrieros lo delaten. Tira los rifles, aliviándose del peso, y corre ligero. Llega al borde de las barrancas cerca de un poblado ocupado por las tropas del Gobierno. Se aproxima sigilosamente a las bardas del corral donde acampan los soldados y ve a sus dos compañeros —sus dos tíos— ahorcados, colgados de un mezquite. Escucha, escondido, la conversación de los militares: están aguardando al tercero de la partida —a él, al progatonista—, que es un muchachito, para colgarlo. Si no cae por allí, colgarán al primero que pase y "así se cumplirán las órdenes". El joven, arrastrándose, llega a la orilla del río, corre por entre los pajonales, y logra escapar.

El relato sigue la linealidad de la acción. Es de los más simples del *corpus* y es de los pocos de *El llano en llamas* en que el resultado de la acción es un éxito, o un desenlace de mejora; es decir, se realiza parcialmente la intención que abre el proceso, salvarse del enemigo.

Por su simpleza, por su linealidad y por la delimitación clara y precisa de las etapas, podemos aplicar para su explayamiento la articulación en secuencias —como entiende Bremond— o sintagmas narrativos que muestran la lectura de la trama:

Secuencia inicial
- traslado espacial (misión del héroe y sus dos compañeros)
- cansancio, sueño
- el héroe cede al sueño (suspende tarea)

Secuencia segunda
- despertar: continuación tarea interrumpida
- cansancio e impedimento: se desembaraza rifles
- llegada al poblado

Secuencia tercera
- ocupación del poblado por tropas del gobierno
- compañeros asesinados por el enemigo
- ocultación del héroe

Secuencia cuarta
- obtiene informes de amenaza mortal
- huye arrastrándose
- logra salvarse

Quizá las secuencias podrían reducirse aún más, a tres, por ejemplo, y, de las tres, podríamos llegar a un esquema de simpleza total: suspensión de la tarea por sueño, reanudación de la tarea con temor y sigilo, consecución incompleto del plan.

Los personajes:

También la sintaxis cíclica, la referencia a una falta anterior y la complementación de un castigo futuro están presentes en este relato. Un informante militar dice del joven que él fue "quien le tendió la emboscada a mi teniente Parra y le acabó su gente". Autor, por tanto, de anterior fechoría y pretexto actual para otra muerte próxima e inocente: la del primero que llegue. Esta transgresión del protagonista, que debería ser seguida del castigo, y que se desplaza para realizarse —sintácticamente— sobre personaje interpuesto e inocente, la matizaremos y acaso la justifiquemos en el nivel semántico.

El personaje, Feliciano Ruelas, es un hombre joven, "un muchachito", los otros dos acompañantes son sus tíos, Tanis y Librado, "más viejos y más colmilludos", mayores y más expertos podemos deducir de la información. El joven, en un principio, urge a sus tíos a que caminen de prisa. Ellos quieren avanzar en la oscuridad para que no los vean. El joven quiere dormir, detenerse a descansar un día, luego, descansados, caminarían más rápido y ganarían lo perdido. Los mayores se niegan: pueden agarrarlos dormidos. Las reflexiones del uno y de los otros parecen razonables. Los mayores siguen adelante, el joven se rezaga, se acuesta en el suelo y se duerme. El título alude a ese rompimiento del grupo ("La noche que lo dejaron solo"), pero más que —o tanto como— abandono por parte de los mayores hay deserción por parte del joven.

En esta primera parte del relato, la de la presentación de la acción y de los personajes, se da la triple confrontación del estatuto de los mismos: juventud/madurez. Esta triple confrontación se manifiesta: en los diálogos que expresan el modo diferente de entender la estrategia a seguir; en las fuerzas físicas: camina más rápido el joven, pero no *resiste* al sueño; en la interpretación de la separación: ¿lo dejaron solo o se escabulló él? La visión de la narración, narrador en tercera persona, es objetiva, pero el narrador está al lado del personaje, es una "visión con" Feliciano, puesto que a los otros los perdemos de vista y de oídas en cuanto que él se recuesta y se duerme. Por tanto, el primer supuesto del interrogante "¿lo dejaron solo?" es la apreciación del protagonista.

De esta visión "al lado" del personaje se espuma el sentido del mundo individual, sus valores y sus pretensiones, la axiomática de la acción. Es un joven cristero[1] que va a unirse a un grupo de correligionarios con sus dos tíos, realizando una misión o cumpliendo una orden (en el texto no se especifica, pero está clara la función). Los dos personajes mayores, por serlo y, además, por ser tíos del protagonista, tienen ascendiente sobre él; son los que marcan el ritmo de la marcha y no aceptan su propuesta de descansar. Por tanto, el retraso paulatino y el rezago del joven significan una renuncia o una desobediencia a los mayores, a la vez que una suspensión o un retraso en el cumplimiento de la orden superior (de un mandatario cristero dirigente) que les afecta a los tres.

Los dos viejos son capturados y ahorcados. El joven que desobedece y se retrasa se salva. Los "viejos y colmilludos" se equivocan en su estrategia. El joven cumple las órdenes con retraso y a medias —se desembaraza de los rifles que le pesan—; no pasa el alijo de armas pero salva la vida. El mensaje de la enunciación está claro: la propia iniciativa y la astucia (más que la obediencia ciega) son valores que han servido al héroe para escapar de la muerte.

Y, de este universo individual, situado el joven en el bando cristero, relacionándose en el intragrupo, obedeciendo con retraso, pero en posesión de una ideología y aceptando un mandato, pasamos —en busca de la significación paradigmática— al universo social, al orden exterior que configura el macrouniverso objetivo al que se enfrenta el héroe, es decir, la correlación que en el relato se establece entre los dos campos semánticos.

En *La noche que lo dejaron solo* la relación entre los dos órdenes viene estructurada por la violencia: la lucha fratricida de dos facciones de mexicanos, la llamada guerra cristera. El fanatismo de campesinos ingenuos y la política de "desfanatización" del Gobierno[2]. Las variantes de la comunicación entre el campo individual y el campo social son la ocultación, la emboscada, la muerte.

---

(1) De una manera abstracta y casi difusa en las anécdotas de Rulfo está presente la realidad sociopolítica de México del período revolucionario. Para esto vid. la síntesis histórica y su repercusión literaria en *Proceso narrativo de la Revolución Mexicana*, ya cit.

(2) Las medidas "antirreligiosas" del Presidente Calles las consideraron los cristeros como intento de "descatolización", en tanto que los políticos las llamaban de desfanatización. Hay varias novelas históricas del drama de los cristeros.

Para este grupo de individuos en el que camina el protagonista, las tropas gobiernistas son el mundo de fuera, el enemigo de sus creencias más arraigadas, del que huyen o al que atacan soslayadamente.

Procesos comunicativos:

El proceso total de la comunicación lo expresamos —siguiendo a Greimas— y lo resumimos, mediante la notación simbólica, designando por C el estatuto invariante de la comunicación y c_1, c_2 y c_3, los objetos variables de ésta, un saber, un poder, un querer[3], y sus posibles derivaciones: (−) negación, (no) oposición.

Campañeros = c_1 $\bar{c}_2$ $\bar{c}_3$

Feliciano = c_1 c_2 (no c_1) c_3

Los compañeros tienen un saber (la fe) simbólico y una misión real, c_1, pero pierden los objetos del poder, la fuerza física, y, con ellos, el del querer: salvarse del enemigo. Feliciano comulga en la misma fe, c_1, pero desobedece el mandato práctico y, con ello, recobra el vigor, c_2, que le da la fuerza para lograr el c_3, la escapada. No son, aún los que perecen, personajes totalmente alienados puesto que poseen ese c_1, ese mensaje, ese saber que es la fe religiosa del cristero, y ella los integra en ese microgrupo de militantes fanáticos o fanatizados. ¿Cómo es esa fe?

Recurriendo a la historia (aquí es imprescindible, pues la referencia episódica al tema obliga a ello para captar toda su significación), las llamadas guerras cristeras —en el período de 1926-29— fueron unas luchas contradictorias y absurdas. La prohibición por parte del Gobierno de toda manifestación externa de culto y de la enseñanza religiosa en las escuelas, provocó malestar en grandes grupos de católicos mexicanos. En zonas rurales, principalmente, enardecidos por las prédicas de sacerdotes, se formaron guerrillas ("los cristeros del *Catorce*", del relato, será una de ellas), compues-

---

(3) Vid. Greimas, *Semántica Estructural*, "La alienación y la reintegración", págs. 304.309.

tas por hombres de todas las edades, niños y viejos, que emprendieron una cruzada desmesurada y absurda, abocada al fracaso, al enfrentarse, con escasos medios y nula preparación (muchas oraciones y escapularios y el grito arenga "¡Viva Cristo Rey!") al ejército regular del Gobierno Constitucional. El llamado ejército de Liberación fue derrotado. Murieron muchos cristeros y se abandonó la partida. Pero, depuestas las armas, todavía siguieron cayendo asesinados, en meses posteriores, varios jefes cristeros que regresaron a sus aldeas y eran objeto del odio jacobino y de la revancha de convecinos antes perjudicados.

Si del lado de los cristeros, el microgrupo a que pertenece el protagonista, la moral es una fe fanatizada (y expresiones de esta fe encontramos: "Obre Dios", dos veces, y "Cristo", o "ya iba a gritar 'Viva Cristo Rey' "), del lado de los *gobiernistas* sólo conocemos su praxis: ahorcan a los dos cristeros viejos y aguardan al tercero, al muchachito; si no apareciera, el mayor dice: "acabaremos con el primero que pase y así se cumplirán las órdenes". Justicia arbitraria, moral esperpéntica.

12. ACUERDATE

"Ser relato de un relato es el destino de todo relato que se realiza a través de la inserción"[1]. En el relato *Acuérdate,* los nombres, la genealogía de los personajes, aparecen de forma apabullante desde la primera línea. La estructura formal del inicio del relato coincide con la estructura formal de la subordinación sintáctica (que en la lingüística moderna se conoce con el nombre de inserción: *embedding).*

Un primer nombre, Urbano Gómez, provoca la aparición inmediata de otro nombre, don Urbano, y, a continuación, otro: Dimas. Luego, en el mismo primer párrafo, surge la relación de parentesco de estos personajes con otro más, Fidencio Gómez, que tiene como atributo de identidad —o denominación— la paternidad (incluso dudosa) de dos personajes femeninos, sin nombre, caracterizados por su temperamento juguetón y sus rasgos físicos contrastantes: alta una, bajita la otra. Y, de estas féminas, nos enramamos a un nuevo personaje, Lucio Chico, marido de una de ellas, dueño de una mezcalera que antes fue de Librado y que está, "río arriba", por donde el molino de los Teódulos.

Por tanto, tenemos, de un tirón, nueve personajes que se vienen en aluvión a la mente del receptor para ser captados simultánea y sincrónicamente. Esta polisemia sintagmática subordinada

_____

(1) Todorov, *Gramática del Decamerón,* pág. 76.

(encadenamiento genealógico de nombres que se definen oblícuamente por secuencias biográficas significativas) parece querer llevar al texto a cerrarse sobre sí mismo y llegar a producir la fatiga en el receptor, por la redundancia y por la incompletez y la complejidad de la información.

Pero esta catarata de nombres y vidas, estas apariciones de microuniversos semánticos que se desplazan y que se sustituyen inmediatamente por otros, se interrumpe y fija uno de los términos, el del primer personaje nombrado, al que se hace referencia en el segundo párrafo, solamente por el deíctico "su", para enfocarlo oblícuamente también, a través del carácter y conducta irregular de "su" madre, *la Berenjena*. De la madre del personaje se sigue ampliando información en el tercer párrafo, aludiendo a él y a su hermana como a "los dos únicos" hijos que se le lograron, para ya continuar, en el resto del texto, la atención fija en el referente del término primero, Urbano Gómez, y profundizar, extender y desarrollar la información sobre el mismo.

Pero esta estructura formal de inserción —de cuarto o quinto grado—, vertiginosa y confusa, con que se inicia *Acuérdate*, no nos lleva a abandonarlo, a desistir de su lectura, ¿por qué? Porque es *el cuento de un cuento*, porque en este preámbulo de la historia estamos asistiendo a la imagen misma de la narración: *a la acción de contar*. Las digresiones biográficas intercaladas son apéndices de ese relato central que nos aguarda. Más que cansancio por una redundancia incompleta, suscita interés por llegar a conocer la intriga nuclear.

La estructura de inserción es aquí la transcripción del relato oral. Un convencional sujeto primero de la enunciación —que enuncia esa instancia de discurso que contiene y acaba en la instancia lingüística "yo"— dirige su aluvión de nombres a un receptor convencional también, representado por la instancia lingüística "tú". Dado que el lector se mantiene como receptor latente del mensaje, y, recíprocamente, ha de suponer latente al autor, hipostasiado al sujeto de la enunciación, se establece una lógica expectativa: la del idiolecto abierto. Pues si no, sería un receptor exclusivo situado en las condiciones espaciotemporales de la instancia lingüística "tu", el único que podría descifrar el subcódigo ideolectal.

Esta "entrada en materia", diferida, que suponen los primeros párrafos del relato, tiene un referente primero: el acto mismo de contar. Como dice Todorov[2] : "El acto mismo de contar no es nunca en las *Mil y una noches*, un acto transparente; por el contrario, es lo que hace avanzar la acción". La oralidad, que es la propiedad que destaca —transcribiéndola— la inserción, se ve reforzada lingüísticamente en el relato, por la reiteración del exhortativo, *acuérdate*, que ya como título, compendia la actitud destinada al receptor, y que se reitera a lo largo del texto hasta diez veces:

- acuérdate
- te debes acordar
- acuérdate
- la debes de haber conocido
- acuérdate
- acuérdate
- te debes de acordar
- te has de acordar,

apelando a la memoria del interlocutor como condición primera y complemento indispensable para la percepción *total* de la información. Esta condición, de carácter semántico (por la manifestación psicológica que supone la memorización, el recuerdo), que impone objetivamente al emisor la recepción de la alocución, responde, asimismo, a la exigencia de las condiciones sintácticas objetivas: la función conativa del lenguaje que se expresa en el imperativo, o en las perífrasis obligativas: "te debes de acordar", o "te has de acordar", utilizando los auxiliares *haber* y *deber*, menos imperativos que tener, aquí con sentido de futuro, yo diría, de suscitación

---

(2) Todorov, *Gramática...*, pág. 177.

de la acción de recordar. La acción de contar ha de completarse con la acción de memorizar[3].

Hay en el discurso otra referencia a la enunciación: "como ya te digo", referencia sintáctica, en el presente de ese "discurso oral", de contacto con el receptor, autorreferencial y, a la vez, descodificadora. Por un lado dice: este relato es oral; por otro: yo soy el sujeto de la dicción, tú eres el individuo "te" que escucha.

Las alocuciones reiterativas al interlocutor y la instancia lingüística autorreferencial son, como las inserciones, las pausas, las verificaciones, las referencias al proceso enunciativo y a la práctica semiótica, las que hacen avanzar la acción y el relato. Lo que interrumpe y lo que retrasa es lo que centra la atención del receptor —o lo intenta— y hace avanzar la narración. Es el fraccionamiento del universo semántico —como dice Greimas— en microuniversos, para que puedan ser percibidos, memorizados y —aquí— *revividos*.

En busca de la significación

Hemos visto que el relato está dispuesto como la alocución de un "yo" hacia un "tu", que se inicia con un encadenamiento sintagmático de nombres e implicaciones biográficas, y que, por fin, *se fija* en uno de los persnajes, ahonda en sus orígenes, su juventud, sus rasgos de carácter y nos cuenta en síntesis su historia. Por tanto, el discurso sería la manifestación de la oralidad[4] de la enunciación y la historia el enunciado memorizado de la vida de un personaje, Urbano Gómez.

---

(3) "Aunque el mensaje se presente, en la recepción como una sucesión articulada de significaciones, es decir, con su estatuto diacrónico, la recepción sólo puede efectuarse transformando la sucesión en simultaneidad y la pseudodiacronía en sincronía (...) toda organización de la manifestación, es decir, en el sentido amplio de esta palabra, toda la sintaxis inmanente, debe ser concebida como una disposición del contenido en vistas a su recepción. El universo semántico se fracciona de este modo en microuniversos, que son los únicos que pueden ser percibidos, memorizados y 'vividos' ". A. J. Greimas, *Semántica estructural*, págs. 193-194.

(4) Enunciados de la *palabra* (que expresan la "phoné"), que manifiestan la preponderancia de esa instancia, la voz, anterior a su formulación lingüística, el signo. Puede verse, Kristeva, ob. cit., págs. 144-145.

"Rulfo procede a la mitificación de las situaciones, los tipos y el lenguaje del campo mexicano", dice Carlos Fuentes[5], y su arte se ha asimilado, por la crítica, a la literatura popular, al folclore, e, incluso, ha creído verse un paralelismo con la articulación estructural cíclica de algunos corridos mexicanos[6]. En este relato, aparte de esos indicios claros en el proceso de la enunciación que remiten expresamente a la transcripción de la oralidad[7], tenemos otros indicios que nos han aconsejado analizarlo con el enfoque estructural del folclore, tratando de derribar las barreras que oponen la literatura oral a la escrita. Quizás en nuestra elección haya actuado la defensa que de la identidad de una y otra manifestación artística hace O'Hendricks: "Al intentar diferenciar el folclore de la literatura por medio del criterio oral vs escrito, surge un serio problema por la existencia de sociedades sin escritura. En esas sociedades analfabetas todo se transmite oralmente. Sería etnocéntrico asegurar que esas sociedades sólo poseen 'folclore' y no 'arte superior'."[8]

Los indicios a que nos referimos son: la visión de la narración o modo de usar el punto de vista el narrador. Utiliza la técnica del *contar*. Nos da un resumen indirecto de lo acontecido con Urbano. Nunca cede la palabra a los personajes (nunca utiliza los guiones coloquiales de la representación directa); es el conversador que nos dice lo que él sabe o cree saber del tema. Otro indicio es la repetición, tanto en el proceso de la enunciación como en el enunciado, con esa serie de microhistorias que nos introducen al relato. Un indicio más es la llamada "Ley del Contraste", reconocida por Olrik, según la transcripción de O'Hendricks[9] que "destaca al

---

(5) Carlos Fuentes, *La nueva novela hispanoamericana*, México, Joaquín Mortiz, 1969, págs. 15-16.

(6) J. Sánchez Macgregor, "Un ejemplo de la nueva crítica literaria hispanoamericana", en XVII Congreso del Instituto Internacional de Literatura Iberoamericana, T. III, págs. 1417-1430. Mcgregor cita la obra de Vicente Mendoza, *El corrido mexicano*, México, FCE, 1974.

(7) "El diálogo artificialmente suprimido de *Acuérdate* es indicio de una escritura que se oculta bajo la máscara de una voz", dice Adam Gai, tesis cit., pág. 45.

(8) Obra ya citada, págs. 116-117.

(9) O'Hendricks señala la importancia del artículo de Axel Olrik, publicado originalmente en alemán, dos décadas antes (1909) que la *Morfología del cuento*, de Propp

protagonista de la *Saga* del resto de los individuos, cuyas características y acciones vienen determinadas por el requisito de que deben de ser antitéticas a las del protagonista". Si algo hay claro en la trama de *Acuérdate* es el contraste. El contraste entre las acciones del individuo Urbano y la actitud de la comunidad. Por último, otro indicio responde a lo que Olrik llama "Ley del Hilo único" *(Single strand)*, es decir, el hilo individual de la trama. A pesar de los nombres y destinos que aparecen en las primeras secciones del relato, todos ellos constituyen la genealogía de ese destino único sobre el que, interrumpidos los otros, se proyectará la luz del memorizado contar.

Para el análisis de este relato adoptamos el modelo homológico: A:B::C:D: (A es a B como C es a D), que representa un paralelismo en el que se contienen el principio de repetición y el de constraste. El de contraste es el que más nos interesa aquí para mostrar la oposición en que se polariza la atención de la historia: Urbano y los miembros de la comunidad en que vive. Los miembros son un conjunto en el que, además de otros personajes, están incluidos el sujeto de la enunciación y el interlocutor, en ese "nos" o en "nosotros". Los dos polos: protagonista y antagonista, uno individual y otro colectivo, van reflejando el contraste en las distintas acciones en que se enfrentan.

La representación del modelo homológico se puede establecer en términos de referencia a personajes y a acciones: A:B::a:b. Y como en el relato de que nos estamos ocupando hay una segunda etapa en la historia: la reaparición de Urbano en el pueblo, después de años de ausencia, también podemos representar el segundo momento del enfrentamiento o del contraste, con referencia a nuevas acciones: a' y b'. Así: A:B::a':b'.

A estos dos conjuntos, una vez polarizados, les daremos las etiquetas temáticas o interpretativas que resumen la polaridad que subyace en la base del cuento.

---

que es un intento de describir las leyes que rigen la composición de la narrativa folclórica. Obra ya cit., capítulo "El folklore y el análisis estructural de los textos literarios", págs. 113-156.

En este punto, complementaremos la interpretación del relato con las aportaciones de Todorov[10] sobre el funcionamiento de la estructura causal. La falta de psicología de los caracteres en los relatos de literatura popular o el folclore, o en las *Mil y una noches* y el *Decamerón*, lleva a Todorov a hablar de la *causalidad inmediata*, o consecuencia que se deriva de una oración atributiva. Esta relación de causalidad inmediata la podemos expresar: "X hace daño a I", "Y devuelve daño a X", resultado: "X hace daño a Y".

Hay en *Acuérdate* un enunciado del sujeto de la enunciación, situado él en el conjunto antagonista, estimativo del carácter del protagonista, que pudiera parecer la manifestación de un rasgo de carácter anterior, o consecuente de una acción padecida, y que precisamente por el funcionamiento de ese *apsicologismo* de la literatura popular y por el funcionamiento de la causalidad inmediata, el antecedente tiene escaso valor propio. El locutor dice: "Quizá entonces se volvió malo, o quizá ya era de nacimiento". Por el desarrollo anterior y posterior de la historia vemos que en la relación antagonística no hay sentido transitivo. No hay transacción entre las partes. A cada agresión sigue una respuesta agresiva. "La implicación tiende a convertirse en identidad" (Todorov). Si las consecuencias fuesen más complejas, podríamos dotar al antecedente, "era malo de nacimiento", de mayor complejidad. Este funcionamiento de causalidad inmediata acaso pudiera proporcionar la explicación teórica de esa ley implícita de fatalismo que parece advertirse en la mayoría de las conductas de los personajes rulfianos.

Tenemos, pues, dos conjuntos, Urbano (*), de un lado, y los otros, el grupo social a que pertenece.

---

(10) Todorov, *Gramática...*, págs. 167-169.

(*) Hay, quizá, un guiño etimológico, de contraste igualmente, en el autor, al llamar Urbano, "cortés, atento", a este personaje agresivo, enfrentado a los urbículas, ni "corteses" ni "atentos", por cierto.

A:B::a:b

A = el individuo Urbano, nace pobre y de madre desprestigiada.

a = su comportamiento con B = el pueblo, con sus valores
sociales, y la actitud de B:b.

a
{
— trafica con los condis-
cípulos / no tiene dinero —

— juega a "maridos" con
su prima / expulsión, risión, vergüen-
za, paliza —

— acompaña a los amigos
al negocio de la herma-
na: beben fiado / no pagan, lo llevan de ga-
rante; luego, le vuelven la
espalda. —
}
b

Urbano, después de la paliza que le dio su tío, de coraje —dicen— se fue del pueblo. Reapareció convertido en policía. Veamos
su actitud, a', y la actitud de la comunidad hacia él, b'.

a'
{
— no habla con nadie
— se hace el desentendido
con todos
— apalea y mata a su cu-
ñado, el menso / el cuñado le dio la broma
de una serenata —
}
b'

Aquí, en b', el cuñado, tonto, o mejor, el tonto del pueblo,
es el que asume la respuesta agresiva de la comunidad; de agresión simbólica, pues la broma resulta agresiva por lo insulsa y
degradante hacia el personaje, que ha regresado investido con el
atributo —otorgado por el universo exterior— de la competencia
de mantener el orden, y en posesión del instrumento de la fuerza
que simboliza la carabina.

a:b::a':b'

El orden vuelve a restablecerse, con el resultado:

A:B::a:b

$$
a \left\{
\begin{array}{ll}
- \text{ pide perdón a Dios} & / \text{ el cura le niega la bendi-} \\
 & \quad \text{ción} \qquad\qquad\qquad - \\
- \text{ huye} & / \text{ lo apresan en seguida, co-} \\
 & \quad \text{jea de la segunda paliza} \quad - \\
- \text{ acepta la horca} & / \text{ vindicta pública} \qquad\quad -
\end{array}
\right\} b
$$

El orden consecutivo de la exposición de las relaciones contrastadas no implica anterioridad (de izquierda a derecha), pues, por ejemplo, en el último episodio, es claro que la sentencia —o intención— de muerte es anterior a la de su aceptación y a los gestos de elegir él mismo el árbol para ser ahorcado y echarse su propia soga al cuello. Debido a la inmediatez causal y dadas la índole del relato y del personaje, las acciones con casi simultáneas. Es más, creemos que ese adelantarse a los gestos de los verdugos es la realización, por parte de Urbano, del último signo de oposición o de contraste: *no se opuso,* dice el locutor. En este punto, en esta situación límite a que ha llegado la confrontación, el *no oponerse* es *oponerse* a las expectativas; lo que el conjunto B quiere y desea es un Urbano medroso y apocado ante la derrota definitiva: les defrauda eligiendo el árbol y amarrándose él mismo la soga (*). ¿Qué significación tiene, pues, ser malo de nacimiento o volverse malo? El relato, en todo caso, es la historia de esa dualidad: es malo porque lo tratan mal; y lo tratan mal porque es malo.

No hay en el emisor la intención de dar a la causalidad un carácter inmutable, anterior, desencadenante, sino que hay una estabilidad reiterativa en las relaciones, un funcionamiento auto-

---

(*) Esta actitud es perfectamente coherente con la estereotipada actitud de indiferencia ante la muerte que el folclore, la literatura y la filosofía atribuyen al mexicano. Puede verse el caso atípico de *Diles que no...,* que, por serlo, lo hemos glosado suficientemente.

mático, instintivo: agresión vs respuesta agresiva vs agresión... El ser malo del personaje es un elemento de la dualidad: causa-efecto, sin que exista prelación en los términos. No hay, pues, que buscar el sentido de esta maldad, su sentido es el sentido común del relato, del cuento popular.

Apéndice

En la lectura del relato hemos observado un error denominativo. En una ocasión se llama a la hermana de Urbano *Inés,* cuando anteriormente se había dicho que su única hermana era *Natalia.*

De ser un lapsus del autor y un lapsus reiterado del corrector de imprenta, no tiene mayor alcance y significación. Pero, como por las múltiples reediciones de la obra de Rulfo, me inclino a considerarlo intencionado, su sentido me parece claro: es un indicio más del carácter de literatura oral que venimos atribuyéndole. Es un reflejo de las lagunas de la oralidad: la memoria es infiel. Si contamos de memoria podemos cometer errores o caer en imprecisiones[11]. Subraya, pues, la índole de la enunciación. Y, en un segundo nivel sémico, vendría a decir: este relato "es un cuento", y, como tal, contiene imprecisiones. Como cuento que es, es la forma de transmisión del acervo popular, espejo, como el folclore, de esa cultura popular mexicana. Otro guiño —en el autor— ilustrativo de las lagunas y anomalías de esa cultura.

---

(11) El locutor narrador da la impresión de que habla demasiado, o de que "habla por hablar". Incluso podríamos ir más allá en nuestra apreciación. Adam Gai dice que "La conjetura de un narrador demente que inventa una historia y un oyente es inverificable", pág. 57.

13. NO OYES LADRAR LOS PERROS
16. LA HERENCIA DE MATILDE ARCANGEL

La oración no es una unidad de la estructura narrativa, la oración es una unidad de la estructura lingüística, de la superficie textual —dice O'Hendricks— del relato. Las unidades de la estructura narrativa —superficie profunda— son las acciones funcionales que, conjuntadas en secuencias, ponen en relación a los personajes y desarrollan el argumento del principio al final. En estos dos relatos de Rulfo, vamos a tratar de operar con las estructuras profundas, en un nivel máximo de abstracción, sin considerar los elementos estilísticos del discurso narrativo. Aquí, el analista va a tratar de ser *lo menos traidor posible (traduttore, traditore)* en la interpretación significativa de la obra de arte, puesto que vamos a movernos en ese nivel subyacente que es *la historia* de los relatos.

La estructura subyacente se suele considerar compuesta de dos subestructuras: la *sintagmática* y la *paradigmática*. La primera es la trama, las frases secuenciales relacionadas hacia un fin, un objetivo, y la segunda es la que corresponde a los personajes y los ejes temáticos que mueven sus conductas. La estructura paradigmática se supone compuesta por los elementos en oposición que constituyen la polarización de la narración y ahí radica su significación. "El autor no puede formular directamente ningún enunciado temático, si no es por medio de los contrastes"[1], dice O'Hendricks. La trama o historia es el aspecto dinámico de la narración. Los personajes se agrupan en conjuntos, polarizados por su pertenencia al bloque protagonista o antagonista (pueden existir personajes ambiguos, que participan de uno y otro, o personajes que no pertenecen a ninguno, a los que O'Hendricks llama "intermedios").

El argumento desarrolla los presupuestos de la trama, las situaciones de los personajes que integran los polos contrastantes y los hace coincidir en nudos de interés común, que han de resolverse, como en cualquier tipo de conflicto, en victoria, derrota o transacción. Como sucesión que es, la trama lleva implicada una *dimensión temporal:* los comportamientos tienen entre sí una relación de anterioridad o posterioridad. También implica una *dimensión espacial:* las acciones han de realizarse en un espacio, que asume los rasgos binarios (protagonista-antagonista) del conjunto polarizado. El espacio presenta —teóricamente— un *aquí* que corresponde al espacio social, al mundo conocido, o espacio del orden establecido, y un *allá* donde tiene lugar la realización de la prueba, la transformación de las situaciones y de los valores. Otro elemento estructural imprescindible del relato es el *contrato* o mandato. El contrato corresponde a la existencia y posesión de valores pertenecientes a dos órdenes o campos diferentes: los valores individuales y los valores sociales (que remiten a la ley y a la organización contractual de la sociedad). La necesidad, el deseo, o un remitente específico, mueven al héroe a iniciar un proceso de obtención del objeto (valor) que instaure una nueva situación o restaure una situación de deficiencia.

Todos estos preliminares teóricos tienen carácter propedéutico, por dos motivos: en primer lugar, para ayudar a encontrar el modelo narrativo de los dos relatos, y, en segundo lugar, para apoyar, tanto la teoría semántica que trata de interpretar los mitos

---

(1) O'Hendricks, ob. cit., capit. VII, "Metodología del análisis estructural de la narrativa", pág. 213.

(Greimas), como a la crítica literaria que ve una vía interpretativa en los estudios de la ciencia del folclore.

Leyes generales de composición, leyes particulares de los dos relatos, la distribución actancial de los personajes, las transformaciones y las inversiones de funciones en las dos historias, nos han llevado a ver que los modelos narrativos de Rulfo tienen coincidencias y relaciones específicas entre sí y se suelen relacionar con los modelos míticos (como en otro tipo de relatos, y ampliando las perspectivas de Propp, han visto Greimas, O'Hendricks, Bobes, Todorov...).

En primer lugar, vamos a tratar de dar una lectura resumida de los argumentos:

No oyes ladrar los perros: Un padre camina cargado con el cuerpo de su hijo herido. El peso del hijo sobre los hombros y la cabeza le impide oír y ver; avanza trabajosamente. Pregunta al hijo si ve luces o si oye ladrar los perros; el hijo responde que no ve ni oye nada. Al hijo lo han herido gravemente por sus andanzas de malechor. El padre lo recrimina durante el trayecto y dice que lo que está haciendo por él es en recuerdo de su difunta madre. Que a él lo ha maldecido desde que sabe la vida de bandolero que lleva. Al llegar al pueblo y descender el cuerpo del hijo, éste es ya cadáver. Se oye ladrar a los perros. El padre se queja de que ni siquiera con esta esperanza lo haya ayudado el hijo.

La herencia de Matilde Arcángel: Es la historia del aborrecimiento que un padre toma a su hijo por considerarlo culpable de la muerte de la madre. Venían de bautizar al hijo. El caballo en que cabalgaba la madre con el niño en brazos, se espantó por un berrido de la criatura y derribó a los dos. La madre protegió al hijo al caer y murió del golpe. El niño crece maltratado y aborrecido por el padre, que se da a la bebida y descuida y vende sus tierras, queriendo arruinar la herencia del hijo. Con el paso del tiempo, hombre ya el hijo, el padre mantiene su rencor, pero le van mermando las fuerzas. Viven juntos, pero no se hablan ni se miran. Pasan por el pueblo un grupo de revoltosos y con ellos se va Euremio, hijo. A los pocos días pasan tropas del Gobierno persiguiendo a los revoltosos y se les junta el padre con su caballo y su rifle, alegando que tiene cuentas pendientes con uno de aquellos bandidos. Allá, en los cerros, hay una dura pelea. Luego, bajan el grupo de desarrapados, algunos heridos, montados a caballo, y siguen de largo. El último de ese desfile es Euremio, hijo, con el cadáver de Euremio, padre, atravesado sobre la silla.

En los dos relatos hemos encontrado rasgos comunes y comportamientos paralelos. Uno y otro reflejan estructuras familiares. Los protagonistas son, en ambos, un padre y un hijo. Los dos hijos se crian en situación de orfandad materna. Las madres muertas son dramáticamente recordadas por sus esposos. Las dos han muerto jóvenes por causa indirecta de un hijo (de un segundo hijo en *No oyes...* y del hijo protagonista en *La herencia...*). En uno y otro relato los hijos tienen un padrino, cuyo nombre, Tranquilino, es el mismo. La coincidencia del nombre, Tranquilino, puede ser casual y su significación, como tal, mínima. En cambio, sí es significativo el personaje, por su relación de parentesco espiritual, en la trama. En *No oyes...* el padrino es una de las víctimas de la conducta desaforada del hijo, que subraya el exceso de la violencia a que ha llegado el joven. En *La herencia...*, es, además de padrino, testigo y narrador.

Hay otras coincidencias en los niveles léxico y sintáctico, que tienen valor estilístico prevalente, pero que definen un grado de relación paterno-filial exasperado. El padre de *No oyes...* dice a su hijo: "He maldecido la sangre que usted tiene de mí. Que se le pudra en los riñones la sangre que yo le di". Y el padrino y narrador, en *La herencia...* dice que a Euremio, padre, "se le cuajaba la sangre sólo de verlo" (a Euremio hijo).

En los dos relatos el padre asume el papel protagonístico, aunque el trastorno lo cause el hijo en *No oyes...*, y la solución -por inversión de papeles— en *La herencia...*, la realice el hijo.

En los dos relatos se dan las principales categorías semánticas que constituyen la armadura de la estructura narrativa: *la disyunción, el mandato, la prueba.*

En los cuentos maravillosos —perfectamente definido morfológicamente después de los estudios de Propp—, en el relato mítico y en los relatos literarios en general, suele partirse de una *situación inicial* que hace referencia a un orden social establecido en que la autoridad de los mayores prevalece sobre los deseos de los jóvenes. El relato avanza con *la ruptura* de este orden (desobediencia de los jóvenes) y el trastorno subsiguiente, y concluye con la restauración del orden social mediante la función salvadora del héroe (de la generación joven).

En los dos relatos de Rulfo que nos ocupan, las cosas ocurren con características propias:

a) Hay una situación inicial de un cierto orden: matrimonio con hijos, que se rompe (en *No oyes...*, por la muerte contingente de la madre y por la conducta descarriada del hijo, Ignacio. En *La herencia...*, el trastorno se produce por el comportamiento inconsciente —llanto de recién nacido— del hijo, Euremio).

b) El comportamiento del hijo, en *No oyes...*, es el comportamiento de un sujeto asocial. Las consecuencias de su comportamiento son: dolor moral para el padre, perjuicios para la sociedad (asaltos, robos) y heridas graves para él. El movimiento reflejo del niño, en *La herencia...*, trastorna la vida matrimonial de sus padres, pero no afecta a la sociedad misma, no tiene una repercusión social sino individual. El individuo hijo, aborrecido por el padre, parece crecer e instalarse en esa situación "despadrada", oponiendo a la marginación paterna la respuesta enajenada de la musiquilla de su flauta. En suspenso, o mejor, *en sordina*, el afrontamiento.

c) La restauración del orden, en *No oyes...*, relativa y ambigua, corre a cargo del padre (de la generación de mayores, por tanto), queriendo llegar a tiempo de curar las heridas del hijo y devolverle la salud, pero, si lograse la curación, el hijo volvería a trastornar el orden social (el fracaso que se produce significa que habrá *más* orden social). En cuanto al hijo aborrecido de *La herencia...*, no parece desee *restaurar* un orden familiar (resucitar a la madre, o resolver el odio del padre en cariño), sino *esperar* el *cambio* de la situación.

Vamos a ver cómo en los dos relatos se procede al cambio o qué tipo de transformaciones de la situación inicial ocurren para que la trama se desarrolle. En el relato recurrente proppiano, las cosas acontecen así: una autoridad o mandatario encarga al héroe de una misión salvadora. La misión es la que informa los desplazamientos de la conducta del héroe. En los relatos de Rulfo, los ejes semánticos de la organización del relato son más complejos y, en los personajes y sus funciones, se produce, a veces, un sincretismo.

1) En *No oyes...* hay sincretismo de personajes protagonistas. En una situación preliminar, anterior al tiempo del relato (en un tiempo diacrónico, pero que explica la situación presente), el protagonista ha sido el hijo que salió a la aventura *libremente* para hacer el mal por los caminos. En el tiempo (sincrónico) del relato es el padre el protagonista. En aquel primer tiempo, anterior a la historia, el héroe-hijo no ha actuado bajo mandato, no hay, pues, autoridad o destinador, él ha sido su propio remitente. En el tiempo del relato ya sí; el padre-sujeto se siente vinculado al amor de la mujer difunta y es ella "la que le da ánimos" para realizar la acción esforzada y salvadora (parcial). Si no ayudara al hijo necesitado "ella lo reconvendría". El destinador, está claro, es la madre difunta, o el recuerdo de la madre difunta "caracteriza" el deber paterno.

2) En *La Herencia...*, hay, no dos, sino tres tiempos, y sincretismos de personajes protagonistas. En un primer tiempo, el hijo, aunque inocente, es culpable del trastorno matrimonial. Es culpable-inocente del desorden. La restauración del orden la emprende el padre con el castigo excesivo al hijo. Y el padre asume para sí la "herencia d Matilde Arcángel", interpretándola como el legado de vengarla. Por tanto, de este segundo tiempo, el remitente es, igualmente, Matilde Arcángel (como en *No oyes...*, la madre difunta). Pero este pretendido "ajuste de cuentas" trae consigo un nuevo trastorno: el de la relación paternofilial, que es el del presente (sincrónico) del relato. En un tercer tiempo, el hijo sale a

la aventura, se une a los revolucionarios, por propia voluntad, aunque —suponemos lógicamente— acosado por el aborrecimiento paterno, o por la situación de "desorden" en la relación familiar, cuyo remitente antecedente es Matilde Arcángel, el amor sobreestimado a Matilde Arcángel, que ha trascendido en odio. Así, la "herencia de Matilde Arcángel" —con la transformación negativa subsiguiente— es asumida, igualmente por el hijo. Se produce lo que en el campo ideológico llamaríamos un "desviacionismo": el padre *malinterpreta* el legado de Matilde Arcángel, *desobedece* al remitente, creyendo servirlo.

La prueba. El sintagma narrativo fundamental del relato es *la prueba*. El eje motor de la prueba es *el deseo*, la razón del esfuerzo y la combatividad. En *No oyes...*, la prueba es un tanto desvaída, porque ese padre que trata de llegar a tiempo para que curen a su hijo herido, no tiene que afrontar más peligros que el cansancio físico y la inoperancia de sus sentidos (la vista y el oído), debida a la carga, que no le deja calcular el desarrollo de la prueba. Por otro lado, desvaída también, en consideración al premio o la victoria que se aguarda: de lograr la curación, sería para restablecer la fuerza física del hijo y —probablemente— el desorden social. Los contenidos que se desprenden, así, del carácter específico de la prueba son contradictorios. Hay una posible conciliación de contrarios: que la reincorporación del hijo al bandidaje —en el supuesto éxito de la prueba— sea sólo un cargo estimativo, desmesuradamente subrayado por el padre (es decir, una exageración) con el propósito de inducir la respuesta contraria (positiva). La curación, objeto-valor, que se persigue en la prueba, va investida y acompañada del semema esperanza (en signos de comunicación y socialidad), y esta esperanza, que se desvanece al final, se configura en una pregunta y una respuesta.

La prueba en *La herencia...*, tiene lugar fuera de la presencia del narrador —que sólo conoce y cuenta el resultado—, no obstante, hay una serie de confrontaciones, anteriores a la prueba definitiva, entre los personajes antagonistas: padre e hijo. El padre maltrata al hijo, lo golpea, no lo alimenta, malgasta su hacienda para desheredarlo. El hijo sale a la aventura, se va con los revolucionarios, probablemente buscando "otro orden de cosas". El padre lo persigue con su rifle y con la ayuda de las tropas del Gobierno. El resultado es la muerte del padre, y la transformación del hijo-víctima en héroe cualificado —negativamente— por el parricidio. Hay transmutación de situaciones y sincretismo de papeles. El hijo es destinatario y sujeto, y el padre sujeto y destinatario. A la inversión o transformación del mandato (la "tan cacareada" herencia de Matilde Arcángel), corresponde la inversión de los papeles.

El espacio es también uno de los elementos constitutivos de la estructura canónica del relato. El espacio, decíamos más arriba, es disyuntivo, se sitúa en la relación de oposición del *aquí* y el *allá.* El espacio es el elemento estructural narrativo más claro en los relatos de Rulfo. En *No oyes...,* hay un espacio en donde hirieron al hijo, un *allí,* y hay el espacio del camino que es el de la prueba, desde donde se trata de vislumbrar el espacio social, Tonaya, el de la curación, el espacio a donde se quiere llegar; el de los ladridos y las luces, es decir, el de *la vida domiciliada socialmente.* El espacio de la traición del héroe-hijo es ese espacio vago, "los caminos", que, indudablemente, va y viene, el espacio característico de la no disyunción. En el recorrido de la prueba, desde un *allí* hostil, a un cerca, Tonaya (lugar donde hay un doctor), el padre pide al hijo informes sobre indicios de la proximidad social y el hijo no se los da. Se afirma, así, doblemente, la traición del hijo. En *No oyes...,* no hay transmutación ni sincretismo, los personajes se mantienen en un contraste estático. Hasta en la más débil de las esperanzas se confirma el antagonismo. Las actitudes de los dos personajes en el relato —que es el camino— son ilustrativas de sus modos de ser permanentes y antagónicos.

En *La herencia...,* hay también un espacio indeciso, de la no disyunción, el recorrido a caballo después del bautizo del niño, en el que el héroe-hijo resulta ser inocente-culpable de la desgracia. Hay, asimismo, el espacio social, en el que la relación doméstica, padre-hijo, se exaspera, y hay el espacio de fuera, el espacio de la aventura, el *allá*, en los cerros, adonde van los revolucionarios y a donde los persiguen las tropas del Gobierno y el odio encarnizado del padre. *Allá* hay pelea, allá es donde tiene lugar la prueba y la transformación de la víctima en victimario. Ese *allá* era para el hijo el espacio del cambio, de la libertad; al incorporarse a ese espacio el padre, ha tenido lugar la confrontación irremediable y la inversión. El hijo víctima y destinatario se ha alzado a sujeto-héroe y ha liquidado la situación de desorden, pero se ha transformado en parricida, en héroe-traidor. La herencia de Matilde Arcángel la recogen los dos, padre e hijo, sucesivamente, y ambos la traicionan.

Del análisis de los elementos principales de las estructuras narrativas deducimos, además, que:

a) a las categorías *actividad* vs *pasividad* del héroe-hijo corresponden las categorías de *ausencia* vs *presencia* espaciales.

b) a la categorización espacial ordinaria, *aquí* (social), *allá* (prueba, aventura), se añade un tercer espacio, itinerante, que vehicula la no disyunción. En *No oyes...* la curación y la muerte, o la salvación y la reintegración a la maldad, o la esperanza y la desesperanza ('*Este no es ningún camino*'). En *La herencia...*, en el camino, tiene lugar la espantada del caballo, la culpa y la inocencia del hijo, y, en la muerte de la madre, el mensaje de amor y la inspiración de la venganza.

Utilizamos el modelo actancial mítico que propone Greimas[2] para centrarnos en el sujeto y el objeto perseguido por éste; objeto de comunicación —según Greimas— entre destinador y destinatario, actuando el sujeto ayudado u obstaculizado por las proyecciones de las fuerzas amigas u hostiles. Los ejes moduladores son: $D_1 \rightarrow D_2$, la comunicación; entre $S \rightarrow O$, el deseo; y entre $A \rightleftarrows T$, la fuerza.

---

(2) Con bastantes reservas, por su simplicidad, pero operatorio y siempre esclarecedor, como así lo considera Greimas, *Semántica estructural*, ya cit., pág. 276.

No oyes ladrar los perros

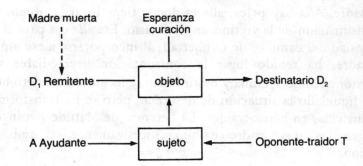

Los actores son:

> Remitente: madre difunta= $(D_1) = D_1$ = deber paterno
> Sujeto: padre = S
> Destinatario: hijo = D_2
> Objeto: (valor) esperanza, curación = O
> Ayudante: pueblo Tonaya, doctor = A
> Oponente: heridas mortales, desinformación (retraso) = T

Secuencias (en *No oyes...*)

Inicio del
regreso   castigo hijo traidor: heridas = T

      recuerdo   aceptación padre = $(D_1) + D_1 + S$
      madre   cargar hijo herido

                    hijo = $D_2 + T$

(Se coloca entre paréntesis el remitente madre, puesto que es su ascendencia moral y no su expreso mandato lo que inspira la conducta del padre).

Secuencia

camino con	padre pide informes	$= D_1$
hijo a cuestas	al hijo	$= D_2 + S$

	Decepción:	
	hijo informa	$= D_2 + T$
	negativamente	

(Se reitera tres veces, pregunta y respuesta deceptiva)

Secuencia

llegada Tonaya	padre descarga	$= (D_1) + S - O$
final	cuerpo hijo nuerto	$= + D_2 + T + T$

En el desarrollo de la exposición vemos que el hijo brevemente ocupa el lugar de sujeto y de destinatario cuando se le piden informes sobre los indicios de proximidad o lejanía del pueblo. No los da —no quiere o no puede—, y con ello no ayuda a la esperanza y a la deficiencia sensorial (desinformación) del padre. El padre es $(S \rightleftarrows D_1)$ el hijo $(D_2 \rightleftarrows T)$ y $(S \rightleftarrows T)$.

Secuencias en *La herencia de M.A.*

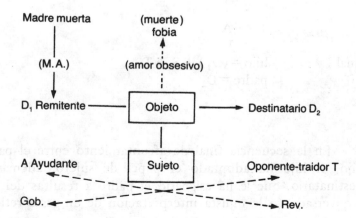

Secuencia

situación   Hijo: culpable muerte madre = (T)
inicial   amor exasperado madre muerta = D_1 (ausencia M.A.)

resulta $\begin{cases} \text{padre} = (D_1) + S \\ \text{hijo} = D_2 + (T) \end{cases}$

Secuencia

tergiversación   maltrato del padre = $(D_1) + S + T$
contrato

hijo = $D_2 + (T)$

(Se colocan entre paréntesis las categorías interpretadas subjetiva-
mente por los personajes: contrato, traición del niño)

Secuencia

afrontamiento

hijo se une revol.   = $D_2 + S + (T) + T$
padre lo persigue   = $(D_1) + S + A$
con Gobierno

T = −A

final   hijo = $(D_1) + S + T$
             padre = D_2

En la secuencia final de afrontamiento entre el padre y el
hijo, el hijo ha adoptado el papel de sujeto, además del de
destinatario, que le ha asignado el padre a resultas del contrato
tergiversado (o la injusta interpretación de un gesto reflejo de la

criatura). En la lucha, con el resultado, se produce la inversión el hijo sujeto vence al padre y, al hacerlo, responde al mensaje tergiversado del mandato de Matilde Arcángel y lo asume, transfiriendo el papel de destinatario al padre. La herencia de Matilde Arcángel la recogen los dos, padre e hijo, sucesivamente, y ambos la traicionan. La libertad del hijo se ha afirmado en la transgresión(*).

Vamos a tratar de resumir, en las variantes que nos han proporcionado los análisis, cuáles son los tres ejes temáticos o fuerzas motrices que articulan las relaciones de los personajes y sus actuaciones. Greimas ha visto que el eje que mueve, $D_1 \rightarrow D_2$, es la comunicación; el de $S \rightarrow O$, el deseo. el que mueve A $\rightleftarrows$ T, la fuerza o el poder. El estatuto del objeto es *el deseo*, y la búsqueda de su satisfacción el eje dinámico que, mediante —o a causa de— la comunicación ($D_1 \rightarrow D_2$) posibilita su obtención. La posibilidad de solución es la transformación de una situación de carencia en una situación de satisfacción. En los relatos de Rulfo, los sujetos se encuentran respecto al objeto del deseo, a) desposeídos o desgraciados, b) dificultades insalvables se presentan para su consecución. Ante la carencia, su actitud podía ser resignada o irresignada; en ellos es rencorosa. Las posibilidades de transformación de la situación del sujeto respecto a la posibilidad de obtención del deseo son, teóricamente, dos: a) cambio de la situación de deficiencia, y b) ruptura y transgresión. Hay una tercera posibilidad, a') la proyección imaginaria de la posibilidad de transformación.

En *No oyes...*, se dan las dos posibilidades: la de curación del hijo, investida, además, con el valor esperanza (proyección simbólica de esperanza de regeneración). Fracasan las dos. En *La herencia*, el deseo de amor del padre, irrealizable, se proyecta como rencor hacia el culpable de (el accidente mortal) la

---

(*) Es significativo que este relato, *La herencia de M.A.* se haya titulado también (publicado en varias revistas, *Metáfora*, 1955, *El gallo ilustrado*, 1965 y *Siempre*, 1969) *La presencia de M.A.*, esa presencia tenaz, imperturbable, del rencor que genera nuevo rencor.

irrealización. Matilde Arcángel se hace un arco con el cuerpo para proteger al hijo en la caída. El hijo sobrevive y el padre lo maltrata para resarcirse negativamente de la pérdida del objeto de su deseo. El padre traiciona su responsabilidad de amor paterno y suscita la más radical respuesta: el parricidio. El hijo también resulta traidor a los valores de amor filial, o del respeto, que parecía haber asumido en su actitud pasiva. El objeto del deseo del hijo no está claro, cuando se marcha, cuando ejerce su propia voluntad, uniéndose a los revoltosos. Al maltrato del padre, a la incomunicación con el padre, él oponía el sonido de la flauta, enajenándose en él. Es la flauta un símbolo de incomunicación (en el relato), de disensión, de antagonismo pasivo, que persiste después de desaparecido el opositor (baja con el cadáver del padre sobre la silla, "dándole duro a su flauta"), afirmándose, así, el modesto instrumento, como bandera de la libertad. El personaje parecía querer sólo un cambio cuando toma la iniciativa y se va lejos del padre. Pero todavía no era suficientemente lejos; *la distancia* de ese *cambio* ha sido *la muerte.*

En *No oyes...*, el deseo del padre, la curación del hijo, es el eje dinámico, movido por el amor paterno, investido de responsabilidad moral, aunque el agonista "idealice" su actuación como recuerdo de la madre muerta. Y, a pesar de que el personaje padre recrimine duramente al hijo y lo mantrate de palabra por sus traiciones y fechorías, de hecho, lo ayuda hasta la extenuación. El sudor, los tropezones, la cabeza agarrotada..., son más elocuentes que las reconvenciones. El mensaje del relato es un mensaje de amor, de ayuda al traidor, al malechor convicto.

En cuanto a la significación del objeto-comunicación, que Greimas atribuye al eje que vincula destinador y destinatario $(D_1 \rightarrow D_2)$, es la proyección de una comunicación de la madre al hijo, por personaje mediador, el padre, y es un mensaje de amor. Cuando el mediador lo acepta (en *No oyes...),* a pesar de la dificultad, puede esperarse —con todas las reservas— una restauración del orden y de los valores. Cuando el mediador lo tergiversa (en *La herencia),* puede desencadenar un nuevo e irreversible desorden.

A nuestro entender, los dos relatos articulan relaciones familiares fuertemente dramatizadas, conductas excesivas. El padre de *No oyes...* no está individualizado, ni por sus rasgos, ni por su nombre propio. Sólo por su sudor y sus esfuerzos y por sus reconvenciones (también por la pregunta reiterada sobre el dolor del hijo: "¿Te duele mucho?"). *Me derrengaré, pero lo llevaré a usted a que lo sanen* (es la paternidad esforzada). El padre de *La herencia* sí está caracterizado, por su gran cuerpo, por su posición económica, por su nombre y apellido. El personaje de la madre, muerta en los dos relatos en parecidas circunstancias, y la manera en que viven los dos viudos su relación con el recuerdo, describe una nostalgia parecida. En fin, las relaciones de parentesco sobreestimadas, nos han llevado a analizarlos paralelamente, por pensar que el paralelismo de rasgos funcionales y temas debe de tener un sentido *extracodificado*[3] en el universo rulfiano. En el nivel cotextual existe un antagonismo claro entre las dos figuras del padre y las dos figuras de los hijos: el de Ignacio, que devuelve bien por mal, y el de Euremio que hace daño gratuitamente. Los hijos: Ignacio, el rebelde sin causa, y Euremio, el sumiso sin motivo. En el ápice de las historias actúan el padre de Ignacio y el hijo, Euremio. Una solución cotextual (y quizá la explicación significativa) sería *que uno y otro personajes se encontraran en el mismo camino del mismo relato.* El parricidio, al menos, no tendría lugar. Queda, en perspectiva abierta, esa posibilidad de regeneración o de reinserción en el bandidaje del hijo malechor sin causa. En todo caso, esa posibilidad estructural disyuntiva sobre la que no ofrece información prospectiva el relato, significaría el ejercicio puro de la libertad individual, regeneración o recaída son las opciones libres del personaje. (En el nivel de la historia, la ayuda física es rechazada por el hijo a causa del desahucio de las heridas).

---

(3) Eco, Umberto, *Tratado de semiótica general,* cfr. su definición de la hipocodificación, págs. 241-243, Barcelona, Lumen, 1977.

14. ANACLETO MORONES

Es uno de los relatos más largos del *corpus* y su modo es claramente esperpéntico. Es el que cierra la primera edición de *El llano en llamas,* siendo *El día del derrumbe* (más paródico que esperpéntico) y *La herencia de Matilde Arcángel,* relatos añadidos en posteriores reediciones. Acaso su disposición en el conjunto, como final, no sea arbitraria y quiera aportar una nota de humor negro, una carcajada siniestra a toda la serie anterior en que se dramatizan el dolor, la muerte, la enfermedad y la tragedia cotidiana y sin remedio que para los personajes del mundo novelesco rulfiano es el simple vivir.

La anécdota es la visita que un grupo de beatas, las "congregantes del Niño Anacleto", hace el narrador, Lucas Lucatero; están vistas y retratadas desde la óptica sarcástica y deformadora de este personaje. Sin compasión y sin caridad, Lucas Lucatero, ridiculiza en el diálogo y en las descripciones, el aspecto físico y la supersticiosa creencia de estas mujeres, desbaratando con bromas y desenfado su absurdo plan de canonización de Anacleto Morones.

La deformación que sufren la historia y los personajes es paralela a la deformación de la práctica religiosa en ciertos sectores populares y semianalfabetos, de los que es paradigma la congregación de Amula, en el microuniverso narrativo. La actividad del narrador se ejerce en dos niveles: uno, formal estético: la estilización de los personajes en la descripción (predicados estáticos), que va dirigida fuera del relato, al receptor, subordinada al mensaje literario, y otro, en el nivel funcional (predicados dinámicos), dentro del mismo relato: activa el desengaño, desvelando la auténtica personalidad de Anacleto Morones a sus "fieles" ignorantes. Es decir, desde dentro, hace de abogado del diablo del "proceso de canonización de Anacleto Morones" y hacia afuera hace de abogado del diablo de la supuesta religiosidad del pueblo mexicano[1].

La estilización corre a cargo del narrador y sujeto primero del enunciado, y el distanciamiento se subraya desde la primera línea con la perspectiva, "las ví desde lejos", con que en el monólogo se contempla la aproximación de los personajes femeninos. Avanzan hacia el narrador —y hacia el lector— en el primer párrafo del enunciado, como bultos grotescos, indiferenciados. Los términos que las califican son despectivos y degradantes:

- ¡Viejas! (*)
- Hijas del demonio
- vestidas de negro
- la cara ya ceniza de polvo[2]
- negras todas ellas
- con sus negros escapularios grandotes y renegridos
- viejas indinas
- chorreando sudor
- ¡Esas viejas!
- sus negros vestidos puercos de tierra
- viejas carambas
- ni una siquiera pasadera
- todas caídas por los cincuenta
- marchitas como floripondios engarruñados
- viejas de los mil judas

(1) Preguntado Rulfo por J. Sommers, en *La narrativa de Juan Rulfo*, ya cit. sobre lo que se puede suponer como negación de valores en *Pedro Páramo*, dice: "... algunos valores están satirizados. Por ejemplo, en la cuestión de la creencia, de la fe. Yo fui criado en un ambiente de fe, pero sé que la fe allí ha sido trastocada a tal grado que aparentemente se niega lo que estos hombres creen, que tengan fe en algo (...) Su fe ha sido destruida (...) aunque sigan siendo creyentes su fe está deshabitada". págs. 20-21.

(*) *vieja* es voz genérica para designar a la mujer en el habla mexicana. Según la entonación y el momento, puede ser desde apelativo cariñoso hasta el más despectivo. Aquí, aunque siempre es despectivo, no siempre significa avanzada edad.

Los personajes se mueven o se ven en tropel:

- todas juntas
- en procesión
- todas juntas
- apretadas en manojo
- sentadas en hilera
- sarta de viejas canijas

Se utiliza el procedimiento de animalización:

- sudando como mulas
- como una recua levantando polvo
- viejas y feas como pasmadas de burro

Al escarnio en la descripción de los personajes, que son como una masa negra que se desplaza y suda, "sujetos de carencias más que sujetos de atributos" (como de los personajes de los autos valleinclanescos dice M. del Carmen Boves)[3], corresponden igualmente, en el enunciado dinámico, el escarnio moral de que son objeto las conductas de algunas de las congregantes en el diálogo fiscalizador del sujeto narrador. Las conocía bien a todas, por sus nombres y sus vidas, pero las ve como una masa incordiante y molesta:

"Yo ya sabía de dónde eran y quiénes eran; podía hasta haberles recitado sus nombres, pero me hice el desentendido".

Para desanimarlas de su propósito —o temiendo vayan demasiado lejos en su indagación sobre la "desaparición" del milagrero— y para desbaratar el "encargo" que le traen, actúa de oponente

---

(2) "El polvo de 'Talpa' recuerda más bien a la ceniza y por lo tanto a la desintegración y la inconsistencia humana; es el polvo que se asocia con la condena y la expulsión del paraíso", dice Violeta Peralta, en *Rulfo, la soledad creadora*, ya cit., pág. 42. Aquí tenemos polvo y ceniza unidos, en el mismo concepto isótopo de suciedad y decadencia.

(3) En su *Comentario de textos literarios*, ya cit., pág. 135.

funcional, mediante la recordación insidiosa de algún punto negro de las conductas respectivas. Así, dice a una de ellas:

"—¿No eres por casualidad, Pancha Fregoso, la que se dejó robar por Homobono Ramos?

—Soy sí, pero no me robó nadie. Esas fueron puras maledicencias".

Se dirige, al rato, a otra de las congregantes:

"—¿Y tu marido qué dice?

—Yo no tengo marido, Lucas, ¿No te acuerdas que fui tu novia? Te esperé y te esperé y me quedé esperando".

En el diálogo grotesco la mujer confiesa haber abortado el feto, consecuencia de sus relaciones sexuales. Se marcha llorando.

Poco a poco, desengañadas por las blasfemias y las declaraciones contrarias a la santidad de Anacleto Morones, suegro del narrador, el grupo de congregantes se va diezmando, van desapareciendo de la casa, regresan a Amula. Lucas Lucatero todavía insiste en el escarnio:

"—No sabía que tenías marido (dice a otra). ¿No eres la hija de Anastasio el peluquero? La hija de Tacho es soltera, según yo sé.

—Soy soltera pero tengo marido. Una cosa es ser señorita y otra cosa es ser soltera. Tú lo sabes. Y yo no soy señorita, pero soy soltera".

Las diez congregantes de Amula quieren que Lucas Lucatero las acompañe y certifique que Anacleto Morones, su suegro, fue un santo, para iniciar la campaña de canonización.

Lucas Lucatero, en el diálogo, va descubriendo la personalidad del embaucador, milagrero y falso taumaturgo de su suegro. A la vez, desvela la verdadera personalidad y móviles del embaucador: la lujuria: "Dejó sin vírgenes esta parte del mundo". El incesto: "Adentro de la hija de Anacleto Morones estaba el nieto de Anacleto Morones". O desface el entuerto del "milagro": "(tu marido) Ha de haber tenido sarampión. A mí también me lo curaron con saliva cuando era chiquito". "Hacer hijos no es ningún milagro. Ese era su fuerte". El presunto "santo" se ha movido por la lujuria, la ganancia de dinero y el prestigio de curandero.

El narrador va desdibujando paulatinamente la figura del ensalmista, *desatribuyéndole* prodigios y bondades y ensartándole rasgos de conducta moral degradada. Cuando nueve de las diez congregantes han desistido de su propósito de obtener de Lucas Lucatero testimonio de la santidad de Anacleto Morones, y se han ido marchando, conocemos el fin que tuvo Anacleto Morones: su yerno lo ha asesinado el mismo día en que se escapó de la cárcel, a donde había ido a parar denunciado por brujo y engañabobos. Está enterrado en el corral del rancho de Lucas Lucatero, en donde se desarrolla la entrevista, con un montón de piedras encima "para que no se salga de la sepultura".

También se ha revelado la personalidad de la hija de Anacleto Morones: "le gustaba mucho la bulla y el relajo. Debe de andar por esos rumbos, desfajando pantalones". A Lucas Lucatero se la dio su padre "ya perpetuada" (embarazada de cuatro meses), y, después de pasar "las de Caín", por su mal comportamiento, la echó de casa, "la corrí".

No queda, pues, títere con cabeza, o al contrario, no queda cabeza de persona sino testas de títeres, en el relato, interpretando una función sintáctica muy simple, de diálogo para siluetas o de retablo de adefesios, que parece sacado de los *Sueños,* de Quevedo, de los esperpentos de Valle Inclán, o de la serie negra de Goya, o como muy bien ha visto Arreola, coterráneo de Rulfo: "Ha hecho como Orozco, una estampa trágica y atroz del pueblo de México (...) tan real y tan curiosamente artística y deforme". Arreola, el gran escritor jalisciense, se refiere a todo el conjunto de la obra de Rulfo, aquí, en *Anacleto Morones,* hay inflacción de lo deforme, de lo monstruoso, de lo grotesco. La intención es clara: ridiculizar una fe que por necedad e ignorancia ha degenerado en superstición y es fácil presa de milagreros y santiguadores que explotan "la chochez de viejas que disecan el gato cuando se les muere"[4], en provecho propio, satisfaciendo la lujuria, la avaricia y la forma degradada de poder que supone el prestigio taumatúrgico del engañador.

La obra, en la gran tradición hispánica de la sátira moralizante (aquí invertida e implícita la moralidad)[5], descabeza a los mismos explotados y desvela en las muy "honestas congregantes" tratos eróticos y relaciones sexuales primarias, con lo que la lujuria y la irreverencia contaminan todas las conductas.

Se reitera aquí lo ya expuesto a propósito de las expresiones y las condiciones de una fe esperpéntica, en el relato *Talpa:* ni la descreencia ni la fe de las congregantes son consecuentes y racionales, ni la explotación de que son objeto es *sólo padecida* sino también —y en gran medida— *provocada.* Todos interpretan *sinceramente la hipocresía,* viven el autoengaño, son cómplices de la superstición y la explotación que padecen. La suya es —como dice Rulfo— una fe deshabitada, que mueve mecánicamente conductas y bocas orantes[6].

La disposición de la materia narrativa ha hecho que el distanciamiento que exige la sátira se exprese desde en enunciado por el sujeto narrador, actante oponente a las pretensiones de las congre-

---

(4) "El pueblo español ha trivializado todos los grandes misterios por su cotidiano y doméstico trato: su gran miseria moral está en su chabacana sensibilidad ante los enigmas de la vida y la muerte. Todos los grandes conceptos son transmutados por él en 'un cuento de beatas costureras', de modo que su religión parece 'una chochez de viejas que disecan el gato cuando se les muere' (*Luces,* I, 899)". José Luis Varela recoge y glosa aspectos literarios de la actitud renegada de Valle Inclán, interpretando la ética de su estética esperpéntica, y muy bien nos parece la cita pudiera servir para aclarar la ética rulfiana, tan marcadamente hispánica en este relato. J. Luis Varela, "El mundo de lo grotesco en Valle Inclán", en *La transfiguración literaria,* Madrid, Editorial Prensa Española, 1970, págs. 213-255.

(5) Insistimos en la asunción de lo social por el poeta humorista, como señalamos en *El día del derrumbe.* "La comedia de humor tiene una fácil y natural conexión con la 'morality'", dice Nortrop Frye, en *La estructura inflexible de la obra literaria,* Madrid, Taurus, 1973, pág. 298.

(6) Cfr. la exposición de las anómalas conductas: descreencia/creencia, en el análisis de *Talpa.*

gantes, actantes víctimas. Pero, como ocurre en la mejor tradición burlesca, el burlador acaba burlado. Como Cervantes, que se cree más cabal y más cuerdo que Don Quijote, Lucas Lucatero cae él mismo en la trampa de la superstición de que se mofa: no está muy seguro de que Anacleto Morones no pueda, utilizando una de sus tretas, salirse de la sepultura. A la vez, su propia conducta queda en entredicho y ridiculizada por la apreciación de la mujer —la última de las congregantes— que se queda a pasar la noche con él: es una calamidad haciendo el amor. No puede compararse al ensalmista ("él sí que sabía hacer el amor"), le dice la mujer de madrugada. La mujer, en el acto, y Anacleto Morones, en el recuerdo *post mortem,* se burlan de él, desprestigian su capacidad amorosa. El suegro, muerto, y con un montón de piedras encima sigue siendo un aventajado rival en la cama.

El escarnio riza el rizo y queda el burlador escarnecido. La sintaxis narrativa del relato se cierra con ese breve e inesperado efecto de boomerang del ridículo, subrayando el propósito esperpéntico del autor, que *desde la enunciación* (implícita) no apela a dramatismos complementarios y explicita su intención.

15. EL DIA DEL DERRUMBE

Este relato ha sido considerado unánimemente por la crítica como sátira política[1], y es, en efecto, una sátira, una parodia, de la demagogia política, atribuida, desde la literatura, a los gobiernos posrevolucionarios[2]. Pero el relato es más que una estilización formal de una actitud histórico-política, que se resolverá en un fácil rechazo del sistema —extratextual— por el receptor-lector, al interpretar la intención deformadora del emisor.

En *El día del derrumbe,* asistimos al funcionamiento específico de lo que Julia Kristeva estudia como *dialogismo novelesco*[3], reinterpretando las concepciones de los formalistas rusos, principalmente a Bajtin, sobre *discurso monológico* y *discurso dialógico*.

Parece interesante detenernos a analizar las instancias del discurso en éste en que se materializa precisamente el mensaje reprobatorio del autor a una modalidad deformada del lenguaje: la retórica política. Así pues, en el relato hay también un mensaje metalingüístico que se inserta en un discurso dialógico.

---

(1) Véase, por ejemplo, Violeta Peralta, *Rulfo, la soledad creadora,* ya cit., pág. 27, que lo considera reminiscente de las sátiras de Fernández de Lizardi; o Jorge Rufinelli, Prólogo Obras Completas, Biblioteca Ayacucho, Caracas, 1977, pág. XX.

(2) En este aspecto puede ser ilustrativo el capítulo "Análisis del proceso político revolucionario acotado por el lenguaje *público* y actitud de los novelistas", págs. 80-95 de mi *Proceso narrativo de la Revolución Mexicana,* ya cit.

(3) En el capítulo "El diálogo lingüístico y la ambivalencia", de *El texto de la novela,* ya cit., págs. 120-129.

Ahora bien, a pesar de que todas las secciones narrativas del relato están expresandas tras el guión coloquial o las comillas de la reproducción literal memorizada, el sujeto hablante, que se hace cargo del relato, da la palabra a otro sujeto, Melitón, sólo para que asuma la función mecánica memorística, o utiliza con él los interrogantes directos del diálogo, en la función meramente fática, para verificar fechas, lugares, modos..., o interrumpir, alargar y mantener la atención del interlocutor, por lo que todo el relato parece más bien un *diálogo monológico* que un coloquio. Diálogo del sujeto primero hablante, SP, desdoblado, o mejor, *doblado* hacia/en un sujeto segundo, Melitón, SS, que se dirige a unos destinatarios, D, interlocutores tácitos: *espérense, ustedes* saben, *les* estaba diciendo, no crean *ustedes, estos señores, les,* etc..., que nunca llega a tomar la palabra, pero que está ahí, en esa instancia lingüística, pronominal e individual, a la que se dirige la alocución de un Yo.

El diálogo de nuestro SP, encarnado, se vuelve discurso, enunciado, y como tal requiere un autor, un emisor. El hablante es el sujeto de la enunciación y uno de los sujetos del enunciado (el sujeto primero), que ejercita la palabra (en el sentido de Benveniste)[4] y asume el discurso de la narración.

En el texto del relato podemos delimitar claramente tres instancias del discurso, o tres categorías de enunciados dialógicos: la del sujeto hablante que representa la historia y el discurso del relato; es un enunciado *objetual,* que posee una significación objetiva, directa, y que, sin embargo, no es el discurso del autor, pues se halla distanciado por la perspectiva agonística del enunciante, "está orientado hacia su objeto y es él mismo, objeto de la orientación del autor" (Kristeva). Es decir, el enunciado del sujeto hablante se refiere a una anécdota pasada, vivida por él y sus convecinos hace más de un año, y la recordación coloquial *no tiene otro objeto en sí misma más que ella misma,* es un enunciado unívoco. Ahora bien, al ser reproducido, acotado por un sujeto extratextual, el autor, ha devenido objeto de otro enunciado, que po-

---

(4) E. Benveniste, capítulo: "La naturaleza de los pronombres", de *Problemas de lingüística general,* Siglo XXI, México, 1971.

demos llamar trascendente (si llamamos sujeto trascendente al autor). Pero ha sido tomado por ese sujeto amanuense como un todo, con su sentido primero y en su propio tono; sólo tendrá una significación subordinada en el conjunto significante.

Otra categoría del enunciado dialógico sería la de la interpelación directa, en el presente de la instancia discursiva, entre el sujeto primero y el interlocutor, SS, Melitón. Este enunciado es marcadamente denotativo, de verificación de datos. Es directo, es ecoico, amplía —no contesta— la comprensión del enunciado objetual y procura una comprensión directa en sí mismo.

Por último, la tercera categoría de enunciado en el relato, sería el enunciado que introduce la palabra de *otro,* en este caso: *la palabra política* (el discurso del gobernador); se trata de un enunciado que remite a una enunciación y un enunciado ajenos[5]. Este enunciado ajeno actúa *desde fuera* del relato, no modifica la instancia paralela del discurso, pero suscita un diálogo *hacia fuera,* igualmente, del relato. Este enunciado se caracteriza por la influencia *activa,* pues modifica el enunciado objetual —sin romperlo ni mancharlo—, introduciendo una significación paradojal a la significación primera y directa del discurso. Y es doblemente activo, pues la paradoja, que no mueve la oposición paralela en el discurso, promueve en cambio, la respuesta del receptor.

Es forzoso en este relato referirnos a un sujeto exterior, trascendente, el autor, que se ha borrado del texto, que no ha dejado su huella en la enunciación, pero que está ahí, implícito en la palabra del enunciado, dirigiéndose a un receptor, implícito igualmente, el lector, el de fuera, si se quiere, hipostasiado a los interlocutores tácitos del discurso dialógico del locutor. El relato podría ser la transcripción de una cinta magnetofónica, *(auctor,* lat. de jurisprudencia, "vendedor"), de alguien que ha dispuesto la escucha y la transformación, que ha acotado un principio y un final (y que

---

(5) "Desde el punto de vista lingüístico, la instalación del discurso en el interior del relato no es, como sabemos, otra cosa que la proyección, sobre el discurso-enunciado, de un discurso que representa el simulacro de la enunciación (...): la enunciación enunciada, inscrita en el primer discurso, se convierte a su vez en el lugar de proyección de una nueva enunciación simulada", Greimas, *La semiótica del texto,* ya cit., pág. 186-7.

es, además, esa persona real, Juan Rulfo, que suscribe la propiedad intelectual de un conjunto de relatos entre los que está el que nos ocupa).

El texto literario, como convención que es, supone ese emisor, implícito en este caso, y un receptor, implícito también aquí, a quien se dirige, y es en esa relación implícita, sin huella lingüística *aquí*, derivada de una tradición, un código y una convención, en donde podemos encontrar la oposición significante que está velada en el discurso narrativo.

El sujeto hablante que se hace cargo de la historia y del discurso, nos ofrece un enunciado que hemos llemada *objetual* con distintos grados de objetividad. Uno que se refiere a las características sociológicas típicas de la anécdota, y otro que atiende a los rasgos característicos. Vamos a tratar de resumir la anécdota: un sujeto hablante recuerda un pasado temblor de tierra en que se derrumbaron muchas casas y hubo varias víctimas. A los pocos días del temblor va al lugar siniestrado el gobernador del Estado para hacerse cargo del desastre. La visita del gobernador supone un gasto exhorbitante para el pueblo que se vuelca en el agasajo de comida y bebidas que le ofrecen. El banquete dura todo el día, las gentes se emborrachan, el discurso del gobernador —que repite de memoria, en el presente de la enunciación, el acompañante del locutor, Melitón— es una estilización del estilo ampuloso y hueco de la oratoria política, y el acto público acaba a tiros, por la embriaguez creciente de los asistentes y la intemperancia de un personaje del séquito, que interrumpe a destiempo la ampulosidad oficial y que resuelve a tiros, descargando su pistola contra el techo, los intentos del auditorio de callarlo. Entre dudas y verificaciones de lugar y tiempo, el locutor relata la historia; finalmente queda bien localizada la fecha de la visita del gobernador en el recuerdo del personaje por la coincidencia con el nacimiento de un hijo suyo, en cuyo trance no pudo prestar ayuda alguna a la mujer por la gran borrachera que cargaba.

En el discurso del hablante se interpola el enunciado ajeno, el discurso del gobernador, recordado literalmente —y mecánicamente— por el sujeto segundo, ecoico, hemos dicho, Melitón. Del enunciado objetual del narrador locutor podemos deducir varios rasgos de la psicología local: a) El nivel de ignorancia del pueblo, del vecindario; no sabían que la estatua que tienen levantada en la plaza era de Juárez. b) El servilismo y la jactancia pueblerinas, agasajando al gobernador más allá de sus posibilidades: el banquete les cuesta más de cuatro mil pesos y se los gastan alegremente, en un momento de quebranto como el que padecen. Se insiste en subrayar esta actitud de ostentación en el enunciado: "no importa que esta recepción nos cueste lo que nos cueste que para algo ha de servir el dinero", dice el inspector del timbre (que es muy agarrado). Y al propio Melitón, testigo y copartícipe del monólogo dialogado, recuerda haberle oído el locutor: "que se chorrié el ponche, una visita de éstas no se desmerece". c) La embriaguez, el tumulto, la pendencia sin causa que sigue a la recepción. d) La ineficacia de los gestos grandilocuentes: el discurso del gobernador, que no entienden, no suscita ni crítica ni oposición. e) En el nivel personal, o mejor, individual, el último párrafo del relato —y la última parrafada del hablante— remite a la *irresponsabilidad* o dejación del deber familiar: la mujer del relator, en la noche de la visita del gobernador, tuvo un hijo y su padre no estuvo en condiciones ni de llamar a la comadrona.

Tenemos, pues, varios de los rasgos negativos del comportamiento social[6] del hombre elemental mexicano: la ignorancia, la presunción, la tendencia a la embriaguez y la pendencia, la actitud acrítica hacia el superior, la irresponsabilidad familiar. Hacia estos personajes, semianalfabetos, azotados por la reciente catástrofe, se dirige el discurso del gobernador, discurso conceptista, altisonante, ampuloso, hueco. Los receptores del discurso no conocen el código del emisor ni tienen capacidad crítica para reducirlo a su estricto significante: vacuidad altisonante. La atención del auditorio, se fija en los elementos externos, en los gestos y ademanes del personaje:

---

(6) Tipificados ya en la narrativa mexicana inmediatamente anterior y en los estudios filosóficos del 'Grupo Hiperión', que tratan de configurar una ontología del mexicano, en las obras de Samuel Ramos, Octavio Paz, Emilio Uranga, etc...

"Lo grande estuvo cuando él comenzó a hablar. Se nos enchinó el pellejo a todos de la pura emoción. Se fue enderezando, despacio, muy despacio, hasta que lo vimos echar la silla hacia atrás con el pie; poner sus manos en la mesa; agachar la cabeza como si fuera a agarrar vuelo y luego su tos, que nos puso a todos en silencio. ¿Qué fue lo que dijo, Melitón?''

Lo que dijo fue *nada con mucho ruido* y los auditores semiletrados no captaron ni la letra ni el son.

La intención crítica del autor —no del sujeto del enunciado—, en la estilización del discurso político, va dirigida al receptor, al lector, que participa del mismo código y nivel cultural y que puede establecer las distancias, y, a la vez, darse cuenta y escuchar el diálogo con el *corpus* literario precedente, tan ejercitado en la crítica del estilo ampuloso y la falsa erudición, desde Cervantes, Quevedo, el Padre Isla y el propio Fz. de Lizardi[7]. El discurso del gobernador *suena* al sermón primero de Fray Gerundio de Campazas, "la estrena de sus dotes oratorias''. Pero el sermón irracional y disparatado de Fray Gerundio tenía la corrección paralela en el mismo discurso narrativo, en la enunciación, quedando garantizado el propósito didáctico, con la crítica a los errores de Fray Gerundio y la reprobación constante por parte de otros de los sujetos del enunciado.

En *El día del derrumbe* no está presente el autor —ya lo hemos dicho— y no hay noticia textual de que los efectos nefastos de admiración o engaño se hayan producido en la recepción del discurso, pues el resultado es un tumulto general y una algarada, debida a las grandes dosis de alcohol ingeridas. Sólo la mente de Melitón ha grabado literalmente las palabras huecas e incluso a él, le resulta *enfadoso* repetirlas tantas veces. El autor se oculta,

---

(7) Continuada esta línea crítico-humorística, en la misma narrativa mexicana, en la obra de Fernando del Paso, o en esa novela *reverso humorístico* de "la novela de la Revolución Mexicana'', que es *Los relámpagos de agosto* (1964), de Jorge Ibargüengoitia, en la que la palabra política recuerda el *tono* de la palabra del gobernador a los tuxcacuenses.

la crítica se elude y el receptor segundo —el lector— debe hacer de Fray Prudencio y realizar una lectura correctiva de los excesos demagógicos e irracionales de la oratoria política.

Aparte de este *enunciado ejeno* que se introduce en el relato y que actúa "desde fuera" del texto, significando —en un segundo nivel— la oposición y la paradoja de la actitud política gubernamental irresponsable —y distorsionada— frente a las características sociológicas del pueblo y frente a una situación de catástrofe, en el enunciado del narrador hablante están contenidos la historia y el discurso del relato y su significado primero. Como en la mayoría de los relatos de Rulfo, una frase, un párrafo breve, resume la historia que hacia adelante o hacia atrás se expansiona. Aquí, el locutor, en síntesis memorizada, acierta a definir la estructura dialéctica del argumento: "La cosa es que aquello en lugar de ser una visita a los dolientes y a los que habían perdido sus casas, se convirtió en una borrachera de las buenas". La visita del Gobernador que se supone va a procurar una ayuda a los damnificados, provoca un gasto excesivo ("salen desfalcados"), borrachera, riña sangrienta y mayor embrutecimiento.

Pero también en *el discurso* del sujeto del enunciado, en ese enunciado objetual, que ha sido acotado por el autor y tomado como un todo, sin alterar ni modificar, ni introducir en él otro *ruido* significativo, también en él, y quizá en un nivel no consciente, hay una significación crítica (lo que viene a demostrar en el plano teórico que no existen en la narración enunciados unívocos, que todo enunciado es susceptible de ser desglosado). Dice *inocentemente* el sujeto parlante:

"Todos ustedes saben que no más con que se presente el gobernador, con tal de que la gente lo mire, todo se queda arreglado. La cuestión está en que al menos venga a ver lo que sucede, y no que se esté allá metido en su casa, no más dando órdenes. En viniendo él, todo se arregla, y la gente, aunque se le haya caído la casa encima, queda muy contenta con haberlo conocido".

Y, en la misma *historia*, se da el contrapunto semántico (reflejo) del tema de *la irresponsabilidad*, que articula la anécdota en la sintaxis narrativa, en ese último sintagma del enunciado, y en un nivel paradigmático se establece la correlación entre los dos órdenes existentes: el orden social y el individual. *La irresponsabilidad* del gobernador y la irracionalidad de su discurso se corresponden con *la irresponsabilidad* y la irracionalidad (por la borrachera) del sujeto del enunciado, al dimitir de sus deberes familiares en el trance del nacimiento del hijo.

17. PASO DEL NORTE

Paso del Norte es un relato "diferente" en el plano de la expresión y en el del contenido. Diferente en cuanto que se aparta de ciertas características que la crítica señala como comunes a los demás relatos del *corpus*. En la forma de la expresión es un relato dialogado, con dos interlocutores principales, un padre y un hijo, y otros interlocutores circunstanciales. Es un relato totalmente dialogado, excepto un breve enunciado descriptivo, de ocho líneas, de los cuales cinco reproducen frases y referencias coloquiales. La descripción queda reducida a:

"De los ranchos bajaba la gente a los pueblos; la gente de los pueblos se iba a la ciudad. En las ciudades la gente se perdía; se disolvía entre la gente". (pág. 135).

Además, este relato es primordialmente conversacional[1]; transcribe el uso popular y deformado de la lengua por los hablantes de clase social muy modesta. No se trata, según el rasgo estilístico de este autor, de *recrear* el habla rural, captando su esencia simbólica y transportándola al plano literario, sino de *reproducir* matices populares, imitando en la escritura cambios fonéticos,

---

(1) Luraschi dice de *Paso del Norte* que siendo uno de los relatos en que aparece un narrador en primera persona, su función "es mínima y conectora: el efecto es dramático por la abundancia de diálogo", "Narradores en la obra de Rulfo...", ob. ya cit., pág. 7, nota (13).

morfológicos y gramaticales, frecuentes en el habla de los personajes del nivel social que representan (arcaísmos, contracciones, hiatos...). Quizá este carácter "costumbrista" aconsejó su exclusión de la colección en varias ediciones.

La anécdota del relato es, igualmente, muy simple; no ofrece ambigüedades ni complicaciones esquemáticas. El tema es "localista", una llaga en la sociología mexicana: la forzosa inmigración ilegal de mexicanos en Norteamérica[2]. Pero la dura intención crítica a este estado de cosas, se trivializa, al quedar descifrada en el primer nivel de lectura y al ser expresada, incluso, textualmente en el plano denotativo.

Los grandes temas que atraviesan el *corpus,* la venganza, el adulterio, el incesto, el machismo, la superstición, la violencia..., son temas válidos para un determinado grupo social pero caracterizan estados generales de la idiosincracia occidental, aunque referidos a estadios primitivos, o prelegales, y pueden trascender fácilmente la anécdota local para integrarse en la mentalidad mítica universal. El tema del relato que nos ocupa ilustra un problema nacional, el bracerismo inmigrante (aunque tampoco es desconocido de otros ámbitos hispánicos y de España mismo)[3], que antes y después ha sido reflejado por otros autores mexicanos (Yáñez, Fuentes...).

---

(2) Como aportación extratextual a este tema poseo un dato estadístico que me parece valioso por coincidir, aproximadamente, con la fecha de publicación del texto de Rulfo. Es de Gastón García Cantú, en *Utopías mexicanas,* México, Era, 1963. Cita el Informe de la Secretaría de Relaciones Exteriores, 1952-53, pág. 354, y dice: "después de la importante industria del turismo, la *industria sin chimeneas,* como se ha dado en llamar, es la contratación de nuestros braceros la que aporta los mayores *recursos invisibles* para estabilizar nuestro intercambio internacional. La cantidad traída por los braceros de enero a septiembre de 1958, fue 263 millones de pesos. En fin, 14 millones menos que la suma total del comercio exterior mexicano con Latinoamérica", págs. 169-70.

(3) "Es una metáfora de la situación de un hombre de Hispanoamérica respecto a U.S.A. (...) igual que "Campeones", de Pedro Juan Soto, de los portorriqueños", dice Veas Mercado, en la tesis inédita, ya cit., pág. 119. Recojo la interpretación por venir de un hispanoamericano. Martín Luis Guzmán, en *El aguila y la serpiente* (1926), pág. 228 (edición de Aguilar), refleja claramente la sensibilidad del tema en los primeros intelectuales de la Revolución: "Ir de El Paso, Texas, a Ciudad Juárez, Chihuahua, era al decir del licenciado Neftalí Amador, uno de los mayores sacrificios — ¿por qué no también una de las mayores humillaciones?— que la geografía humana había impuesto a los hijos de México que andaban por aquella parte de la raya fronteriza".

La anécdota es lineal: un hombre joven se presenta en casa de su padre con la mujer y los hijos pequeños. Se va al Norte y quiere dejar a su familia en la casa paterna. Han pasado hambre y él ha oído que en el Norte se puede ganar dinero. El padre trata de desentenderse del encargo, pero, al fin, acepta quedarse con la nuera y los cinco hijos. El emigrante promete regresar pronto y pagarle al padre el doble del gasto que ocasione. Un intermediario se ofrece a pasarlo por doscientos pesos[4]. A continuación, sin transicción narrativa, el personaje está ya de vuelta contándole al padre el fracaso de su intento: lo balancearon los policías fronterizos, lo hirieron y fue repatriado. El padre le anuncia que su mujer se ha ido con un arriero y que él ha vendido la casa del hijo para pagarse los gastos. El emigrante fracasado sale en busca del arriero y la mujer.

Vamos a proceder a exponer esquemáticamente el desarrollo de la acción, la sintaxis narrativa de la historia:

Estado de carencia (pasan hambre)	"La semana pasada no conseguimos pa comer y en la antepasada comimos puros quelites".
Posibilidad de remedio (emigrar al Norte)	"Me voy pal Norte". "Pos a ganar dinero. Ya ve usté, el Carmelo volvió rico". "Nomás arrejunto el dinero y me regreso".
Obstáculo 1.º (dejar recogida a la familia)	"Por eso vengo a darle el aviso, pa que usté se encargue de ellos". "Le pagaré al doble lo que usté haga por ellos".

---

(4) Para una información *real* y actual, es decir, el referente historiográfico, puede verse un excelente artículo de Franz-Olivier Giesbert, "Les nouveaux soutiers de l'Amérique", en *Le Nouvel Observateur*, núm. 805, 14-20 de abril, 1980.

Obstáculo 2.º (reunir dinero para pagar al "pasador") ↓	"vete a Ciudá Juárez. Yo te paso por docientos pesos". "Allá te presentas con Fernández". "Volverás con muchos dólares".
Obstáculo 3.º (lograr "pasar") ↓	"Al pasar el río. Nos zumbaron las balas hasta que nos mataron a todos. Allá, en el Paso del Norte, mientras nos encandilaban las linternas, cuando íbamos cruzando el río".
Fracaso del intento (regreso derrotado) ↓	"Tengo ahí una partida pa los repatriados, pero si te vuelvo a devisar por aquí, te dejo a que revientes".
Empeoramiento (fracaso en el remanente: la mujer perdida, la casa vendida)	"Ya verás la ganacia que sacaste con irte." "Se te fue la Tránsito con un arriero". "Tu casa la vendí pa pagarme lo de los gastos".

Resultado = proyección de un proceso futuro de degradación y delincuencia.

La única ambigüedad de la historia, que la adensa significativamente, es el final abierto, la salida del fracasado en busca de la mujer y del arriero, sin duda para matar al burlador y para castigar a la adúltera o para recobrarla[5]. En este final se reconoce el modo rulfiano de entregar la información: se nos representa el momento crucial de una vida: cuando una leve ilusión pudo realizarse. La fatalidad —del signo que sea— impide que se logre, y el fracaso deja al hombre paralizado, detenido para siempre *ante* su

---

(5) Emilio Miró dice: "También el matrimonio destruido. Aunque él, esperanzada, absurdamente, decida:... *Voy por ella*", "Juan Rulfo", en *Homenaje a Rulfo*, Madrid, Anaya-Las Américas, 1974, págs. 207-245.

fracaso. En *Paso del Norte* conocemos más de lo acostumbrado de los proyectos del personaje, de sus ingenuas ilusiones de hacerse rico, de lo quejoso que se siente del padre ("ni siquiera me enseñó usted a hacer versos, ya que los sabía". "(...) usté tenía que haberme encaminado", (...) "Ni siquiera me enseñó el oficio de cuetero, como pa que no le fuera a hacer a usté la competencia"), de los pormenores del intento de "paso" y de los avatares del fracaso; sin embargo, en esta decisión final —y definitiva para el futuro del personaje—, Rulfo nos sitúa ante una radical ambigüedad. Si el fracaso exterior, en el espacio social, en el *allá,* se explicita sin reservas, el fracaso de *acá,* el íntimo, el del matrimonio, y su modo de sentirlo los personajes, permanece indescifrado.

Podemos recurrir a todos los indicios que nos entrega el narrador: la mujer se llama Tránsito, nombre simbólico, "paso" también, que puede aludir a su condición de comunicación fácil, de "dejarse transitar o poseer", o significar simplemente el fracaso redundante, el paralelo del fracaso emigratorio, el fracaso íntimo. Por otro lado, el hijo se queja de que el padre nunca aprobase su matrimonio; cuando se la presentó, "usté se soltó hablando en verso y dizque la conocía de íntimo, como si ella fuera una mujer de la calle". El padre dijo una serie de cosas, en tal ocasión, que él ni entendió. Nosotros tampoco: ¿Hubo anteriormente una relación entre el padre y la joven? ¿Volvió a reanudarse esta relación, o lo intentó el suegro y por eso se fue de casa la Tránsito? Esas preguntas sin respuesta remiten al hermetismo del mexicano que arrumba sus conflictos íntimos o los explaya en un desgarrón de violencia.

La actitud del padre, de irresponsabilidad, connota, en una captación paradigmática, el abandono del Gobierno, o del Estado, que en vez de "encaminar a sus hijos, los suelta como caballos entre milpas". De la suerte del individuo es responsable la nación, el que "lo nace" (como en su queja al padre dice el protagonista). El rencor, el egoísmo y la dureza de corazón del padre son, asimismo, síntomas paralelos del orden exterior, de los valores de la organización contractual de la sociedad, que correlacionan hechos de los dos campos: el macrouniverso y el individuo.

Puesto que conocemos el contexto axiológico de este macrouniverso, podemos interpretar el valor de interpelación fustigante al *statu quo* que en el nivel del discurso y en la sintaxis de la historia supone el relato, explícito en el *denotatum:*

"Nos estamos muriendo de hambre... Y el coraje que da es que es de hambre. ¿Usté cree que eso es legal y justo?

Apéndice: Me parece interesante ilustrar el análisis del relato con un breve extracto del artículo de Franz-Olivier Giesbert, ya citado:

"L'an dérnier, à El Paso, la police des frontières a refoulé cent cinquante *ilegales.* En tout, sur les cinq mille kilomètres de la frontière americano-mexicaine elle en a renvoyè près d'un million.
¿Pourquoi les *Chicanos* se ruent ils vers le nord? Pour le comprendre, il suffit de franchir le pont (grillagè) de Santa Fe, qui sépare El Paso de Juárez, au Méxique. Quelques mètres et vous passez de la societé d'abondance au quart monde. Un choc: la ville est pleine de mendiants, de culs-de-jatte et de taxis marrons qui vous proposent de putains de treize ans à vingt francs la passe... A quoi bon poser des barrières... Elles seront balayés par tous ces va-nu-pieds. Question de vie ou de mort".

El poeta español Curros Enriquez, que conocía el dolor de la tradicional emigración gallega, escribió: "No es digna de los huesos de sus hijos tierra que no los mantiene". Remedándolo, y respondiendo al protagonista emigrante frustrado, concluimos: "No es digna del respeto a la ley de sus hijos tierra que no los mantiene."

SEGUNDA PARTE

LECTURA DEL CORPUS
A TRAVES
DE UN MODELO UNICO

EL MODELO ACTANCIAL

De la flexibilidad con que he venido aplicando uno o varios modelos de análisis a cada uno de los relatos, tratando de adoptar en cada caso el que, o los que, lo explican mejor, voy a pasar ahora a una última etapa más restrictiva; por un lado, de lo disperso a lo conjunto, buscando hallar una lectura totalizadora, y, por otro, de la flexibilidad a la rigidez de un modelo único, de gran simplicidad, que en alguna ocasión ya he empleado en los análisis anteriores, y que creo puede tener un valor operatorio para la descripción general del *corpus* y para el hallazgo de la significación.

El modelo es el modelo actancial mítico, propuesto por Greimas, como representación de un microuniverso de significación, mediante el que podemos captar la dramatización de conductas y la proyección simultánea de valores, es decir, la sintaxis inmanente y su estatuto sincrónico, interpretado por los seis actantes[1].

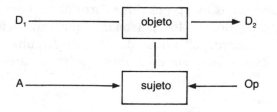

(1) Vid. Greimas, *Semántica estructural*, pág. 276.

Estoy totalmente de acuerdo con Greimas, en "La Description de la signification et la Mythologie comparée", en que el análisis de la significación es a modo de traducción e implica un nuevo lenguaje o metalenguaje, y que mediante él "una semiología connotativa queda tranformada en una semiología denotativa"[2]. Los modelos empleados con éxito en la descripción de los mitos pueden ser eficaces para el estudio de las ideologías que traslucen comportamientos sociales tipificados en los relatos. En la introducción histórica ya hemos visto (valorada por varios críticos) que la narrativa de Rulfo supone el paso de la descripción realista a la mitificación de personajes y conductas en la literatura mexicana. Por ello, creo que el modelo actancial mítico puede servir para describir comparativamente la estructura nuclear de los diecisiete relatos para deducir las significaciones profundas de los universos semióticos individual y social y su correlación.

Northrop Frye dice que "la literatura responde a leyes y estructuras permanentes, está básicamente constituida a partir de categorías preliterarias como los ritos, los mitos y el folclore. Los escritores tienden más o menos inconscientemente a retrotraerse a estas fuentes. La literatura sería la complicación de un grupo restringido de fórmulas simples o arquetipos que proceden de modos imaginativos básicos y que pueden estudiarse sobre todo en las culturas arcaicas"[3].

Con los procedimientos formales y estéticos más modernos, Rulfo ha acendrado los contenidos de la imagen simple que refleja la narrativa mexicana anterior, el folclore, los corridos y las leyendas. El acontecer original se ha vuelto repentización histórica en intrigas y anécdotas esenciales; los relatos de *El llano en llamas* son, generalmente, breves, los personajes que intervienen en la acción, tres o cuatro, el nudo de la intriga, una secuencia elemental, sin expansión y sin eslabones. Los personajes son seres

---

(2) Greimas, *En torno al sentido*, pág. 130.
(3) Cit. a través de Yurkievich, Saúl, *Fundadores de la nueva poesía latinoamericana*, Barcelona, 1971, págs. 156-7 (el libro de Fry es *Anatomie de la critique*, y el texto citado corresponde a la pág. 132, siempre según Yurkievich).

abocetados, figuras de bajorrelieve que no desvelan facetas psicológicas a través de la historia. No hay evolución en los rasgos de los personajes ni desarrollan su personalidad en el tiempo ni trascienden las situaciones que ha creado la exacerbación del dinamismo de un instante, *la violencia.* Casi todos los relatos del *corpus* manifiestan el estatismo en situación, la estabilización o perennidad de la violencia, de su nostalgia, de su temor, de su obligación, o de su engendro dinámico, el rencor. Los personajes son víctimas de una situación de violencia (en algunos casos, de autoviolencia) que se contempla como inmodificable[4].

Para la más completa lectura de las informaciones que proporciona el *corpus,* he tenido en cuenta el contexto sociocultural en que la fabulación se constituye, es decir, la situación sociocultural del campesino mexicano, ya que muchos de los contenidos investidos se presentan como contenidos constituidos en los microuniversos semánticos[5].

Uno de los rasgos expresivos característicos de la modernidad de la narrativa de Rulfo es la escasa huella de la enunciación en los enunciados. Otro, es la preferente utilización del monólogo, del soliloquio y del diálogo a interlocutor callado, que suponen y comportan una preponderancia de la primera persona narrativa[6], del narrador que está dentro de la historia o que es testigo de primera mano de la misma, lo cual induce un efecto de incontestabilidad, al no ofrecer la alternativa de un punto de vista objetivo o la controversia surgiente del diálogo. La visión de la narración es, así, una visión interiorizada, a la que accede el receptor, pero en la que

---

(4) "En los cuentos de Rulfo, como en los de Kafka, la situación como constituyente de la existencia misma, se impone sobre el acontecer", Violeta Peralta, *La soledad creadora,* ya cit., pág. 22.

(5) De este análisis global, como de las consideraciones que vengo haciendo en esta fase de mi estudio, separo la novela *Pedro Páramo* por parecerme un texto más complejo que no responde a las características de simplicidad de la intriga y apsicologización de los personajes.

(6) Para ampliar este aspecto de la presencia del narrador o del punto de vista de la narración, vid. la obra ya cit., de González Boixo, págs. 164-190, y la tesis de Fernando Veas Mercado, ya cit., págs. 52-65, que, al estudiar detenidamente el plano de la expresión, me liberan de extenderme reiterativamente aquí.

apenas puede participar modificándola al interpretarla, por la nula psicologización de los personajes y por el extrañamiento en que lo mantiene el narrador. Ahora bien, si en los monólogos el receptor —como es sólito— se siente implicado en la confidencia, en los relatos que son conversacionales, el lector tiene la impresión de estar escuchando en la mesa de al lado (en *Luvina,* en *Acuérdate,* por ejemplo), y esta impresión se refuerza por el uso abundante de deícticos, que si bien son instancias lingüísticas coetáneas y coextensivas al YO enunciante, también lo son de la intensificación del acto de comunicar, dirigido a un TU, de la capacidad mostrativa de esta narrativa y de su carácter oral, imponiéndose al receptor como una voz, más que como un discurso. Son relatos inmodificables en cuanto a su mensaje y proyección, pero intensamente comunicados desde la zona íntima y verídica de la confidencia.

La significación de cada uno de los relatos del conjunto, que es el objeto último de este estudio, se sitúa sobre dos isotopías, la *isotopía narrativa* (o estructural, en la intriga) que denota, y la *isotopía discursiva,* que connota y se sitúa en el plano del contenido. A las secuencias elementales de la intriga corresponden los contenidos constituidos en el discurso de cada microunverso específico, como semiosis axiológica.

Acabo de decir que en la mayoría de los relatos la acción, lo narrativo, es asumido por el discurso de los personajes (protagonistas o testigos muy próximos), que lo consideran para sí mismos o lo *cuentan* de viva voz, coloquialmente. Pero, comoquiera que el discurso propiamente dicho, la interpretación de los hechos *dirigida* al receptor está ausente de la narrativa de Rulfo, el discurso interior o el discurso conversacional en sus personajes locutores es narratividad y dramatización, a la vez que las "marcas" conversacionales y las referencias coetáneas a este discurso *pueden estar contando otra historia,* subsidiaria o no de la primera. En *Luvina,* hay la historia primera, la de la intriga acontecida en un lugar llamado Luvina, y la historia del locutor que la recuerda, que puede, incluso, estar inventando la historia de Luvina y hasta al mismo interlocutor (que nunca responde). En cuyo caso, del relato *Luvina* podría decirse algo parecido a lo dicho de *Hamlet:* es el relato imaginario de un loco borracho que habla solo en una cantina (o un manicomio...!) hasta caer rendido. En *Luvina,* como en todo relato, hay, además de la intriga, "la historia del discurso" que es, quizá, *más vida* o *la única vida real:* el hecho de decir. Ahora bien, como quien dice es un narrador, el relato es solo el hecho de escribir; la historia es el pretexto: una escritura que se disimula en una anécdota, en acontecer. Pero lo único que acontece es el bolígrafo *corriendo* (discurriendo) sobre el papel (o su contrapunto, los ojos del lector *recorriendo* los renglones).

Todo es discurso, todo es historia, y en busca de la significación última hay que hacer abstracción de la supuesta dicotomía operativa de la descripción, para hallar el sentido, tanto en las secuencias narrativas como en las estructuras discursivas.

En Rulfo, el relato tiende a reflejar la oralidad, sin duda adecuado el modo a la situación social que refleja, de culturización primaria. Por todo lo expuesto, vamos a considerar el discurso o la isotopía discursiva como un texto que se ilustra con la isotopía narrativa, como la palabra y la imagen que la acredita. La intriga es a modo de ejemplo del discurso, de los conceptos significados en el discurso. La anécdota se inviste de sentido connotado. El discurso se reviste de anécdota para disimular el significado en un significante natural, como el mito que toma un aire ingenuo.

Conocemos ya por los análisis pormenorizados de los relatos las estructuras respectivas de cada uno y los principios que rigen la organización de los universos semióticos. Vamos a proceder a una reducción, extrayendo de los textos las unidades formales que tengan representación funcional en el modelo actancial mítico. Las unidades formales básicas las hallaremos mediante un reexamen de los contenidos de cada relato, proyectados, como en una pantalla, en el esquema del modelo actancial.

1.—MACARIO

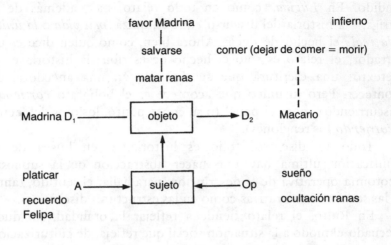

El objeto que persigue Macario, establecido como mandato por la Madrina, no es un objeto directo de su deseo; a Macario no le incordian las ranas. Pero es un objeto que evitará la cólera de la Madrina y el castigo hipotético, *el infierno*. El eje de comunicación, $D_1 \to D_2$, es *un saber* despótico (aunque sea despótico ilustrado), "sabe lo que dicen por ahí", tiene influencia con los santos sabe que él tiene hambre siempre: la Madrina puede imponer una tarea absurda y contingente.

La Madrina es la representante de la organización social: la casa, la comida, la seguridad personal, la credibilidad, el prestigio social. Es el mandatario, D_1, y puede serlo de castigo grave o de amenaza de condenación, si él no consigue el objetivo. El prestigio social de la Madrina está investido de prestigio *sagrado*.

2.—NOS HAN DADO LA TIERRA

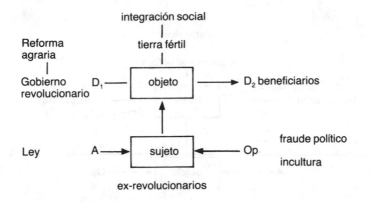

El Gobierno, D_1, tiene la obligación (postulado revolucionario) de proporcionar el medio de subsistencia a los desheredados, D_2, un pedazo de tierra, O, del que puedan vivir honradamente. El Centro de repartición distribuye una tierra infértil; la ley que se supone va a ayudar a los beneficiarios, los engaña. La incultura de los beneficiarios defraudados es también oponente, Op, porque *no saben* alegar por escrito ni *exigir* sus derechos. La traición del destinador los aboca al pillaje, a la infracción, a la alienación social (aunque quede fuera del relato, la consecuencia delictiva se presenta como irremediable).

3.—LA CUESTA DE LAS COMADRES

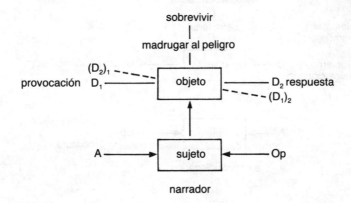

En este relato, la relación $D_1 \rightarrow D_2$, no es una relación establecida sobre contrato voluntario. D_1 es Torrico, símbolo del poder tiránico en un espacio sin ley. Su mandato a D_2, el narrador asesino, es una *provocación,* que D_2 interpreta como tal y, aunque niega ser culpable de la imputación, no está dispuesto a dejarse matar. El objeto, O, es el desafío que se ha planteado: matar o morir. El narrador se transforma en su propio remitente y el provocador se convierte en destinatario de la amenaza. El objeto perseguido por los dos, alternativamente, lo obtiene el más rápido o el más astuto, el que le ha "madrugado" a la ejecución del crimen.

4.—ES QUE SOMOS MUY POBRES

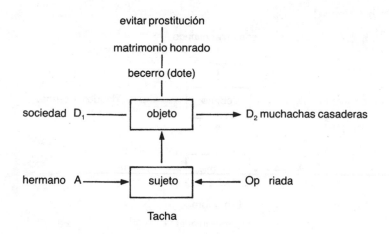

La pauta social exige que Tacha se case y viva honradamente. No encontrará marido sin dote. Su padre le da una vaca y un ternero de dote. Una catástrofe climatológica (una riada) se ha llevado a la vaca y el ternero ha desaparecido. Tacha sin dote no encontrará marido. Todo parece indicar que Tacha está abocada a la prostitución, siguiendo el camino de sus dos hermanas mayores. La catástrofe climatológica se prevé como destinador futuro de ese determinismo social, la prostitución, para las muchachas pobres y agraciadas. El mandatario, en este caso, le atribuirá, igualmente, la categoría de "marginada" de las gentes decentes.

5.–EL HOMBRE

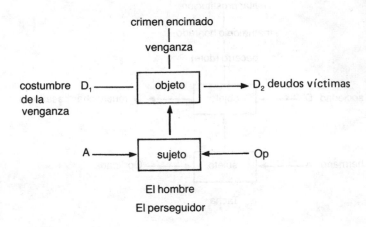

El hombre
El perseguidor

La costumbre de la venganza actúa como mandatario, D_1, en ocasión reiterada de crimen. El esquema puede superponerse en los dos momentos sucesivos (y simultáneos en el discurso) de la historia. Obtenido el objeto, O, el crimen, éste se transforma en destinador, D_1, en una etapa posterior en la que los deudos serán los nuevos destinatarios, D_2. El conocimiento del espacio, las huellas, la oscuridad, el río..., son circunstantes que no alteran el esquema básico, de los que se puede hacer abstracción para categorizar el modelo de la perpetuación de la venganza. El mensaje, $D_1 \rightarrow D_2$, se acepta como *obligación* irrenunciable de venganza. El eje del deseo, $S \rightarrow O$ no es un querer personal del sujeto, es una *satisfacción ciega,* sin beneficio y recompensa.

6.—EN LA MADRUGADA

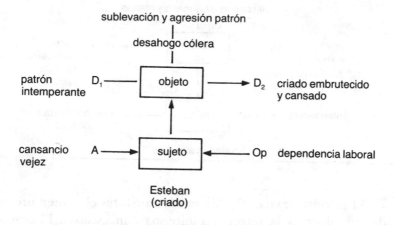

El eje de comunicación $D_1 \rightarrow D_2$, no es aquí una orden terminante sino un insulto ("gritándole cosas de las que él nunca conoció su alcance"), que recoge D_2, el criado, cansado y embrutecido, como obligación de respuesta agresiva. Se golpean a muerte los dos, cegados por la ira. Del desahogo resulta un crimen fortuito, y Esteban, el sobreviviente criado, será ajusticiado.

7.—TALPA

El instinto sexual, D_1, dicta a los amantes el crimen premeditado que liberará la relación adulterina e incestuosa. El deseo de curación de la víctima ayuda, con el desgaste físico de la peregrinación religiosa, las malas intenciones de los sujetos. $S \rightarrow O$ es el camino de la peregrinación y degradación progresiva de la salud de la víctima. La consecuencia o consecución de O es deceptiva: desaparecido (muerto) el obstáculo, desaparece el deseo, se acaba la relación sexual. El instinto sexual ha traicionado a los amantes.

La consecuencia podría proyectarse también sobre el esquema actancial, con la víctima (o su recuerdo) erigida en victimario.

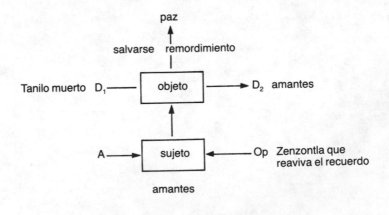

8.—EL LLANO EN LLAMAS

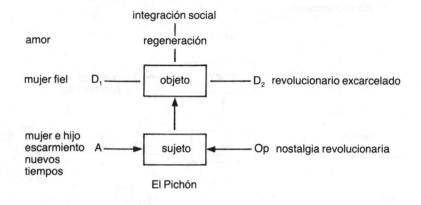

El destinador, D_1, la mujer, que hubiera podido aguardar al preso para asesinarlo (en represalia a la violación sufrida), lo espera con el hijo para integrarlo en la vida de familia y de la honradez. La nostalgia de la vida de bandidaje se opone a la regeneración. Pero los años de cárcel y los tres consecutivos de integración familiar parecen denotar un reintegro definitivo. El eje de comunicación $D_1 \rightarrow D_2$, es la expresión de la mujer ejemplificando la conducta del hijo: él no es ni bandido ni asesino, *gente buena*. La aceptación de D_2 es un gesto: el Pichón agacha la cabeza.

9.—DILES QUE NO ME MATEN

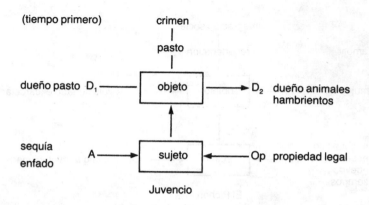

En el primer tiempo de la historia, las posiciones son irreductibles. $D_1 \to D_2$, no logran un entendimiento, un acuerdo. Juvencio viola el contrato social, mata, para satisfacer la necesidad de los animales y como represalia al ternero muerto. El orden social, Op, se erige en defensor de D_1, asesinado. No se contempla la clemencia sino que se aplica el peso de la ley. Juvencio vive la *alienación* y la *incomunicación* social con la amenaza diferida de su sentencia de muerte. Lo han empujado al crimen, el enfado, la represalia y la sequía. El hecho de que D_1 no tuviera familia (dos hijos "de a gatas") ha pospuesto el castigo capital y ha relajado el miedo al castigo. Juvencio ha ejercido su voluntad de obrar.

9.—DILES QUE NO ME MATEN

(Treinta y cinco años después)

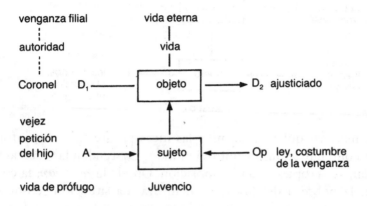

Los hijos de la víctima han crecido. En el segundo tiempo de la historia, el sujeto, Juvencio, clama por su vida, O, pero ésta es el precio obligado por la falta cometida (la legalidad y la obligación de la venganza son aliadas). La petición de Juvencio tiene una respuesta negativa por la represalia de venganza filial, investida de autoridad y de justicia. El deseo de vida, aquí, se enriquece con la ilusión de vida eterna (el perdón del Señor conseguido con el penar de cada día), y esta ilusión también será un reato agravante para el coronel justiciero. El sujeto, Juvencio, antes, ejerció su voluntad, ahora, al humillarse a pedir perdón, ejerce su renuncia al orgullo.

10.—LUVINA

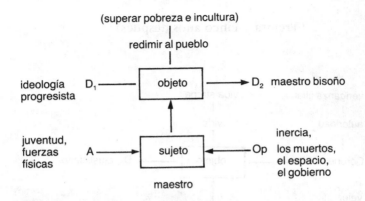

El maestro quiere transmitir las ideas progresistas que informan su contemplación juvenil del mundo. Lo ayudan las fuerzas y
la ilusión, A. Tropieza con la oposición, Op. de la *reacción*, la costumbre, la pobreza del lugar, la incultura. La situación geosocial
hace que en Luvina no vivan hombres jóvenes que serían quienes
podrían entender el cambio. El maestro fracasa. O, el objeto, que
es el cambio, se proyecta como una obligación por las ideas del
maestro. Tanto D_1 como O están investidos de un valor ideológico. (D_1 son ideas imbuidas, aceptadas como mandato de rescate
a D_2, que las ha asumido).

Véamos la historia del discurso del maestro fracasado, años
después:

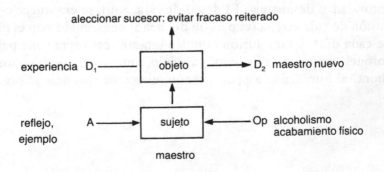

11.–LA NOCHE QUE LO DEJARON SOLO

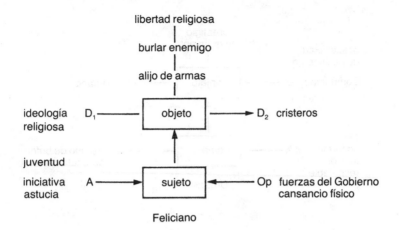

Un destinador implícito ha ordenado a Feliciano y sus dos tíos, cristeros, el paso de armas por una zona vigilada por el ejército del Gobierno. Feliciano descuida la obligación del contrato (la orden), se queda dormido, y a la mañana siguiente atraviesa solo la zona enemiga después de desembarazarse de las armas. Sus tíos han sido fusilados, él se salva. La prueba es deceptiva; logra parte del objetivo: salvar la vida y burlar al ejército, pero es un éxito "descalificado". La aceptación del mandato ha obedecido a una creencia: la fe religiosa, que pretende derrotar la intransigencia religiosa del Gobierno.

12.—ACUERDATE

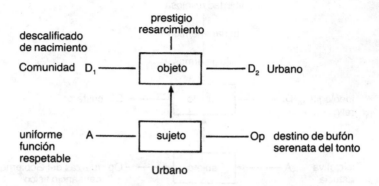

El personaje Urbano, que ha sido el objeto de la burla de sus convecinos cuando niño, regresa convertido en policía. El eje de su deseo, O, es el de resarcirse de la burla sufrida. Su actitud distante, su seriedad, quieren imponer el respeto. Externamente, el uniforme y la función deberían ayudarlo a conseguirlo. Se opone, Op, la costumbre de "tomarlo a broma"; una especie de determinismo vecinal que le ha otorgado el papel de burlado. Su cuñado, el tonto, le da una serenata y él lo mata a culatazos. Venganza degradada, como lo fue la ofensa, como lo será el cumplimiento de la sentencia: el propio Urbano se echa la soga al cuello y elige el árbol donde quiere que lo ahorquen. Cuento de cantina que puede ser creído o puesto en solfa.

13.—NO OYES LADRAR LOS PERROS

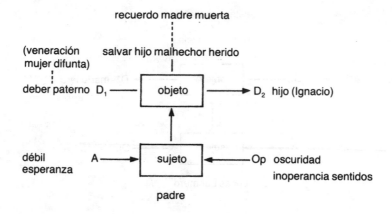

El deber paterno —y acaso el cariño que no quiere reconocerse— impulsan la acción del padre de Ignacio, cargándolo herido sobre los hombros. En el trayecto recrimina a su hijo por la mala vida que ha llevado, y justifica la ayuda que le presta como tributo al recuerdo de la madre muerta. Al llegar al pueblo donde podían curarlo, el hijo es ya cadáver.

14.—ANACLETO MORONES

La astucia dicta al criminal emboscado el aislamiento social y la evitación de todo trato. Al aparecer un grupo de viejas congregantes en su casa, con sigilo y burlas trata de ahuyentarlas. Quiere evitar toda sospecha del crimen, cualquier posible indagación. La obligación que se establece, $D_1 \rightarrow D_2$, entre la cautela y su actuación, premeditada, es la de evitar la comunicación, o mejor, una *contracomunicación* (ruidos). Sólo se establece con una de las contrincantes el débil hilo de un acto sexual deceptivo. La queja decepcionada de la mujer es el contrapunto —desde la perspectiva del adversario— a las increpaciones burlescas del escarnecedor.

15.—EL DIA DEL DERRUMBE

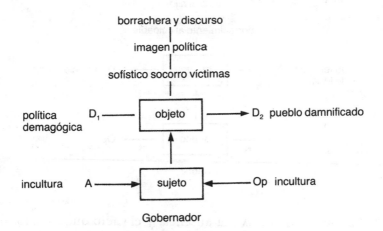

Este relato es una crítica a la palabra política, a la palabra del *poder,* que asume, sofísticamente, el socorro a las víctimas de la catástrofe geológica, a través de su representante el gobernador del Estado. La ayuda sufre un "travestismo", se convierte en gasto para la comunidad a la que se supone se iba a socorrer, y en borrachera y tumulto, con la consecuencia nefasta de nuevos heridos y víctimas.

El eje que simboliza las fuerzas propicias y adversas, $A \leftrightarrow Op$, es, por igual, la incultura: la incapacidad intelectual del pueblo para reconocer la demagogia y rechazarla, actúa en contra del político, al no conseguir tampoco la imagen pública basada en una admiración objetiva.

16.—LA HERENCIA DE MATILDE ARCANGEL

La muerte de M. A., la ausencia y el vacío que deja, los llena el marido con la obligación del aborrecimiento al culpable. La ausencia de M. A. produce odio y el consumidor de ese odio, D_2, es el marido que lo sacia en el hijo, O.

Logrado el objeto, el odio pertinaz, se convierte en destinador en una segunda etapa, cuando el hijo se revuelve contra esa situación de aborrecimiento. D_1, destinador de la revuelta del hijo, D_2, ha inspirado a éste la huida. Pero el objeto, O, no se logra con la huida y el sujeto se ve obligado al afrontamiento, al parricidio.

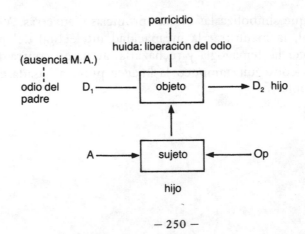

17.—PASO DEL NORTE

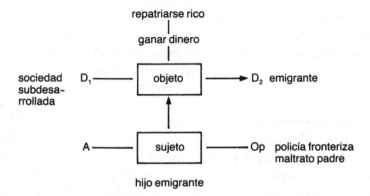

La historia de este relato es la metáfora de la relación $D_1 \to D_2$, la organización social, o la patria subdesarrollada, que *obliga* a sus hijos a buscar la vida fuera, en el exilio. Hay un sincretismo de actantes; el padre, oponente, podría ser, igualmente el destinador, aunque él mismo es destinatario de la mala configuración de la sociedad en que viven. El resultado no es de mejoría sino empeoramiento de la situación inicial.

LA PRUEBA

De esta relectura, voy a pasar a la reducción global última del *corpus,* mediante la transcripción formalizada de los relatos. La *prueba,* considerada como la manifestación narrativa de la transformación o cambio de los contenidos que constituyen la situación deficitaria inicial, aboca a la *consecuencia.* La consecuencia de la prueba manifestará si el objeto perseguido ha sido obtenido o no y con qué proyección. Los objetos, investidos o no de un valor, nos permitirán hallar la estructura del mensaje —la lectura de la isotopía única—. Según estén presentes bajo forma de lexemas o de combinaciones de semas[7], su contenido sémico los situará al nivel superficial o a un nivel más profundo.

Para la lectura sintética final considero "la situación de la que se parte", situación deficitaria, de carencia, de necesidad, homologable a "la falta" en el cuento popular proppiano, situación de dificultad, o insostenible, que debe cambiarse. En esta situación de deficiencia, alguien busca remedio mediante el mandato, establecido o no en contrato, y sentido como obligación o motivación de actuar. Ese "alguien" en los cuentos tradicionales es un remitente, o un destinador, un personaje con autoridad social, capaz de atribuir al héroe su calidad de destinatario y de darle, tras la prueba, la recompensa. Pero en el relato evolucionado[8] y, concretamente, en la clase de relatos que nos ocupa ahora, no siempre existe el personaje destinador aunque creo que siempre existe la función de destinador, aun en los relatos en que el sujeto-héroe es su propio destinatario, o en aquellos en que el sujeto-héroe rechaza al destinador y lo suplanta, ejercitando su voluntad. Aun en este ejercicio subjetivo de la voluntad yo creo que encontramos un destinador inmanente (homologable al desdoblamiento del monólogo o al dialogismo de las estructuras profundas del discurso), que puede ser la pasión (sub-subjetivo, podríamos decir) o la fuerza temática (super-subjetivo), informadoras de la acción o de la obli-

---

(7) Greimas, *En torno al sentido,* pág. 151.

(8) Ya Greimas lo vio en el grupo de cuentos populares, *La búsqueda del miedo,* en que el héroe es, a la vez, su propio remitente, *En torno al sentido.*

gación de actuar. Esta autoridad o fuerza informante de la acción la llamamos *mandato*, y es orden, motivación, necesidad u obligación de actuar, de poner remedio, de realizar el deseo orientado hacia el objeto, promovido por la situación precaria.

El mandato lo englobo en el símbolo A, que resume la situación de la que se parte, con la obligación o necesidad de actuar y las circunstancias favorables o adversas con que el sujeto se enfrenta a la prueba o lucha, F, de cuyo afrontamiento (o proyección) se derivará el resultado o consecuencia, C. El mandato globalizado circunstancialmente en A, lo valoro positiva o negativamente, A, $\bar{A}$, y lo reservo al destinador social; simbolizo en a y $\bar{a}$, el mandato de destinador individual, tanto si es actante independiente, como si es actante sincretizado en el actante sujeto. En el esquema de la prueba, la valoración del mandato (en la primera columna) la realizo según sea orden o prohibición de actuar, o según sea un mandato adecuado, realizable, que conduzca a una mejora o a la superación de una carencia o a la neutralización de un peligro, o contrariamente (y negativamente), sea exigencia absurda, incomedida, engañosa, o que conduzca a una situación peor. El mandato puede verse consolidado en el resultado o puesto en tela de juicio.

El resultado o la consecuencia, C, puede ser igualmente positiva o negativa, según mejore o empeore la situación deficitaria de la que se parte. Y aún dentro del resultado positivo o de mejora, puede contenerse una decepción, degradación o descalificación del sujeto, del mismo modo que un castigo o una privación momentánea pueden proyectarse positivamente como proceso futuro de rehabilitación.

El algoritmo del relato expresa la operación última de la intriga: A + F ⇒ C, en la que A y F comportan, muchas veces, parejas de funciones; es decir, A puede suponer dos mandatos consecutivos o la transformación de un mandato, y lo expreso encerrando el símbolo a, A, en paréntesis, y F dos o tres aspectos o etapas de la prueba, que se sincretizan en última instancia para alcanzar operativamente la consecuencia. La consecuencia particular tiene una función solitaria. Si en el algoritmo procedemos a esta reducción de funciones, en la interpretación del mensaje —mediante la lectura isotópica— daremos cuenta, cuando sea pertinente, de los pasos de esta reducción.

Pero la consecuencia, teóricamente[9], no es sólo el final de la lucha, sino que supone la consolidación del mandato que restablece el contrato social roto o instaura uno nuevo. La consecuencia, además, introduce una dimensión diacrónica, puesto que lleva a *una nueva situación,* se inserta en la historia, en el devenir. De ahí que en la exposición esquemática de este análisis haya introducido el epígrafe "La consecuencia y su 'proyección' ", implicada la última, a mi modo de ver, en la interpretación del mensaje, e indispensable de tener en cuenta en aquellos relatos "abiertos" en que la consecuencia es sólo previsible, y en los que el conocimiento de la red axiológica cultural que sustenta estos universos la hace fácilmente —y verosímilmente— interpretable.

Esta introducción de la proyección de la consecuencia creo da interés suplementario al análisis, al completarlo con el desarrollo explicativo o proyectivo, diacrónico, en el ámbito y en la historia sociocultural de la que se parte.

ALGORITMO DE LA PRUEBA

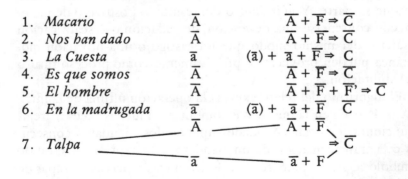

1. *Macario* $\overline{A}$ $\overline{A} + \overline{F} \Rightarrow \overline{C}$
2. *Nos han dado* $\overline{A}$ $\overline{A} + \overline{F} \Rightarrow \overline{C}$
3. *La Cuesta* $\overline{a}$ $(\overline{a}) + \overline{a} + \overline{F} \Rightarrow C$
4. *Es que somos* $\overline{A}$ $\overline{A} + \overline{F} \Rightarrow \overline{C}$
5. *El hombre* $\overline{A}$ $\overline{A} + \overline{F} + \overline{F}' \Rightarrow \overline{C}$
6. *En la madrugada* $\overline{a}$ $(\overline{a}) + \overline{a} + \overline{F} \quad \overline{C}$

7. *Talpa* $\overline{A}$ ———— $\overline{A} + \overline{F}$ ⟩ $\Rightarrow \overline{C}$
                        $\overline{a}$ ———— $\overline{a} + F$

---

(9) Según la interpretación y reducción funcional proppiana y los desarrollos de los estudios posteriores sobre diversos tipos de relatos y de mitos. Lo veremos fehacientemente en la "lectura" de *Pédro Páramo.*

8.	*El llano*	a	$a + F \Rightarrow C$
9.	*Díles*	$\overline{A}$	$\overline{A} + \overline{F} \Rightarrow \overline{C}$
10.	*Luvina*	A	$A + \overline{F} \Rightarrow \overline{C}$
11.	*La noche*	$\overline{A}$ (a)	$(A) + a + F \Rightarrow C$
12.	*Acuérdate*	$\overline{A}$	$\overline{A} + \overline{F} \Rightarrow \overline{C}$
13.	*No oyes*	a	$a + \overline{F} \Rightarrow \overline{C}$
14.	*Anacleto Morones*	a	$a + F \Rightarrow C$
15.	*El día derrumbe*	$\overline{A}$	$\overline{A} + \overline{F} \Rightarrow \overline{C}/C$
16.	*La herencia M.A.*	$\overline{a}$ ($\overline{a}$)	$(a) + \overline{a} + \overline{F} \Rightarrow \overline{C}$
17.	*Paso del Norte*	$\overline{A}$	$A + \overline{F} \Rightarrow \overline{C}$

LA CONSECUENCIA Y SU PROYECCION

1.	*Macario*	enfado Madrina	amenaza infierno
2.	*Nos han dado*	invasión tierra ajena	rapiña, delincuencia
3.	*La Cuesta*	crimen	pre-legalidad, primitivismo
4.	*Es que somos*	no matrimonio	prostitución
5.	*El hombre*	muerte vengador	venganza recurrente
6.	*En la madrugada*	crimen fortuito	ajusticiamiento ejecutor
		muerte enfermo	rehabilitación obstáculo
7.	*Talpa*		
		supresión obst.	separación amantes
8.	*El llano*	enmienda	rehabilitación
9.	*Díles*	muerte	justicia subjetiva
10.	*Luvina*	fracaso cambio	degeneración física y moral
11.	*La noche*	éxito demeritorio	reintegración descalificada
12.	*Acuérdate*	muerte	sujeto de crónica burlesca
13.	*No oyes*	muerte hijo	desesperanza

14. *Anacleto M.*	éxito degradado	descalificación sexual
15. *El día derrumbe*	nuevas víctimas, mayor gasto	demagogia crónica
16. *La herencia*	parricidio	ruptura contrato social
17. *Paso del Norte*	fracaso cambio	delincuencia

TRANSFORMACION DINAMICA DEL MANDATO EN BUSCA DEL MENSAJE

De la operación de la prueba concluimos que la consecuencia es negativa, $\overline{C}$, en doce de los diecisiete relatos, positiva, C, en cuatro, y ambivalente, $C/\overline{C}$, en uno *La herencia,* positiva como prueba que se realiza con victoria, y negativa en cuanto que es una victoria demeritoria: parricidio.

Los relatos de consecuencia positiva: 3, 8, 11 y 14, tienen un destinador individual; el 3 y el 11 suplantan al destinador y se erigen en sus propios remitentes; el 8 y el 14 ya lo eran desde un principio, sujetos, a la vez que sus propios destinadores. ¿Puede ello indicar que la consecuencia positiva está en razón del destinador individual, del destinador sujeto? Ello *significaría,* en el mensaje, una desconfianza, una traición del destinador social (no quiero dejar de apuntar esta hipótesis por si se confirmara más adelante).

Hay también destinadores individuales que fracasan, que son, igualmente, los propios sujetos en busca del objeto. En los relatos 6, 7, 13 y 16 los archiactantes no tienen éxito. En el 6 y el 7 el remitente es pasional, la cólera en el primero, el instinto sexual en el segundo. En el 13 el remitente es el deber y el cariño paternos, pero el mandato *no es recibido* por el destinatario, "que no oye", que está desahuciado para la salvación. En el 16 el resultado es ambiguo, pues si bien se puede considerar un éxito estructural, en cuanto a que se logra la liberación del odio del padre, se logra a costa de la transgresión más grave, el parricidio.

La victoria en la lucha, F (no en la consecuencia), la logran en los relatos: 3, 5, 6, 7, 8, 11, 14 y 16, de los que 3, 8, 11, 14 y 16 tienen consecuencia positiva; el 16, positiva con graves reservas y los otros con reservas leves. En cuanto al 5, 6 y 7, son luchas pasionales y ciegas con lo que podemos adelantar otra hipótesis de lectura: la victoria se logra cuando el sujeto está fuertemente motivado, por ser su propio remitente o por estar informado por la pasión y haber aceptado el mandato ciegamente.

Del *mandato*, que es orden, motivación y obligación de actuar, para realizar el deseo, promovido por la situación deficitaria, observamos que sólo cinco son *adecuados,* los 3, 6, 8, 10 y 14, no en el sentido de valoración positiva o negativa, sino hacederos. El asesino del segundo Torrico podría haberlo sido del primero y la requisitoria ser adecuada, igualmente es hacedero el que el vaquero mate a su patrón de una pedrada en un rapto de cólera. El Pichón puede reformarse. El maestro de Luvina podría haber interesado a la comunidad en el cambio. Anacleto Morones obra con cautela y astucia porque es fácil que al hacerlo ahuyente a las impertinentes. El mandato del padre del 13 es adecuado, en cuanto sentimiento lógico de cariño y deber paternos, pero es irrealizable en cuanto que no se adecúa al diagnóstico de gravedad de las heridas (gravedad que hay que connotar como rechazo del mandato por el destinatario paciente). El mandato del 11 en un principio es inadecuado por implicar una medición de fuerzas desigual y absurda (la lucha cristera), pero sí es adecuado el mandato suplantado en segunda instancia, que es dormir, primero, y escabullirse, después. En el 16, *La herencia,* también es ambiguo, pues el mandato, $\bar{a}$, huir, liberarse de la convivencia insostenible, es factible, pero suponemos está contaminado del odio a muerte que ha ido alimentando el destinador primero ($\bar{a}$), y que podría calificarse de inadecuado.

Los mandatos de los relatos 2, 4 y 17, no establecen contrato con los destinatarios sino que se imponen inapelablemente, como un determinismo social, ya que los implicados no han podido elegir aceptación o rechazo. En ellos, en el mismo relato, queda abierta la probabilidad de una situación delictiva (prevé el delito individual a que conduce el determinismo de situaciones aplastantes); son determinismos sociales, creados o consentidos por la organización social. En situación de determinismo pasional, como podríamos definir la fuerza del mandato en los relatos 5 y 7, la venganza a ultranza en el primero, y el instinto sexual asesino en el segundo, el crimen se comete dentro del relato y se purga en la misma historia el castigo (muerte del vengador y desamor de los amantes), si bien quedando abierto en el 5, en un movimiento diacrónico, nuevo delito, nuevo crimen, respondiendo a lo que de determinismo social también tiene la venganza como obligación irrenunciable.

Finalmente, cuando el mandato es de origen social y es negativo, $\overline{A}$, la consecuencia es siempre negativa, un fracaso. Aquí la interpretación es verificadora: si el mandato procede de la colectividad (orden, ley, prejuicio, costumbre, creencia, imposición...) y es excesivo en su exigencia, inmódico, absurdo, utópico, inhacedero, conduce irremisiblemente al fracaso e incumplimiento, a los que sigue, o la degeneración o la delincuencia o la muerte.

El mandato, decíamos, se consolida o se impugna en la consecuencia. Si las consecuencias positivas o las ambiguas necesitan una explicación en cuanto al motivo de su éxito ("éxito reservado"), las consecuencias de fracaso, al impugnar el mandato, nos proporcionan la lectura —impugnadora— de la isotopía fundamental que evidencia el mensaje. El sentido connotado en el discurso de catorce de los relatos es negativo; el mensaje habrá que hallarlo en la formulación negativa de la negación enunciada. La lectura de su isotopía fundamental nos evidencia, pues, que el mensaje es el negativo (en el sentido fotográfico también) de ese discurso, el negativo de la historia del discurso, es decir: la vuelta del revés de la historia.

Transformación dinámica de los mandatos

1. *Macario*   Acepta mandato, $\overline{A}$, pero no cumple tarea, no se presenta $\overline{F}$, lucha; $\overline{C}$ es fracaso hipotético; si se duerme: fracaso total. A no es un mandato coherente.
Causa fracaso: mandato ilógico, $\overline{A}$,
Mensaje: *impongamos tareas y castigos adecuados a nuestras capacidades.*

2. *Nos han dado* $\overline{A}$, reforma agraria revolucionaria, da a los beneficiarios tierra infértil para cultivar. Sin tierra que cultivar y sin posibilidad de recurrir por escrito, no hay F, o $\overline{F}$ se desplaza al futuro: sin tierra: hambre. La consecuencia: posibilidad de fechoría, $\overline{C}$.
Causa fracaso: engaño de A.
Mensaje: *Démos al hombre las condiciones básicas para su sustento honrado.*

3. *La Cuesta* $\overline{a}$ es una referencia geosocial a un núcleo rural sin ley; los más fuertes, los Torricos, se han hecho dueños de la situación. En ocasión de enfrentamiento con Torrico, no caben más que dos actitudes en F: matar o dejarse morir. El malvado Torrico muere por malvado más astuto (¿el peor?). Hay cambio de papeles, la violencia cambia de actor remitente.
Significación en la historia: a cada cerdo le llega su sanmartín.
Significación en el discurso: la vida de relación necesita un A objetivo.
Mensaje: *ni la fuerza ni la astucia pueden asegurarnos la sobrevivencia.*

4. *Es que somos*   Aquí el mandato, $\overline{A}$, es la sociedad que postula la honradez y acostumbra a dotar a las
mujeres. El padre dota a Tacha siguiendo la
pauta. La contingencia climatológica quita
la dote. Tacha, en F, es derrotada por la
inundación ($\overline{F}$). La consecuencia, C, se prevé como prostitución.
Causa fracaso: contingencia climatológica.
Causa fracaso: exigencia inmódica de $\overline{A}$.
Mensaje: *No asentemos la honradez, que es*
un valor moral, en una materialización eco-
nómica que no pueda lograr el hombre con
su esfuerzo.

5. *El hombre* $\overline{A}$, obligación de la venganza, ordena a "el
hombre" el crimen. El hombre, en F, cum-
ple cometiendo triple crimen. $\overline{A}$ ordena
deudo víctimas nueva venganza. Deudo
cumple, en $\overline{F}$', asesinando a "el hombre". $\overline{C}$
es la venganza cumplida y "encimada", que
no beneficia a nadie. Nada cambia sino que
se perpetúa el sistema vengativo. El hombre
fracasa en la huida, $\overline{C}$, y muere.
Causa fracaso: la costumbre de la venganza,
$\overline{A}$, obliga a repetir la historia con papeles
cambiados: la víctima se erige en victimario
y en víctima futura.
Mensaje: *desterremos la costumbre de la*
venganza con la que nada ganamos y que
convierte nuestra convivencia en un proce-
so abierto.

6. *En la madrugada* La violencia espontánea, $\overline{a}$, induce al enfrentamiento, F, entre patrón y criado. La con-
secuencia es: victoria del criado, muerte del

amo, represalia judicial para el criminal fortuito.

Causa: explotación continuada al criado ha llenado el vaso que la gota del insulto hace derramar en violencia.

Mensaje: *las relaciones personales y laborales deben basarse en el respeto mútuo y en principios y obligaciones equilibradas para que no se llegue a la ruptura violenta.*

7. *Talpa*

El instituto sexual incita al crimen. $\overline{A}$ es la confabulación de los cómplices. F, la peregrinación con la victoria, la muerte de la víctima. $\overline{C}$ es el resultado imprevisible, la separación de los amantes, el fracaso de la relación, el remordimiento. El destinador, cumplido el mandato no otorga recompensa, desaparece. El mandato es aceptado y los sujetos vencen en la lucha, pero el mandato es puesto en tela de juicio en la victoria: ha traicionado a los amantes.

Causa fracaso: el mandato realizado, muerte de Tanilo, se convierte en nuevo destinador de los amantes: desamor y separación.

Mensaje: *No creas a tu deseo si lo inspiran los instintos; la ilusión es un engaño.*

8. *El llano*

A, la mujer que se hace mandataria de la bondad y la honradez, devuelve amor por violación, en F, a la salida de la cárcel. El momento de F se describe tres años más tarde. Si al cabo de tres años se han casado y él la estima, es que ha aceptado el mandato de honradez. Pero de toda la enunciación deducimos que lo acepta con nostalgia del pasado irregular. La regeneración como consecuencia, C, es irreversible, pero la nostalgia sugiere un peligro de repetición del bandidaje.

Significación en la intriga: el amor y la fidelidad pueden transformar la violencia en regeneración.

Significación en el discurso: que no se vuelvan a dar las condiciones históricas que permitieron el bandidaje posrevolucionario, por la fascinación de la violencia en un pueblo que conoce "la frecuencia de la sangre" (*).

Mensaje: *El cambio en la estructura narrativa debe informar el cambio en la superestructura política y social.*

9. *Díles*

El culpable viejo pide clemencia, basándose en la edad avanzada y en los muchos años que lleva purgando su crimen en el temor y la huida constantes. $\overline{A}$ es aquí la representación de la venganza de sangre investida de legalidad, de justicia y de autoridad. El anciano es culpable, pero la autoridad que ejerce la justicia no es objetiva. El fracaso de la petición de clemencia, $\overline{F}$, corresponde a la costumbre de la venganza.

Causa fracaso: persistencia del rencor, interpretación vengativa de la justicia.

(*) Cuando en la tertulia de Azaña, en el año 26, Valle Inclán, Díez Canedo, G. Durán..., leyeron *Los de abajo*, de Azuela, el corresponsal de don Mariano Azuela, Gabriel Ortega, cuenta al autor la impresión de los intelectuales españoles "que aprenden en ella lo que significa para nosotros la frecuencia de la sangre". Vid. mi edición de *Los de abajo*, págs. 28-29.

Mensaje: *No contaminemos la justicia con nuestros propios rencores. El perdón y la clemencia pueden informar nuestra convivencia cuando el peligro haya remitido.*

10. *Luvina*

En Luvina, A son las ideas progresistas, la juventud y el deseo del maestro de cambiar la situación de atraso de un poblado mexicano, hundido en la inercia. Luvina es un lugar que acaba con las ideas y con las fuerzas físicas del maestro, que *rechaza* el mandato.

Causa del fracaso: el rechazo geosocial: pueblo inhóspito, mentaliad reaccionaria, superestructura política de inhibición.

Mensaje: *No podemos vivir en la inercia del pasado; no podemos rechazar las iniciativas del presente.*

11. *La noche*

$\bar{A}$ es alijo de armas, seguir instrucciones, obedecer a sus tíos. La lucha, F, es doble: contra la injusticia política que niega libertad de creencias y con la oposición de las fuerzas físicas que lo inducen al descanso y al sueño. Cede al cansancio, contradice la actitud resistente de los tíos y el joven se salva en tanto que los viejos son ahorcados, C.

Significación en la intriga: la propia iniciativa puede sustituir ventajosamente un mandato que impone tarea sobrehumana y enfrentamiento a fuerzas organizadas y arbitrarias.

Significación en el discurso: si dejamos solos a los jóvenes, se salvan.

Mensaje: *No impongamos nuestros criterios y nuestros viejos reatos a los jóvenes.*

12. *Acuérdate*

Aquí el mandato, $\overline{A}$, es el *fatum* bromista de una pequeña comunidad que ha repartido los papeles de la representación social y ha otorgado a Urbano el de "malo" de nacimiento. El malo quiere hacerse respetar por su flamante uniforme y por su hurañía, pero sigue siendo objeto de burla y es definitivamente burlado. El enfrentamiento de una sociedad burlona y un personaje parodiado que no se resigna a serlo, tiene un previsible final trágicoburlesco, $\overline{C}$.

Causa del fracaso: predestinación social a "la peor parte" ("el que nace para peseta nunca llega a medio duro").

Mensaje: *se lee en la misma isotopía estructural, es lo que expresa la instancia narrativa (el relato es una parodia costumbrista).*

13. *No oyes*

El mandato es un mensaje de cariño y deber paterno, disimulado —investido— en tributo a la madre difunta. La gravedad de las heridas hacen fracasar el intento de salvación, $\overline{F}$. La orden del mandato, pidiendo ayuda informativa, *no es recibida* por el hijo (y este *rechazo* involuntario es la metáfora del rechazo voluntario a la regeneración, de que lo inculpa el padre).

Causa del fracaso: incapacidad física de recibir la ayuda.

Mensaje: *nuestras propias fuerzas no bastan para salvar a nuestros hijos si ellos no ayudan a salvarse.*

14. *Anacleto M.*	El personaje es su propio destinador. La astucia le sugiere el método del escarnio para ahuyentar a las peligrosas impertinentes. La lucha, F, es fácil, por la endeblez del enemigo. El resultado es favorable, C, aunque la victoria se connote de un matiz disfórico: la acusación deceptiva del último reducto enemigo. Causa del éxito: ser su propio remitente y atenerse al mandato de la astucia (al ceder a la sexualidad, recibe un fracaso parcial). Mensaje: *en su misma técnica: es un relato esperpéntico: superación de la tragedia.*
15. *El día derrumbe*	La demagogia política en connivencia con la incultura incapacitan al pueblo para rechazar mandatos, $\overline{A}$, como el del presente relato. La prueba es discurso logomáquico, borrachera, gasto y heridos. No se logra ayudar a los damnificados, porque era un deseo "de boquilla". Causa de fracaso: la incultura del pueblo que lo incapacita para rechazar la promesa política engañosa. Mensaje: *doble: a) ajustemos la palabra política a nuestros actos de gobierno. Y b) rechacemos la palabra política que nos defrauda.*
16. *La herencia M.A.*	El destinador primero, en paréntesis ($\overline{a}$), en la prueba decisiva, ha convertido la vida del hijo en un infierno. Liberarse del odio paterno es el mandato, $\overline{a}$, que será ejecutado, en la huida, primero, y en el afrontamiento directo después. Vence, F, el hijo, aunque

la victoria sea degradante. La consecuencia, $C/\overline{C}$, es una mejora que merece un castigo.

Causa de fracaso/éxito: el éxito es estructural: liberación.

El fracaso, en el nivel del discurso: parricidio: transgresión.

Mensaje: *No alimentemos el odio, pues no hay distancia suficientemente larga que nos separe del odio.*

17. *Paso del Norte* El destinador y su mandato, $\overline{A}$, es la situación de subdesarrollo (un determinismo) que obliga a buscar sustento en condiciones precarias. $\overline{A}$ es la organización social que impele, como una ley inapelable, a la emigración clandestina y a la delincuencia. El fracaso, en la lucha, $\overline{F}$, y en la consecuencia, $\overline{C}$, son previsibles.

Causa del fracaso: morirse de hambre no es legal ni justo (el enunciado está en el texto mismo).

Mensaje: *tierra que no mantiene a sus hijos no tiene derecho a exigirles honradez.*

EL ESTATUTO COMUNICATIVO DE LA CONSECUENCIA

En el esquema formalizado de la prueba, a continuación de los enunciados respectivos, he formulado los de la proyección de la consecuencia, ya que, como habíamos dicho anteriormente, la consecuencia introduce una nueva situación diacrónica en la historia, y dará, en el plano interpretativo, una nueva dimensión a nuestros análisis.

Las situaciones a que encontramos abocados a los actantes de los universos del *corpus* son situaciones de abrumador predominio de empeoramiento. De mejor a peor, pueden matizarse: resultado favorable, la 8, si bien con derroche de nostalgia delictiva. Resultado favorable con rasgo peyorativo, la 11, en la que el joven salva la vida pero se descalifica como cristero; la 14, en la que Lucas Lucatero hace huir a las incordiantes, pero una de ellas lo descalifica como amante. Resultado desfavorable en la 7, por partida doble, en la víctima y en los victimarios, que se enemistan y se separan. Resultado desfavorable en la 10, en que el maestro no logra comunicar sus ideas y como consecuencia del fracaso se degrada él mismo progresivamente. Resultados de fracaso, con empeoramiento delictivo lo son los de los relatos 2, 4, 17, que quedan proyectados como aperturas a un futuro de transgresión en los actantes sujetos: delincuencia y prostitución son las dimensiones morales proyectivas de estas consecuencias negativas.

El resultado de los relatos 1, 3, 5, 6, 7, 9, 12, 13 y 16 es mortal, la consecuencia en ellos es la muerte, una o varias muertes. Si bien en el 1, en *Macario*, la muerte se proyecta imaginativamente, como resultado del posible enfado de la Madrina, por tanto, es el fantasma de la muerte, pero es, sí, muerte irredimible, puesto que se concibe como una condenación, como infierno, como la negación máxima de esa negación que ya es en sí la muerte.

El éxito o el fracaso en la consecuencia se nos ha evidenciado en el mandato, positivo o negativo, y en complementación de la actitud del destinatario hacia él. La clave significante está, pues, en el mandato que, en la proyección de nuestro modelo actancial, es un *proceso de comunicación,* caracterizado por la transmisión de un oebjeto-valor, un saber, una información, un conocimiento, una ley, una costumbre..., es decir, *una palabra,* cálida o helada, tácita o explícita, presente o mítica, enajenada o libre. Dado el estatuto comunicativo de la consecuencia, su fracaso es un *fracaso esencial de la comunicación,* investida en las modalidades constituidas de los relatos como: la cultura, la legalidad, la religión, los sentimientos, la comunicación interindividual, la política, la información..., que podemos ver específicamente:

1. *Macario*	La proyección del infierno se contempla como *imposibilidad de comunicación* con los padres que están en el purgatorio.
2. *Nos han dado*	El reclamar tierra de labor es *imposible por no saber escribir.*
3. *La Cuesta*	*La pregunta* intimidante de Torrico *no aguarda respuesta.*
4. Es que somos	La inducción a la prostitución que se proyecta como inminente significa en la pauta social *comunicación degradada.*
5. *El hombre*	Los monólogos de los vengadores sucesivos son a modo de *diálogo de sordos.*
6. *En la madrugada*	El insulto, *la palabra que agrede,* es la causante del desafuero.
7. *Talpa*	Los amantes incestuosos *no se hablan* desde el crimen soterrado, y, por no hablarse, se temen.
8. *El llano*	*La palabra* de la mujer, *amonestación* cariñosa, surte efecto corrector.
9. *Diles*	*La palabra pidiendo clemencia* es negada por *la sordera* de la venganza.
10. *Luvina*	*La transmisión* de nuevas ideas tropieza con la *no recepción* de la inercia.
11. *La noche*	La *desobediencia a órdenes absurdas,* primero, y *la escucha de la amenaza* de arbitrariedad, después, le salvan la vida.

12. *Acuérdate*	Le *dan la espalda. No habla* a nadie. *Le niegan la bendición.*
13. *No oyes*	En el mismo título está denotada la *incomunicación, no oye, no responde* a la pregunta, a la esperanza.
14. *Anacleto M.*	*La palabra* escarneciente es el arma que *ahuyenta* sospechas.
15. *La herencia*	El padre y el hijo *"no se hablaban"*.
16. *El día derrumbe*	*Las palabras incomprensibles,* del gobernador suscitan *diálogo de tiros, rotura* de botellas, *reyerta* y *tumulto.*
17. *Paso del Norte*	No se logra *pasar,* comunicar con el otro lado, con el Norte.

Al comprobar el estatuto comunicativo que asignamos a la consecuencia —que ha dado, descalificación social, por tanto, alienación; delincuencia, por tanto, alienación; y muerte, por tanto, incomunicación total—, se nos desvela un nuevo nivel intensificador de la comunicación en los relatos cuya consecuencia es la muerte. En estos relatos *se produce una comunicación* mayor, o una comunicación sin más, *con los muertos.* Lo que indica que: o bien la muerte no se considera como acabamiento definitivo, o bien su irremediabilidad suscita el intento *a fortiori* de la comunicación fallida. Las dos hipótesis, son, asimismo, compatibles y no se excluyen.

Veámos cómo en todos los relatos donde hay muerte hay una comunicación o una referencia a una comunicación *post mortem:*

1. *Macario*	Lamenta no poder comunicar con sus padres en el purgatorio, si se cumpliera su castigo.

2. *La Cuesta*	El intemperante Torrico no deja que su contrincante responda a la pregunta incriminatoria. El acusado responde y se defiende de la acusación ante el cadáver de Torrico.
5. *El hombre*	El perseguidor dirige alocuciones cariñosas a su hijito asesinado e interpelaciones amenazadoras a su futura víctima.
6. *En la madrugada*	El relato es "historia" de relato porque ha habido un crimen.
7. *Talpa*	Natalia dice ha visto la cara de Tanilo despues de muerto, diciéndole que se había curado. "Ya puedo estar contigo, Natalia. Ayúdame a estar contigo", dice que le dijo. Parece una referencia de la relación sexual necrófila.
9. *Díles*	El hijo del ajusticiado, que parece reacio a interceder por su padre ante la autoridad, le habla cariñosamente cuando ya es cadáver y lo lleva en su burro.
12. *Acuérdate*	Rehabilitación póstuma de las "hazañas" de Urbano: se hace popular (objeto de relato de cantina) quien antes sufriera menosprecio.
13. *No oyes*	El padre de Ignacio reconviene al hijo póstumamente; le reprocha haberle negado hasta la última esperanza. Y dice que su madre —ya muerta— lo reconvendría a él si abandonara al hijo herido.

14. *Anacleto M.*	Anacleto Morones, el santero asesinado, sigue siendo rival aventajado del asesino en la cama.
15. *La herencia*	El hijo de Matilde Arcángel, con el cadáver del padre sobre el caballo, atraviesa el pueblo tocando la flauta, único símbolo de comunicación ←→ incomunicación entre los dos. La flauta es la única forma de afirmarse —expresarse— el hijo.

El aspecto funcional del espacio: ausencia vs presencia, en que se produce la transformación del modelo actancial, y que en la literatura popular corresponde a la disyunción: *aquí* vs *allá,* en la narrativa de Rulfo tiene una nueva dimensión: "el más allá", en donde, como acabamos de ver, se produce la transformación de la comunicación ←→ incomunicación.

El relato, como el mito, se presenta como mediación, para resolver una contradicción, para explicar un misterio, para neutralizar un peligro, para proyectar una situación o un orden futuros, o para expresar una promesa de salvación, y en él se organizan los contenidos contradictorios y se ofrecen las posibilidades de transformación en los dos modelos inmanentes: el modelo constituido que organiza los contenidos que rigen el universo representado, y el modelo transformacional que ofrece la posibilidad de una transformación que sería la solución.

Acabamos de ver el estatuto de la consecuencia, en la narrativa de Rulfo, como fracaso primordial de la comunicación, pues bien, en los mismos universos semánticos se nos ha de ofrecer la transformación, es decir, la solución o el remedio posible a estas modalidades de la comunicación que en las historias particulares ha sido negada. La consecuencia se proyecta como comunicación ←→ incomunicación. Vamos a ver si, efectivamente, en cada relato está implícita o explícita la forma de *comunicación* que hubiera *mejorado* el resultado o evitado el fracaso:

1. *Macario*   Recurre a la plática como neutralización del sueño y de la amenaza de castigo.

2. *Nos han dado*   Una solución sería manifestar por escrito la protesta reivindicatoria de una tierra fértil.

3. *La Cuesta*   El soliloquio como mitigación de la soledad y como reparación póstuma del diálogo fallido y de la acusación injusta.

4. *Es que somos*   El soliloquio como distracción de la catástrofe, como neutralización del dolor que, al preverlo, lo mitiga.

5. *El hombre*   "Dos monólogos que se persiguen sintácticamente y semánticamente, entablan un proceso incomunicativo interindividual de gran coherencia para el lector. "Monólogos que, si llegaran a comunicarse, estarían de acuerdo los monologantes en la obligación de la venganza, pero, también, en *su inutilidad.*

6. *En la madrugada* La declaración del procesado, fortuito sobreviviente, que no niega el crimen y lo explica en la mútua ceguera, lo justifica.

7. *Talpa*   La oración del enfermo como propiciatoria y dispensadora del favor divino. El soliloquio remordiente del amante como penitencia asumida.

8. *El llano*   El contrapunto al resultado positivo de la amonestación de la mujer, está en la justificación de la primera parte del relato —la más extensa—: la evocación nostálgica co-

mo palabra *mitificada,* como pasado *ya pasado.*

9. *Díles*   La posibilidad y el empeño del ajusticiado de que la palabra ejerza de abogada de pleitos perdidos.

10. *Luvina*   La palabra cultural como arma contra el atraso. La palabra del locutor fracasado como evitación de nuevo fracaso.

11. *La noche*   La palabra razonada del joven, que no escuchan sus tíos, los hubiera salvado.

12. *Acuérdate*   La historia trágica de un histrión (que sólo quería ser tenido en cuenta) se hace anécdota de cantina, *recuerdo* (título!) *persistente.*

13. *No oyes*   La palabra amonestadora e inquiriente de información, del padre, hubiera encontrado en la afirmativa del hijo esperanza de salvación y rehabilitación.

14. *Anacleto M.*   La palabra hiriente aleja posibles delatoras.

15. *El día derrumbe*   La posibilidad de que la palabra política fuese fianza de gestión.

16. *La herencia*   La flauta como "bandera de la libertad" (decía en el análisis particular de este relato), y, ahora, podemos completar, como símbolo de incomunicación, porque se ejecuta sobre un cadáver (simbólico también), pero es, a la vez, *afirmación* de la posibilidad de *ruptura de la incomunicación.*

17. *Paso del Norte*   En el mismo título está denotada la comunicación, "el paso", como transmisión, como intercambio que fracasa. *No pasa* al Norte. Además de *no pasar*, se le fue la Tránsito (nombre igualmente simbólico); se le ha negado el paso al otro, la comunicación íntima. El relato queda abierto a la delincuencia y a la recuperación de la Tránsito, ¿recuperar a esa "otro" que será el acceso a la comunicación íntima?

Las contradicciones que contienen el relato y el mito, o toda la literatura popular, bajo la apariencia de equilibrio y neutralización, son patentes en los relatos de *El llano en llamas,* porque la ambigüedad de la consecuencia es la forma protocolar en que el autor expresa la contradicción flagrante entre estructura social y comportamiento individual. La palabra como fracaso y la palabra como remedio. En un relato paradigmático de la ambigüedad como es *La herencia de Matilde Arcángel,* la palabra, o mejor, el sonido de la flauta, se presenta como posibilidad de ruptura de la incomunicación, es un remedio solitario, incluso "en diferido", porque *no la escuchamos* en el presente de la historia, sino que se nos refiere por testigo interpuesto, *es dircurso.* Casi todas las historias son *estáticas* en el sentido de que lo narrado es algo que ha sucedido antes —un antes indeterminado— del relato, y que cuando éste alcanza el final de la historia, marca el final de la narración[10].

---

(10) En la tesis de Veas Mercado, ya cit., en las páginas 68-72, está perfectamente analizado este proceso, *el modo de entregar la información* el autor, lo que me releva a mí hacerlo detenidamente y me permite alcanzar sin rodeos el blanco de mi reflexión conclusiva.

Veas Mercado, dice, en la página 69, después de explicar la invariabilidad de la situación de la enunciación, que "la única forma de futuro que aparece es una prolongación del presente que no puede tampoco escapar al pasado inmediato; este fenómeno ocurre a menudo en Rulfo; de ahí que la desesperanza o la imposibilidad de una proyección al futuro sea un rasgo definitorio".

Las acciones, la intriga, son acontecimientos de un proceso, pero considerados en su permanencia discursiva e inalterabilidad, en su espacialidad. Las consecuencias que hemos resumido como estados de alienación, descalificación y muerte, que caracterizan estados de incomunicación o de fracaso de comunicación, *por serlo, de fracaso,* han sido objeto de la reflexión o de la contemplación de los agonistas, y lo son en esos monólogos simples, en esos diálogos con interlocutor dudoso, o en alocuciones tácitas o *post mortem.*

La palabra, la comunicación que no se ha obtenido o que ha fracasado, era la posibilidad de neutralización y, al ser considerada para comunicarla se disfraza en discurso; lo narrativo de un pasado, de un proceso, *se estatiza,* o se *estadiza.* El discurso, decíamos de la forma expresiva dominante en Rulfo, se oculta en una voz; esa voz que en la historia no ha logrado traspasar la barrera de la incomunicación, se inviste de discurso literario, *de literaturidad,* para neutralizar *el fracaso de la incomunicación* que es el sentido investido en las anécdotas protocolares de esas situaciones convivenciales que refleja el *corpus.*

El fracaso convivencial, como los fracasos en las consecuencias relatadas, ha sido, asimismo, objeto de la consideración del autor y, *al serlo* ha sido objeto reflexivo de su transmisión, de su comunicación en forma de narración. El fracaso substanciado en su narrativa, lo es también del proceso literario mismo, que busca la neutralización de la comunicación literaria. Lo narrativo de las historias, *estatizado,* puede ser la metáfora de la narración misma, la representación del proceso de verbalización que, una vez formulado, una vez procesado en signos lingüísticos, queda ahí como valor cultural, dispuesto a presentarse, a ser presente de proceso cada vez que un lector lo actualice.

Si el mensaje, leído como transformación dinámica del mandato, era la vuelta del revés de la historia (de cada historia particular), ahora, en el nivel de la literatura, parece que sigue siendo el mismo, haciendo abstracción de las particularidades: *la vuelta del revés de la historia,* de la historia exterior a la intriga, de lo que es historia nuestra —de todos—, de lo que es convivencia nuestra.

PEDRO PARAMO COMO
JUSTIFICACION
DEL MODELO ACTANCIAL
Y COMO RELATO DE
MEDIACION ENTRE LITERATURA Y VIDA

PEDRO PARAMO

El enfrentamiento analítico con la novela Pedro Páramo lo hago desde una *atención nueva*, a pesar del conocimiento anterior y bastante profundo de la obra; me refiero a mi *Análisis de "Pedro Páramo"*, en el que, según el texto editorial en la tapa, "se trata de explicar desde *dentro* la multiplicidad de significados que la obra contiene"[1]. Afortunadamente, no todos los significados han sido explicados entonces ni lo pretende así el método semiológico, ya que de los dos sistemas que configuran el texto, el lingüístico y el literario, el segundo vitaliza el significado, "trasciende el valor de las unidades lingüísticas y puede variar a través del tiempo, y en el espacio, por relación al sistema semiótico en el que se interprete"[2]. Hay niveles en la obra a los que siempre podemos volver con una atención nueva. O podemos tratar de descubrir en los valores y relaciones sintácticas y semánticas elementos de significación que, sin alterar la unidad de la obra, den cuenta de su polivalencia y nos permitan una nueva interpretación (subjetiva) de los datos objetivos.

Pedro Páramo ha sido valorada muy distintamente, como "novela de amor", como historia de una búsqueda (la del padre, la de la paternidad, por el hijo), como una historia de muertos y fantasmas, como la historia *real* de una determinada situación

---

(1) *Análisis semiológico de "Pedro Páramo"*, Madrid, Narcea, 1981.
(2) María del Carmen Bobes, *Gramática textual de "Belarmino y Apolonio"*, Madrid, Ensayos Planeta, pág. 17.

geosocial, como "el sueño letal de la raza"[3], como la mitificación de un cacicazgo, etc... Y todas estas lecturas y otras muchas posibles son válidas y, además de éstas y otras, la obra *Pedro Páramo* sigue siendo "algo más".

Como historia de una situación real o *posible,* en la sociología rural mexicana, es en la acepción temática en que podemos considerarla como continuación de algunos de los relatos de *El llano en llamas.* Pero hay en *Pedro Páramo,* ya a una aproximación primera, un elemento nuevo, diferente, que no existe en los relatos anteriores, que en un sentido muy lato podríamos reconocer como "lo fantástico". Jorge Ruffinelli lo distingue como "la instauración de una atmósfera en la que cooperan el tiempo reversible y anulable, la noción de las ánimas en pena que habitan la tierra igual que los vivos, o la muerte que en vez de ser el resultado de la violencia de los hombres, es aquí el ahogo y la asfixia producida por 'los murmullos' de los muertos, es decir *por el relato mismo*"[4].

Esto es así, pero, a mi entender, va más lejos, o necesita esta aproximación muy amplios desarrollos. Sí hay un *tiempo* nuevo o una modalidad de tiempo *no histórico, acrónico,* reversible (del *no suceder),* pero ya se insinuaba esta temporalidad mítica y acrónica en relatos como *Luvina* y *De madrugada.* Sí hay unos nuevos personajes, o personajes con nuevas características, las ánimas cuyo "estado" da al relato una dimensión, la *escatológica*[5], *no* una atmósfera, y en cuanto a la muerte como "resultado de ahogo y asfixia por los murmullos", es la incidencia de la manifestación *noológica* del problema: la interiorización, deformada, desfigurada y mitificada de una concepción cultural religiosa, un "orden" divino, al que se transfieren las contradicciones de la estructura social y del comportamiento individual; *Pedro Páramo es* en este aspecto *la representación de la posmuerte* que estuviera

---

(3) Así la define Elena Soriano, "Tres escritores de un mundo", en *Indice,* núm. 196 (abril 1965), págs. 22-24.

(4) Ruffinelli, J., *Prólogo* a las Obras Completas, ya cit., págs. XXVI y XXVII.

(5) Vid., en mi *Análisis de P.P.,* el capítulo "Dimensión connotativa: cosmológica y noológica", págs. 182-190.

arraigada en el inconsciente colectivo del pueblo mexicano. Sí estamos plenamente de acuerdo en el subrayado de Ruffinelli: *por el relato mismo;* se refiere a los murmullos que provocan la muerte de Juan Preciado. Yo creo haber demostrado (en el *Análisis de P.P.*) que la muerte de Juan Preciado ya había acontecido *fuera* y *antes* del relato, pero los murmullos y la asfixia producen otro *tipo* de muerte, que es la de una transmutación metalingüística: el pasaje del *parecer* al *ser* y viceversa, del *ser* vs *parecer.* Juan *parecía* (para sí mismo) estar vivo y haber venido a Comala en busca de su padre. En ese momento de la supuesta muerte (fragmento 33)[6], *se da cuenta* de que *es* un muerto, *está* muerto. Igualmente para el receptor, *es* un personaje-héroe (los motivos son heroicos), sujeto del enunciado y de la enunciación, y, a partir de aquí (fragmento 33 y 34) nos *parece* ya un falso héroe, pretexto, medio, canal de transmisión.

En la obra, en los 66 fragmentos, encontramos, pues, la materia narrativa dispuesta en una doble articulación de planos; en uno de ellos podemos situar los acontecimientos *terrenales,* históricos, y en el otro, los acontecimientos míticos o mitificados, o si se quiere, *ultraterrenales.* Y no es que estos planos remitan al plano del significante y al plano del significado, sino que la significación la encontramos en la articulación de esa doble manifestación. Las interpretaciones remiten a una y otra serie; hay intersección continua de planos y los acontecimientos, a veces, se interpretan doblemente desde uno y otro plano. Esta doble articulación de planos requiere una doble articulación temporal. La de un tiempo crónico, sucesivo, narrativo, preciso para que se desarrollen las acciones, y la de un tiempo acrónico en el que tienen lugar —aquí— las *manifestaciones* de los actantes. Este segundo tiempo coincide con el tiempo esencial de la novela, no sólo los segmentos biográficos y las pruebas, "el ideal, la ilusión, la aspiración hacia un fin jamás alcanzado, hace que la novela se

---

(6) La novela de Rulfo se presenta dividida en secciones, con la única convención tipográfica del doble espacio. En mi edición son 66 secciones o fragmentos y en mi *Análisis...* los he numerado por su orden sucesivo lineal, para poder referirme a ellos inequívocamente.

convierta en el propio discurso del tiempo"[7]. Este tiempo es, como dice Todorov[8], la temporalidad de tipo "eterno retorno", o, como dice Octavio Paz, de esa categoría especial en que mitos y poemas coinciden en transmutar el tiempo: un pasado siempre futuro y siempre dispuesto a ser presente, *a presentarse.* (*)

El arte narrativo de Juan Rulfo, o "la elaboración secundaria del relato", como dice Greimas, ha dispuesto que los acontecimientos no sigan la sucesión del orden de las funciones ni el desarrollo temporal lógico, creando el *suspense* o la *tensión dramática,* así como la ruptura de la linealidad progresiva del discurso. Ni lógica narrativa, ni lógica temporal, ni lógica discursiva.

Con una mirada abarcadora, que nos permite el desglose fragmentario ya realizado en el anterior análisis de *Pedro Páramo,* entendemos que los dos planos de significación que se interfieren y que articulan ese *presente* narrativo *irreal* y ese *pasado-presente* retrospectivo *real,* corresponden a los protagonismos de dos personajes: Juan Preciado y Pedro Páramo.

Juan Preciado se mueve en el orden ultraterrenal, en ese orden que es una metáfora de la idea arraigada en núcleos populares cristianos del comportamiento de las almas después de la muerte. Juan Preciado viene a Comala, al espacio textual, en busca de su padre, un tal Pedro Páramo. El motivo de la búsqueda es ambiguo: promesa a la madre (diferida), sueños, ilusiones, ver y buscar al padre. Todos los motivos son válidos, como sugerencia de Remitente, como destinadores de esa búsqueda, que puede encubrir dos o más motivos, y que, a mi parecer, puede interpretarse como cumplimiento de una promesa a la madre moribunda, que se inviste posteriormente, como todo mandato real, de ilusión o de pretextos ideales. Lo que ocurre con el

---

(7) Julia Kristeva, *El texto de la novela,* ya cit., págs. 21-23.

(8) Todorov, Tz., *Literatura y significación,* el capítulo "La búsqueda de la narración", Barcelona, Planeta, 1971, pág. 191.

(*) Cit. a través de Carlos Fuentes, *La nueva novela hispanoamericana,* México, Joaquín Mortiz, 1969, pág. 20.

personaje y con sus palabras y sus actuaciones es que nos movemos en un orden mítico, en el aspecto *ritual*[9] de la narración (el ritual cristiano del comportamiento de las ánimas), y la irrealidad contamina la interpretación misma.

Aparte de la interpretación histórico teológica e histórico cultural, de sincretismo de creencias religiosas y deformación supersticiosa de las mismas, que se refieren a una explicación o *ampliación extratextual,* en el mismo primer nivel del discurso tenemos referencias precisas y síntomas caracteriológicos de ese orden divino o espiritualista, extraterrenal, en que se mueven los personajes y que es ni más ni menos *el orden del universo narrativo* en que convencionalmente estamos.

—En el fragmento 15, mozos de la Media Luna platican, "como se platica en todas partes", de muertos y aparecidos. Dicen que una mujer ha visto el caballo que derribó a Miguelito Páramo (y que ya ha mandado matar don Pedro), "corriendo con las piernas dobladas" y "con el pescuezo echado hacia atrás". "Dicen que por allá arriba anda el ánima" (de Miguel Páramo). "Lo han visto tocando la puerta de fulanita".

—En el fragmento 23, elpersonaje Damiana le habla al sujeto narrador, Juan Preciado, de ecos, de voces que parecen salir de una hendidura, de hojas de árbol que arrastra el viento, en un lugar donde no hay árboles, y de la aparición de su hermana Sixtina: "Mi hermana Sixtina, por si no lo sabes, murió cuando yo tenía doce años. Era la mayor. Y en mi casa fuimos dieciséis de familia, así que hazte el cálculo del tiempo que lleva muerta. Y mírala ahora, todavía vagando por este mundo. Así que no te asustes si oyes ecos más recientes, Juan Preciado".

Con lo que podemos nosotros "hacernos cargo" de esa transferencia de comportamientos y características vivientes —aun-

---

(9) Todorov, capít. ya cit., "La búsqueda de la narración", pág. 191.

que algo modificados— a los seres muertos, en la mentalidad primaria que refleja este enunciado: una *vida* paralela a la vida y posterior a ella.

En el fragmento 36 se da este diálogo entre Juan Preciado y Dorotea, en la tumba:

—El cielo para mí, Juan Preciado, está aquí donde estoy ahora.

— ¿Y tu alma? ¿Dónde crees que haya ido?

—Debe andar vagando por la tierra como tantas otras; buscando vivos que recen por ella.

En este orden seudorreligioso de valores deformados y de espejismos de actitudes *post mortem,* se puede tratar de encuadrar la aventura del personaje, Juan Preciado, en las coordenadas del modelo actancial mítico para dar coherencia y uniformidad a este último capítulo:

$$\text{Destinador, } D_1 \longrightarrow \text{Objeto} \longrightarrow D_2, \text{ Destinatario}$$
$$\uparrow$$
$$\text{Ayudante, } A \longrightarrow \text{Sujeto} \longleftarrow Op, \text{ Oponente}$$

El destinador o remitente, es la madre moribunda, que lo liga a un *mandato* con una promesa: buscar al padre y exigirle lo que les debe. A esa obligación que entraña la promesa, sigue un tiempo posterior de olvido de lo prometido. Luego, *ahora pronto*, dice el personaje, se llena de sueños y da vuelo a sus ilusiones alrededor de ese señor llamado Pedro Páramo, el marido de su madre. Al mensaje, la orden del mandato primero, se le suma la ilusión, el sueño de esperanza. Posteriormente, insiste en que vino porque quiere *ver,* o vino a *buscar* a su padre. Cumplimiento de promesa, ilusión, búsqueda de la primogenitura, de la legítima, de la identidad, del hijo que ha vivido en el exilio, son razones y motivos que no se oponen sino que más bien se complementan, enriqueciendo el eje del *deseo* que mueve la búsqueda. De las tres pruebas canónicas que comporta el relato (según los estudios semiológicos, derivados del análisis proppiano), podemos descifrar dos en la aventura de Juan Preciado: la *cualificante* y la prueba *principal*. La primera es la confirmación del héroe; en este caso, su confirmación como hijo. El introductor del héroe, Abundio, no lo conoce ni lo reconoce como "hijo legítimo", pues cuando sabe su filiación lo asimila a su propio estatuto de ilegitimidad y pobreza: "nuestras madres nos parieron sobre un petate". No ha sido así, Juan Preciado, es el hijo legítimo y su madre, Dolores Preciado, una rica heredera. El segundo interlocutor, Eduviges, sí lo reconoce como hijo de Dolores y Pedro, pero introduce una duda, o socava su identidad, al basarla en la mera casualidad de haber sido Dolores la madre y no ella, Eduviges, que fue quien durmió la noche de bodas con don Pedro.

Pero estamos seguros de hallarnos en esa primera prueba de cualificación del héroe, pues en la abstracción del modelo, la lucha que supone esta primera prueba es sólo una lucha simulada, simbólica[10], en que el remitente hace el papel del oponente. En efecto, aquí Dolores, con la información que había dado al hijo, más que orientarlo, parece engañarlo, haberlo desinformado, y buen testimonio tenemos en el monólogo dialógico del sujeto del enunciado que se queja de la inoperancia de la descripción (el recuerdo) de la madre:

"Hubiera querido decirle: 'Te equivocaste de domicilio. Me diste una dirección mal dada. Me mandaste al ¿dónde es esto y dónde es aquello?' A un pueblo solitario. Buscando a alguien que no existe".

Pero la secuencia del *reconocimiento,* de la marca del héroe, se produce, está en el fragmento 16, a cargo de un tercer

---

(10) Greimas, *Semántica estructural,* pág. 314.

interlocutor, Damiana Cisneros, que dice vivir en la Media Luna, y de la que el buscador tiene referencias por su madre: "mi madre me habló de una tal Damiana que me había cuidado cuando nací". Aquí la información del remitente es precisa y exacta. La Mujer responde: "Sí, yo soy. Te conozco desde que abriste los ojos".

Ya identificado el héroe en el espacio de *dentro*, se vuelve hacia el remitente, en el fragmento 31, confirmándole haber cumplido su mandato, o mejor, la primera parte del mandato: *venir aquí*, "estoy en tu pueblo. Junto a tu gente". Venir a Comala, al espacio de la prueba. La continuación del mandato, *conocer* a Pedro Páramo, *exigirle* deudas y *cobrarle* el olvido, todavía no se ha emprendido.

El mensaje, la palabra que expresa el mensaje que vincula $D_1 \rightarrow D_2$, y que es el eje $C_1 =$ comunicación, es aquí ejemplar de esa palabra *helada*, cosificada, que se puede transmitir. Es la promesa a un moribundo, obligación sociorreligiosa, cuyo incumplimiento puede acarrear desgracia —pena eterna— al infractor de la promesa, y es, asimismo, ejemplar de esa significación de la palabra mítica como temporalidad acrónica, reversible.

Elegimos para su transcripción el párrafo del discurso de la madre —transportado al enunciado del hijo en cursiva— en que la palabra, precisamente, se refiere a la voz:

"Allá me oirás mejor. Estaré más cerca de ti. Encontrarás más cercana la voz de mis recuerdos que la de mi muerte, si es que alguna vez la muerte ha tenido alguna voz".

Este tiempo futuro de los sintagmas narrativos es un *futuro prospectivo* que se restablece, en el presente contestatario del discurso del narrador, como un vaticinio negado, con el valor —y sólo— de *futuro retrospectivo*.

En el fragmento 33 tiene lugar lo que de una manera muy "pálida" podemos señalar como la *prueba principal* del héroe. Es el eje que se vincula a la fuerza, el vigor, el C_2, el objeto-vigor, que sería el equivalente mítico del *poder*. Este fragmento es bastante oscuro, por el adensamiento simbólico de los referentes. Liliana

Befumo Boschi, que ha estudiado el proceso de simbolización de la obra[11], considera que este fragmento 33 es nuclear para hallar todo el sentido de la misma (en mi análisis anterior ya había demostrado que funcional y estructuralmente lo es también). La casa es el espacio centralizado, donde confluyen los caminos que van a todas partes, y donde se encuentra la pareja de hermanos incestuosos, símbolo de la pareja primordial. Allí Juan sufre una extraña experiencia. ¿Los síntomas? Calor, sudor, el cuerpo de la mujer, acostada en la cama a su lado, se derrite como un *charco de barro*, a Juan le falta el aire para respirar, se le acaba el aire, escucha un ruido como de estertor..., todos ellos polisémicos, remiten, indudablemente, a la substancia primigenia, el barro, a la falta de aire del nacimiento, al estertor de la muerte. Experiencia de nacer y de morir. Juan Preciado concluye su confusa enunciación refiriéndose a la nublazón, "lo último que vi", y puesto que no se refiere a la ceguera, está aludiendo al ejercicio vital de lo sentidos; a partir de ahí, *su muerte*.

En este fragmento se opera, pues, *el cambio*, la muerte (ya plenamente reconocida en la sección siguiente), la prueba principal del héroe. No es una prueba real sino simbólica, una mutación ontológica, diríamos en un nivel metafísico, o en un nivel de valoración estrictamente verbal, una transmutación metalingüística: *parecer* vs *ser*. *Parecía* un vivo y *es* un muerto. Se creía estar vivo y reconoce estar muerto. Un cambio atributivo y no cualitativo o substancial. A partir de este momento, la transmutación, el conocimiento de Juan Preciado, contamina nuestra recepción de lectores, nuestro propio conocimiento (*su* prueba es también *nuestra* prueba principal). Lo que observábamos con cierto recelo y sospecha en las páginas anteriores eran apariencias de realidad, *apariencias de narración*: la narración consistirá *no* en la aventura de Juan Preciado, sino en *la recuperación del pasado*. ¿Qué personaje es Juan Preciado y qué pruebas son las que realiza? Evidentemente, no son pruebas narrativas. Toda su

---

(11) En el libro de que es coautora con Violeta Peralta, *Rulfo, la soledad creadora*, ya cit., pág. 228.

experiencia anterior no es un contacto sólido con la realidad; todos sus contactos, todos los referentes de los nombres que nos ha ido dando, son muertos, son fantasmas: aparecen y se desvanecen. Es decir, toda la *aparente aventura narrativa* de Juan Preciado es como un gran rito: signo de otra cosa[12]. A partir de aquí, sabemos que no podemos seguir adelante, que hemos llegado al final del fin de toda supuesta aventura. Es preciso retroceder, *devolverse;* el reproche de Juan Preciado a su madre, remitente, podríamos suscribirlo nosotros, lectores, y decirle: "nos equivocaste de camino, nos diste una dirección mal dada..."

El sujeto del enunciado, Juan Preciado, en este fragmento dice que el aire se filtró entre sus dedos *para siempre.* Este "para siempre" denota una situación de *estatismo* de espacio y tiempo, de duración indefinida, o mejor de perpetuidad, de estado que ha agotado el tiempo. La reafirmación y recurrencia en el fragmento siguiente, el f. 34, al "mucho tiempo" ("vamos a estar enterrados mucho tiempo", se dice), tiene ese valor intensificador de esa *nueva* temporalidad.

Y él mismo, después del fragmento 34, que es la recapitulación de los enunciados anteriores de su aventura, y en el que reconoce ya su muerte, *se disipa* como sujeto de la enunciación, manteniéndose latente, o haciendo de canal de transmisión de voces y murmullos de otros personajes (fragmentos 40, 50, 53). Si aceptamos como hipótesis (que acabamos de exponer en la nota 12) ese nuevo papel de remitente, su presencia textual puede ser mucho más disimulada. Los encuentros anteriores, los ruidos, los ambientes —de agostamiento— descritos, eran sólo aparenciales, *no convividos* por nosotros con el héroe, como creíamos, sino que han sido representaciones verbales *imaginadas* (no por no ser reales

---

(12) Greimas, en su *En torno al sentido,* en el capítulo "Contribución a la teoría de la interpretación del relato mítico", analizando *literariamente* el mito, explica la doble transformación contractual entre las estructuras del contenido y las manifestaciones narrativas. Creemos que su formulación podría servir para teorizar el momento presente de nuestro anñisis: *"La prueba es la manifestación* sobre el plano narrativo de la *transformación de los contenidos"* pág. 248. Aquí, en efecto, la prueba ha resultado ser deceptiva, el remitente, la madre, ha resultado ser un equívoco remitente (casi traidor), el remitente, en adelante, será el héroe decepcionado.

sino por haber *ocurrido* en otra instancia del discurso), recordadas por el narrador desde la tumba para otro destinatario que no éramos nosotros[13]. (Coincide exactamente con la entrega de la información característica de los relatos que acabamos de describir en la pág. 274). A partir de esta descalificación de Juan Preciado como héroe, hemos de seguir o reinterpretar lo que sabemos como aprendizaje de pasado.

Vamos ahora a ese *pasado*-presente *real*, retrospectivo, cuyo protagonismo corresponde a Pedro Páramo. Del personaje ya sabíamos por las referencias en el discurso del narrador, Juan Preciado. Estas referencias eran las anáforas de un nombre: *el padre, el marido de la madre, un muerto, un rencor vivo...* Y, también contiguos al enunciado del sujeto primero de la enunciación, habían aparecido unos fragmentos 6, 7, 8, 9, 10, 12, 13, 18, 19, 21, 22, a cargo de un narrador objetivo, que nos habían introducido a la niñez, la juventud y la iniciación de amo de Pedro Páramo. En estos fragmentos, y en los sucesivos en que Pedro Páramo es protagonista, es difícil encontrar el origen de la enunciación.

En el fragmento 41, por ejemplo, la única referencia es: *Fue Fulgor Sedano quien le dijo,* el resto del fragmento es diálogo conversacional, sin ninguna huella de la enunciación, ni siquiera disponiendo las preguntas, las respuestas, o los gestos de los hablantes. En los primeros fragmentos, referentes a la niñez del personaje, se interpolan en los diálogos del cotidiano vivir, enunciados ensoñativos, recordación y *monólogo destinado* a Susana San Juan por el niño Pedro Páramo, que la ha perdido y la añora. Las secciones del ensueño interior se entrecomillan. Así, igualmente, el fragmento 42, todo él entrecomillado, excepto una breve frase: *Luego el silencio,* a mitad del enunciado, hace pensar —pero sin pruebas lingüísticas o textuales— en un monólogo

---

(13) Para una mejor comprensión de mi interpretación de la obra y los personajes, conviene conocer mi *Análisis de P.P.*, muchos de cuyos desarrollos no quiero repetir por no hacer enfadosa la exposición con la autocita.

póstumo del personaje que se cortara brevemente en esa frase en que se espacia la voz, o bien se puede interpretar como un monólogo póstumo, *escuchado* desde cerca del personaje por un sujeto latente de la enunciación, que no se deja captar más que en esa brevísima acotación del silencio. O bien, como última posibilidad, pronunciarnos por la interpretación de que se trata de la convención de un sujeto de la enunciación objetivo que ha procurado distanciarse lo más posible del enunciado. En todo caso, la visión de la narración es siempre "visión con" el personaje, a su lado y dentro de sus pensamientos. Sus sueños y ensueños monologados, entrecomillados, la comunicación interiorizada del personaje, siempre —y únicamente— se dirige a Susana San Juan, la niña que fue su compañera de juegos en la infancia.

Pero el otro nivel de la narración, *el irreal*, ya nos ha situado en la posterioridad: no importa demasiado descubrir el origen trascendental de la narración, no importa que sea evocación póstuma o interpolación objetiva de fragmentos. Es un tiempo póstumo, pasado, que se presenta como presente, para revivir el acontecer según la lógica narrativa, habitado por un presente perpetuo. A su vez, recogido o transportado al futuro prospectivo de la búsqueda del hijo, que es el inicio y el motivo de la narración, volviéndose entonces futuro retrospectivo: *tiempo póstumo retrospectivo*.

Vamos a ver, ahora, cómo actúa el personaje Pedro Páramo en el plano de articulación de acontecimientos terrenales, en *la historia* del relato.

Podemos abarcar la totalidad de las etapas biográficas del héroe en una amplia secuencia, con tres funciones:

Carencia
Superación
Resultado: desastre

	– muchacho ensoñador
1.ª función CARENCIA	– muchacho recadero (sisa dinero) – muchacho triste por alejamiento de su amiga Susana – aprendiz de telégrafos *irresignado* ("que se resignen los otros, abuela"). – *huérfano* de padre asesinado.

La ensoñación y el aprendizaje de la vida al lado de las mujeres de la familia —la madre, la abuela— concluye con la prueba simbólica, la de la *cualificación* del héroe para actuaciones sucesivas (*). Es el reconocimiento por parte de la madre de su nueva identidad: *Han matado a tu padre,* que va a generar la acción. El es *ya,* en adelante, el sucesor agonista, ha de hacerse cargo de la hacienda mermada (como sostiene los hombros abatidos por el llanto, de la madre), y del gobierno de su herencia; iniciarse en su nuevo cargo: patrón de la Media Luna. Es su *iniciativa* de amo, *de héroe.* Apetencia de felicidad, de dinero, de justicia, informarán la actividad del héroe, que se impondrá como tareas: vengar al padre, conquistar riqueza y poder, alcanzar el amor.

	– somete al administrador en la primera entrevista
2.ª función SUPERACION	– se casa con la más rica de sus acreedores – ordena *liquidar* a los individuos que ponen cercas a sus tierras colindantes o se oponen a sus deseos. – *acaba* con todo posible asesino de su padre – se hace rico y poderoso – hace regresar a Susana

---

(*) Así como en *El llano...,* la prueba, F podía simbolizar dos o más situaciones o etapas de realización, por la simplicidad de las intrigas, *Pedro Páramo* requiere, aún en la reducción, una consideración de las sucesivas etapas.

Estas etapas (que han requerido —insistimos— una amplia sucesión temporal) han posibilitado al héroe la *consecución de dinero*, la *satisfacción de la venganza*, la *consecución de poder*, el *acercamiento de Susana*.

Ahora bien, para la captación acrónica del relato, en la lectura de los términos en su forma de categorías, tenemos que considerar el universo en que se mueve el héroe. La existencia de un universo social y la existencia de su propio mundo individual o familiar. En el universo social existe un orden, un contrato social. El motivo desencadenante de la aventura del héroe, *el asesinato* —impune, inconfeso— *del padre*, es una *infracción* a ese orden, y es una infracción al sentimiento y a los valores individuales y familiares. La función de este asesinato es la que en el relato canónico estaría representada por *la falta*, que es una situación intolerable que exige la reparación, la liquidación de la falta.

Pero ese orden social que se ha infringido, que ha sido atacado, en el asesinato de don Lucas Páramo, *prohibe* tomarse la justicia por propia mano, *prohibe actuar* al héroe. En el contrato social, A, el destinador prohibe al destinatario que obre, es un $\overline{A}$, es decir, invitación a *no hacer* (como dice Greimas es de orden negativo). Si decide obrar, se acoge él también al estatuto de *la infracción*. La voluntad de obrar comporta la oposición a la prohibición de obrar.

Y, así, *la infracción* se convierte —en la sintaxis funcional del relato— en una especie de *orden terminante*. Aunque parezca moralmente reprobable, teóricamente es válida para el desarrollo de las funciones (y de la narración). Es la negación del destinador y la asunción por el héroe de los papeles de destinador y destinatario: es su propio remitente: es la pura voluntad encarnada.

Y si teóricamente la infracción es imprescindible (igual que narrativamente, para que haya relato), moralmente no es absolutamente negativa sino que es, digamos, *ambigua*. Pues la infracción supone dos valores: la libertad y la opción. Pedro Páramo ha elegido el camino de la infracción para la búsqueda y obtención de su deseo: su elección es libre e irreversible, es decir, histórica; la prueba comporta los atributos del proceso histórico, o de la actividad histórica del hombre[14], la libertad y la irreversibilidad.

Ahora vamos a ver a dónde lo lleva esa afirmación de su propia voluntad, esa *elección de la libertad* individual que se ha ejercido por medio de la *infracción*. La consecuencia, que es la consecución de sus objetivos: riqueza, poder, venganza, de que pudiera ser resumen el fragmento 35 (contiguo al fragmento 34, que lo era, resumen de la "aventura" de Juan Preciado, y quizá no casual la contigüidad textual), no es, sin embargo, el final de la historia, sino el restablecimiento parcial del contrato global roto. En este monopolio de riqueza y de poder que ha conseguido Pedro Páramo, debe de existir una ley (y en ese fragmento 35 hay referencias a la continuidad de la infracción, como "ley de los Páramo" en su hijo Miguel), un nuevo contrato, el de respeto a sus propiedades, el del acatamiento de sus deseos y sus caprichos, el del respeto a su vida y a la vida de los suyos (de ese su hijo bastardo, amado y consentido)... La prueba principal ha supuesto la ruptura del contrato social anterior —y exterior— y nos encontramos en plena instauración de un orden nuevo cuyas estructuras están investidas de nuevos contenidos que intensifican el valor de un solo contenido: la voluntad despótica de Pedro Páramo.

Reordenando la dislocación temporal y literaria y ateniéndonos a la causalidad lógica del acontecer, podemos resumir las

---

(14) Greimas, en el apartado "La significación acrónica del relato" dice: "Si A vs $\overline{A}$ es la oposición entre el establecimiento del contrato social y la ruptura del contrato, ésta toma otra significación positiva: la afirmación de la libertad del individuo. Por consiguiente, la alternativa que plantea el relato es la elección entre la libertad del individuo (es decir, la ausencia del contrato) y la aceptación del contrato social", *Semántica estructural*, ya cit., págs. 320-321.

funciones que parecen afirmar la permanencia de este nuevo orden —creado por la voluntad de Pedro Páramo— e introducen la perspectiva y las posibilidades de cambio y su derrota:

3.ª función
RESULTADO:
DESASTRE

$\left\{\begin{array}{l}\end{array}\right.$

a) muere (accidentalmente) Miguel Páramo.
b) Susana, loca y enferma, no la posee ni habla con ella.
c) amenaza de la Revolución (asesinato administrador).
b') muere el objeto de su ilusión y el pueblo no respeta su dolor.
d) suspende la actividad y agosta los campos.
e) muere apuñalado por su hijo ilegítimo.

Vamos a desglosar la actitud del personaje ante la sucesión de los acontecimientos en esta segunda parte de su biografía de poderoso. Señalamos a), b), c), etc., las pruebas de este segundo momento para enfrentarnos a su interpretación:

En a), con motivo del accidente de su hijo consentido, tiene una voluntad implícita de vengarse (antes de saber quién lo mató), voluntad que se queda en movimiento latente, y se transfiere a la orden de matar el caballo.

En b y b', las pruebas lo son en relación con Susana San Juan. En b), al acercamiento del objeto de su ilusión (por el fragmento 42 sabemos que esperó treinta años para poder traerla a su lado), no ha seguido la felicidad. La trae ya "de segunda mano", viuda, y se la dieron "sufrida y ya loca" (dice Dorotea, la interlocutora en la tumba de Juan Preciado). Por medio de la infracción —de nuevo—, del asesinato, logra *desaparecer* al padre de Susana, Bartolomé San Juan, para que ella sea de su única pertenencia. Pero aunque ella le pertenezca, no llega a poseerla, ni siquiera a comunicarse con ella ni una sola vez. No es suficiente con que sea "la criatura más querida por él sobre la tierra", para llegar a saber qué es lo que la destroza por dentro, y sanarla, curarla. Su voluntad se estrella contra el muro de la enfermedad mental de Susana (b). Luego, b') se produce la muerte de Susana y los convecinos celebran fiesta; no respetan el dolor de Pedro Páramo.

En c), la amenaza exterior a sus propiedades y su poder, la Revolución, es afrontada con la estratagema —voluntad emboscada— de desviar el peligro. Y la muerte de su representante social por los revolucionarios no tiene respuesta por parte del héroe.

En d), se produce una manifestación degradada de su venganza: deja de cultivar los campos para que se agoste la tierra. Ejercita la voluntad de *no obrar,* de cruzarse de brazos.

En e), muere apuñalado por Abundio, un hijo ilegítimo, cuando ya su voluntad de vivir se había relajado.

Si la infracción contingente (el asesinato del padre) al orden establecido, mueve a Pedro Páramo a actuar bajo infracción y a restablecer un nuevo orden, que es el ejercicio puro de su voluntad y de su libertad, en el transcurso de este nuevo orden, vemos que su voluntad se ha ido debilitando. En a) la voluntad de venganza realiza un gesto degradado: se ejerce sobre un animal. De b a b', la voluntad afirmativa de acercamiento de Susana —ejercida durante treinta años—, se transforma en contemplación pasiva del alejamiento —está *ida*— y muerte de Susana. En c), la voluntad de oponerse a la agresión exterior es sólo una voluntad emboscada, disfrazada de astucia, no es un afrontamiento directo. En d), la voluntad de expoliar para poseer la tierra, se ha transformado, en pasividad, en inoperancia, en voluntad de agostamiento de la tierra (en efecto, poseerá a su muerte un *páramo).* Por fin, en e), opone la voluntad de querer morirse pronto, a la agresión del hijo ilegítimo. Muere, cuando ya no quería vivir. Incluso, herido mortalmente, después de ser agredido, *pre-dice,* pre-siente, su muerte, haciendo que ésta sea vaticinio propio, *último resuello de su voluntad vinculante,* cuando ya —insistimos— no tenía apego ninguno a seguir viviendo.

El gesto de Abundio, más que el de un ejecutor es el de un mediador. No es un gesto propio: su puñalada no es premeditada, no es racional; no sabe lo que hace por la borrachera. Su gesto es *ritual.* Es el gesto sangriento de *derrota* de un orden sanguinario. Y de este gesto ritual y final del relato, recapitulamos el final de un orden, el de la historia de Pedro Páramo, que había creado —con su voluntad de obrar e infringiendo el orden del contrato social— un nuevo orden: el de su cacicazgo o el de su despotismo. Es un orden que se ha establecido frente a la dejación, abulia, miedo, o actitud reaccionaria de los convecinos. Y la dejación de la autoridad exterior, o la connivencia de la legalidad, y la pasividad o la resistencia pasiva del orden sagrado, la iglesia.

Pero ese orden, al final, se ha desmoronado. ¿Cómo? Con la ayuda de la débil oposición coyuntural del entorno social y por la dejación paulatina de su voluntad. Se ha desmoronado por sí mismo. La novela se convierte en el propio discurso del tiempo —hemos dicho, a propósito de su ideal, de ser un fin nunca alcanzado—; pues bien, el cacicazgo en el discurso del tiempo ha sucumbido.

Y si buscamos una explicación de las contradicciones en el modelo actancial, podemos decir que se ha desmoronado porque *el destinatario pasional y ciego no puede ser su propio remitente* con éxito, porque la creación de un orden nuevo requiere para su estabilidad, además de *la voluntad* y *la libertad* del individuo, el *compromiso*, llámese consenso, llámese obligación. La elección del camino de la infracción por Pedro Páramo ha resultado ser la elección de la soledad, una elección imposible y contradictoria, que se agota en la incomunicación sin respuesta en sí misma[15].

Ahora bien, algunos críticos han visto la novela *Pedro Páramo* como una historia de amor. Y podríamos considerar esa pasión del protagonista por Susana como el sustituto del remitente, o como un mandato sentimental investido en su propia voluntad de obrar. Pero esa relación $D_1 \rightarrow D_2$, significa, ante todo comunicación,

---

(15) El antropólogo social Louis Drumont, en una reciente entrevista explica la articulación del individuo en el grupo y la imposibilidad o la locura de la elección de la inmanencia: "on ne peut pas se débarrasser de toute trascendence, il n'y a rien qui puisse ne reposer que sur soi-même. En particulier tout ordre humain se fonde sur son au-delà". *Le Nouvel Observateur*, núm. 1000, 6-12 de enero, 1984, págs. 58-60.

transmisión de una orden, de un secreto, o una petición o un mandato, y su aceptación por el destinatario. La pasión de Pedro Páramo es una pasión unilateral. Yo la he interpretado, en mi análisis anterior, como "un pretexto de ilusión y de belleza", el sentimiento amoroso no es el remitente, sino la justificación del orgullo, del remordimiento, del fracaso del personaje. La única etapa de *relación real* con Susana son esos fragmentos de la niñez, de la recordación de los juegos compartidos; es decir, una relación establecida en el orden anterior, en el orden del contrato social primero, posteriormente infringido con el asesinato del padre de Pedro, un orden todavía incontaminado de violencia e injusticia.

En todo caso, la historia de Pedro Páramo es la historia de un gran fracaso: nada se le logra. Si considerásemos que, efectivamente, Susana San Juan, o el amor, es el mandatario del héroe, tendríamos igualmente que concluir que la promesa de felicidad y restauración del orden no se cumplen, que el camino de la infracción y la violencia ha sido un camino equivocado que conduce al agostamiento *(P. Páramo* resulta ser una *denominación evento),* a la incomunicación y a la muerte.

Ante este orden del despotismo derrotado, deshecho, ha de surgir, diacrónicamente, un nuevo orden. Un nuevo héroe ha de surgir y restablecer un nuevo universo social. En efecto, un nuevo héroe surge después de ese eslabón final que es el fragmento de la muerte de Pedro Páramo (pues ni la disposición textual ni la lógica condicionan la narración): el hijo legítimo que viene años más tarde en busca de ese nombre: Pedro Páramo. Ahora vemos que Juan Preciado, el falso héroe, ya no es tan falso, ni tan innocuo, es un *héroe necesario.* Restablece —al final de la lectura— un nuevo orden, no social, ni terrenal, *ultraterrenal.* Este orden *imaginario* que instaura Juan Preciado es el orden de la narración, del relato mismo. Juan Preciado para nosotros es el remitente de la funcionalidad del relato, la posibilidad de acceso al pasado, a la aventura del héroe, el gozne que hace recomenzar la historia: muchos años después del final del relato, vendrá su hijo a buscarlo.

En esta búsqueda del hijo, que nosotros seguimos —como un

orden aceptado en un modelo actancial literario, funcionalmente igual al mítico— nos permite acceder a esa *evocación* que es el relato mismo, a esa temporalidad, EVO, de duración sin término de las cosas eternas, metáfora del tiempo de la literatura, del tiempo literario. Juan Preciado ha resultado ser el sosia de Juan Rulfo —y quizá la homonimia no sea casual—, es decir, *nuestro* introductor remitente al relato.

Apéndice

Si volvemos a ese fragmento 34 para reemprender la búsqueda, concomitante con la de Juan Preciado, del objeto de la narración, encontramos que el espacio ha quedado reducido al máximo, una *tumba*. ¿Será casual o metafórico que el espacio que se le prometía al lector quede también reducido a una especie de tumba: el libro? El libro es un objeto reducido, tiene forma rectangular, y en él se supone que encontraremos una comunicación real, cuando lo que sólo escuchamos son murmullos de los personajes. Con ello se nos demuestra que la comunicación es *una ilusión* y el libro un fracaso. Pero el fracaso de la búsqueda de la comunicación es el éxito del libro. Si la comunicación se realizase, la comunicación *realizada* supone la muerte de la comunicación. El libro tiene éxito porque no agota la comunicación —no la agota. El secreto de la novela *Pedro Páramo* es, como ha vislumbrado Todorov de la literatura, que es el objeto del deseo de sí misma. Juan —Preciado o Rulfo—, *remitente,* en la convención cultural del universo literario, nos impone un *mandato*, libremente aceptado: la búsqueda de un *objeto:* con muchas añagazas, llegamos a sospechar que la búsqueda coincide con la búsqueda de la narración, *es la literatura misma.*

Esa búsqueda quizá se justifique —como la "ilusión" de Pedro Páramo— en la ilusión de todos los hombres, tan vieja como el hombre mismo —dice Borges—, de que le cuenten cuentos.

EPILOGO

TRANSFORMACION DINAMICA
DE LA VIOLENCIA

La significación de la organización textual como creación literaria y los conceptos deducidos del análisis global de los mensajes individuales, son susceptibles de reducción en un nivel abstracto a una lectura única.

La relación del hombre con el universo presentado como significante y del narrador con la obra, planteada como producción de sentido, establecen relaciones tópicas entre sí y con las dimensiones semióticas del texto. La lectura que proponemos puede hacerse en dos isotopías o recurrencias de sentido: *la violencia*[1] y *la desesperanza,* que, al oponerse como términos, orientan su resolución en un sentido coherente de significación única: *la apatía.*

La violencia

— Hay una referencia a un orden social, a), y a un orden sagrado, b), heredados, irreversibles.

a) La organización social, la costumbre, la política, se presentan al hombre mexicano como mandatos de violencia o de inacción. Si acepta actuar se ve proyectado a

---

(1) "Novelistas como Ramos, Guimaraes Rosa y Rulfo penetran de una manera magistral en la psicología individual y colectiva de los protagonistas de la "barbarie", que en aquel entonces comienza a entrar en su ocaso histórico", Adalbert Dessau, "Síntesis historia y expresión", en *XVII Congreso del Instituto Internacional de Literatura Iberoamericana,* tomo III, págs. 1433-1443.

una situación de infracción o de pre-legalidad (la venganza, el crimen impune, el asesinato soterrado). Si no actúa, vivirá en el rencor, en el pecado —la falta—, o en el dolor.

b) La gran presencia de la muerte es, acaso, la característica más acusada de esta narrativa y de esta convivencia social. Los muertos *mandan:* se erigen en victimarios, o por el remordimiento, o por la exigencia de venganza. Esta gran presencia de la muerte con su exigencia inexorable remite —en el plano de lo sagrado, como en a) lo fue en el de lo profano— a una situación pre-cultural o pre-lógica, y parece denunciar *la incapacidad* para la vida[2].

— La polarización protagonista ←→ antagonista, es en Rulfo: protagonista ←→ remitente, o destinador, siendo este último (bajo formas diversas, encarnado en personajes varios o en proyecciones imaginarias), la religión, la política, la organización social, o el instinto, que ejercen un mandato despótico de violencia. Todos los remitentes incitan u obligan a la violencia.

— Los resultados de las anécdotas son una representación recurrente de *la traición* del remitente, del fracaso de un mandato de violencia que lleva a la incomunicación, a la alienación, o a la muerte, en la dimensión cosmológica (relación del hombre con el mundo), o bien, cuando el mandato es personal —y el héroe su propio remitente—, la violencia de los instintos conduce a una relación interindividual exasperada (el incesto, el parricidio, el odio), proyectándose como violencia encimada y cíclica, o remordimiento, o condenación, en la dimensión noológica.

---

(2) En una reciente entrevista a Rulfo (14 de febrero de 1982), el autor considera esa búsqueda del padre (en *Pedro Páramo*) como la posible expresión de "la incapacidad para afrontar el porvenir, la condena a un ayer en el que todos están muertos", cfr. Ignacio Ezquerra y Ramón Artiach, "Rulfo: 'no soy más que aficionado'", en *Diario 16* (14 febrero, 1982), pág. IV.

La desesperanza

- Los héroes mantienen una breve y débil ilusión de mejora en este mundo o de salvación en el otro.
- Mayoritariamente se ven defraudados y están condenados a vivir en el rencor, en el pecado, en el dolor desesperanzado o en la inercia de la venganza.
- La recompensa, si la hay, es la satisfacción breve de la venganza o la posesión infructuosa del objeto (la incomunicación con él).

La apatía

- El héroe suele tener enajenada la voluntad de actuar por la costumbre de la resignación y del fracaso.
- El resultado, siempre "peor" del conflicto: alienación, incomunicación, condenación (en este mundo o en el otro), es la representación límite y exasperada del fracaso convivencial, cuando es regido por la violencia (exaltada como mito de la raza en manifestaciones culturales populares) que se manifiesta como fracaso de la comunicación o del entendimiento.
- La culminación de esta situación se ejemplifica en *Pedro Páramo*, historia del éxito de una tiranía que fracasa porque resulta ser la elección de la soledad, la incomunicación sin respuesta (en lo social: no logra herederos; en lo personal: no logra comunicación amorosa; en lo natural: las tierras se agostan) de la violencia que se agota en sí misma.

El resultado

- No hay en la obra de Rulfo proyección de salvación, de transformación positiva de los universos estatuidos. En *Pedro Páramo*, la historia narrativa se realiza como proyección diacrónica en el tiempo y en el espacio del *más allá*.

— A esa presencia monolítica de la muerte corresponde en el universo representado un espacio propio, el *más allá* o espacio imaginario —en la dimensión noológica— de la posmuerte en el que continuaría el penar.

— Con lo que la única dimensión *real* de la manifestación es la comunicación literaria: el libro *Pedro Páramo*.

El autor repara con un objeto cultural la falta que manifestaciones atávicas culturales han provocado en la mentalidad colectiva. Y propone, a) la comunicación entre vivos ya que es posible concebirla entre muertos; y b) la comunicación literaria entre ausentes —y en parte entre muertos, pues es susceptible de ser la libresca comunicación quevediana con difuntos— como reparación simbólica de la carencia comunicativa.

No sólamente hay, así, una coherencia total entre el modelo axiológico de la sociedad y el universo representado en la narrativa rulfiana, sino que esta coherencia explica, más allá del análisis, el silencio editorial posterior del escritor, interpretado, ahora, como consecuencia de la lectura biisotópica:
violencia → desesperanza → apatía.

BIBLIOGRAFIA SOBRE RULFO

ARANGO L., Manuel Antonio, "Correlación social entre el caciquismo y el aspecto religioso en la novela "Pedro Páramo", de Juan Rulfo", *Cuadernos Hispanoamericanos*, núm. 341 (nov. 1978), págs. 401-412.

BLANCO AGUINAGA, Carlos, "Realidad y estilo de J.R." en *La nueva novela latinoamericana*, edit. Paidós, Buenos Aires, 1969.

BRIANTE, Manuel, "Entrevista a Juan Rulfo", en *Confirmado*, Buenos Aires, año IV, núm. 160 (11 y 18 de julio, 1968), reproducida en el "Magazine Dominical" de *El Espectador* de Bogotá (22 de set., 1968).

COLINA, José de la, *Susana San Juan* (el mito femenino en Pedro Páramo), México, RUM, t. XIX, núm. 8 (abril, 1965), págs. 19-21.

COROMINAS, Juan M., "Juan José Arreola, y Juan Rulfo: Visión trágica", Bogotá, *Thesaurus*, T. XXXV, núm. 1 (enero-abril, 1980), págs. 110-121.

CHAVARRI, Raul, "Una novela en la frontera entre la vida y la muerte", en *Cuadernos Hispanoamericanos*, núm. 196 (abril, 1966), págs. 174-179.

DIDIER, Jean, "Realidad ideal y realidad antagónica en *Pedro Páramo*", en *Sin nombre*, Vol. V, núm. 1 (julio-setiembre, 1964) págs. 21-29.

—"El sentido lírico de la evocación del pasado en *Pedro Pára-*

mo", en *La novela Iberoamericana contemporánea*, (XXII Congreso Internacional de Literatura Iberoamericana), Caracas: Universidad Central de Venezuela, 1968, págs. 83-100.

DIEZ, Luis A., "Carpentier y Rulfo: dos largas ausencias", en *Cuadernos Hispanoamericanos*, núm. 272 (febrero, 1973), págs. 338-349.

DORFMAN, Ariel, *Imaginación y violencia en América*, Barcelona, Anagrama, 1972. "En torno a 'Pedro Páramo', de Juan Rulfo", *Homenaje a Juan Rulfo*, Madrid, Anaya-Las Américas, 1974, págs. 147-158.

ECHAVARREN, Roberto, "Contexto y puesta en escena en 'Luvina' de Juan Rulfo", en Dispositio (Lecturas) Vol. V-VI, núm. 15-16, pp. 155-177, Departament of Romance Lenguage, University of Michigan.

EZQUERRA, Ignacio y ARTIACH, Ramón, "Rulfo: 'No soy más que un aficionado' ", entrevista en *Diario 16*, Madrid (14 de febrero, 1982), pág. 4.

FERRER CHIVITE, Manuel, *El laberinto mexicano en/de Juan Rulfo*, México. Edit. Novaro, 1972.

FRANCO, Jean, *El viaje al país de los muertos*, en *La narrativa de Juan Rulfo*, México, Sep/setentes, 1974, págs. 117-140.

FREEMAN, George Ronald, "La caida de la gracia: clave arquetípica de *Pedro Páramo*", en *La narrativa de Juan Rulfo*, México, Sep/setentas, 1974, págs. 67-75.

FRENK, Mariana, "Pedro Páramo", México, *Revista Universidad de México*, t. XV, núm. 11 (julio, 1961), págs. 18-21.

GONZALEZ BOIXO, José C., *Claves narrativas de Juan Rulfo*, Colegio Universitario de León, 1980.

GONZALEZ, Juan E., "Entrevista con Juan Rulfo", en *Nueva Estafeta*, núms. 9-10, (agosto-setiembre 1979), págs. 79-86.

GORDON, Donald, K., "El arte narrativo en tres cuentos de Rulfo", *Homenaje a Juan Rulfo*, Madrid, Anaya-Las Américas, 1974, págs. 347-360.

GNUTZMANN, Rita, "Perspectivas narrativas en *El llano en llamas* de Juan Rulfo", *Anales de Literatura Hispanoamericana*, núm. 1, Madrid, 1972.

GUTIERREZ MARRONE, Nila, *El estilo de Juan Rulfo. Estudio lingüístico,* Editorial Bilingüe, Dpt. of Foreing Languages, York College-Jamaica, New York, 1948.

HARSS, Luis, "Juan Rulfo, o la pena sin nombre", en *Los nuestros,* Buenos Aires, Sudamericana, 1966.

IRBY, James East, *La influencia de William Faulkner en cuatro narradores hispanoamericanos,* tesis, México, Universidad Nal. Autónoma, 1956 (la referencia a Rulfo: págs. 132-163).

JILL LEVINE, Suzanne, "Pedro Páramo y Cien años de soledad: un paralelo", en *Revista de la Universidad de México,* vol, XXV (6 de febrero 1971), págs. 18-24.

LEAL, Luis, "Contemporary Mexican Literature: A mirror of Social Change", Arizona Quarterly (otoño del 62), pp. 197-207.

—"La estructura de Pedro Páramo", en *Anuario de Letras,* U.N.A.M. año IV, (1964), págs. 287-294.

LOPEZ, Ana María, "Presencia de la naturaleza, protesta socio-política, muerte y resurrección en 'El llano en llamas' de Juan Rulfo", *Anales de Literatura Hispanoamericana,* núm. 4, Madrid, 1975.

LURASCHI, Ilse Adriana, "Narradores en la obra de Juan Rulfo: estudio de sus funciones y efectos", *Cuadernos Hispanoamericanos,* núm. 308 (feb., 1976), págs. 207-145.

O'NEILL, Samuel, "Pedro Páramo", *Homenaje a Juan Rulfo,* Madrid, Anaya-Las Américas, 1974, págs. 283-322.

ORTEGA, Julio, "La novela de Juan Rulfo, *Summa* de arquetipos", en *La contemplación y la fiesta,* editorial Monte Avila, Caracas, 1969, págs. 17-30.

PERALTA, Violeta y BEFUMO BOSCHI, Liliana, *Rulfo, la soledad creadora,* Buenos Aires, García Gambeiro, 1975.

PONIATOWSKA, Elena, "Juan Rulfo, tú pones la cara de disimulo", en "Tiempo libre", suplemento semanal de *Unomásuno* (28 de set-4 de oct. 1980 y 5-11 de oct. de 1980).

PORTAL, Marta, *Proceso narrativo de la Revolución Mexicana,* Madrid, Ediciones Cultura Hispánica, 1977, 2.ª edición Espasa Calpe, 1980.

—*Análisis semiológico de 'Pedro Páramo'*, Madrid, Narcea, 1981.

PUPO-WALKER, Enrique, "Tonalidad, estructuras y rasgos del Lenguaje en Pedro Páramo", *Homenaje a Juan Rulfo*, Madrid, Anaya-Las Américas, 1974, págs. 159-171.

QUINTANA, Juan, "Para un tríptico de la desolación", *Cuadernos Hispanoamericanos*, núm. 325, (jul 1977), págs. 5-17.

RODRIGUEZ ALCALA, Hugo, *El Arte de Juan Rulfo*, México, IMBA, 1965.

RUFINELLI, Jorge, Prólogo a *Obra Completa* de Juan Rulfo, Caracas, Biblioteca Ayacucho, 1977.

SANCHEZ McGREGOR, Joaquín, "Un ejemplo de la nueva crítica literaria hispanoamericana: análisis de un texto de Rulfo", *XVII Congreso del Instituto Iberoamericano*, Madrid, Ediciones Cultura Hispánica, 1978, págs. 1717-30.

SANCHEZ, Luis Alberto, "Juan Rulfo", *Escritores representativos de América*, tercera serie, Madrid, Gredos, Campo Abierto, 1976, págs. 152-161.

SOMMERS, Joseph, "La novela mexicana y la Alianza para el Progreso", en *La Gaceta*, F.C.E., año X, núm. 105 (mayo, 1963), p. 3

—*Yáñez, Rulfo, Fuentes*, Caracas, Monte Avila Editores, 1969.

—"Los muertos no tienen tiempo ni espacio" (un diálogo con Juan Rulfo), en *La narrativa de Juan Rulfo*, México, Sep/setentas, 1974.

SORIANO, Elena, "Tres escritores de un mundo", en *Indice*, núm. 196 (abril, 1965), págs. 22-24.

VILLEGAS POSADA, Guillermo Antonio, "Pedro Páramo o el mecanismo de codificación de un mito", en *Thesaurus*, T. XXXIII, núm. 1 (enero-abril 1978) págs. 87-95.

INDICE

INTRODUCCION

SEGUNDA PARTE

4. Lectura del *Corpus* a través de un modelo único